初中数学学业质量标准解读

郑秋月 ◎ 编著

海峡出版发行集团 | 福建教育出版社

图书在版编目（CIP）数据

初中数学学业质量标准解读/郑秋月编著. —福州：福建教育出版社，2025.2. —ISBN 978-7-5758-0367-0

Ⅰ.G634.603

中国国家版本馆CIP数据核字第2025VU4828号

Chuzhong Shuxue Xueye Zhiliang Biaozhun Jiedu
初中数学学业质量标准解读
郑秋月　编著

出版发行	福建教育出版社
	（福州市梦山路27号　邮编：350025　网址：www.fep.com.cn
	编辑部电话：0591-83763625
	发行部电话：0591-83721876　87115073　010-62024258）
出 版 人	江金辉
印　　刷	福建省地质印刷厂
	（福州市金山工业区　邮编：350011）
开　　本	710毫米×1000毫米　1/16
印　　张	17.75
字　　数	272千字
插　　页	1
版　　次	2025年2月第1版　2025年2月第1次印刷
书　　号	ISBN 978-7-5758-0367-0
定　　价	53.00元

如发现本书印装质量问题，请向本社出版科（电话：0591-83726019）调换。

前 言

2022年4月，教育部颁布《义务教育数学课程标准（2022年版）》（以下简称"新课标"），学业质量标准是新课标中新增的内容，也是学业水平考试命题及评价的依据．学业质量标准的提出建立了以核心素养为导向的评价观，指导了教师的教和学生的学．由于理解新课标中的学业质量标准存在较大困难，教师难以依据学业质量标准评价学生某阶段学习后的学业成就表现，为此，本文基于核心素养要求，建立初中数学学业质量评价框架，并在此基础上探讨试题评价，促进学业质量标准落地，更好地帮助教师进行教学评价．

一、数学课程学业质量标准内涵

学业质量标准以核心素养为主要维度，结合课程内容，对学生学业成就具体表现特征进行整体刻画．依据学生核心素养达成及发展情况，数学课程学业质量标准主要从结构化数学知识主题、问题情境、数学活动三个方面进行评估．新课标将核心素养的目标贯穿于"四基""四能""情感"三个方面，构成"三位一体"的核心素养课程目标体系．义务教育数学课程学业质量标准具体如下图．

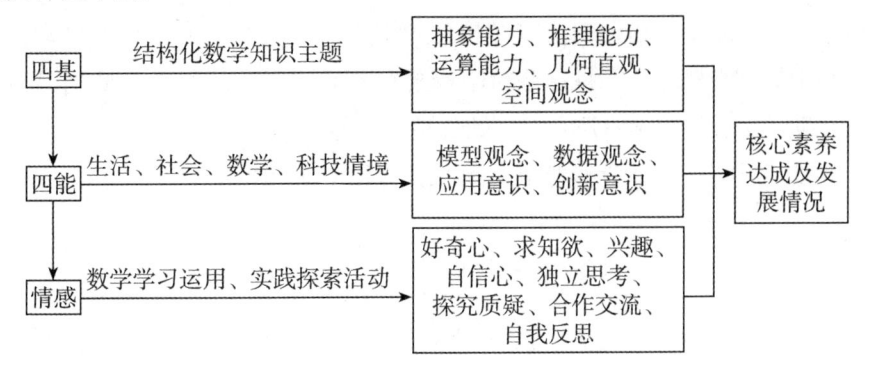

图1 义务教育数学课程学业质量标准

数学课程学业质量标准以结构化数学知识主题为载体，引导学生在获得"四基"的过程中形成抽象能力、推理能力、运算能力、几何直观、空间观念等核心素养；依托学生熟悉的生活、社会情境和符合学生认知规律的数学、科技情境，在学生形成"四能"的过程中发展其模型观念、数据观念、应用意识、创新意识的核心素养；关注数学活动，促进学生在解决问题、发展情感态度的过程中不断积累数学活动经验，形成对数学的好奇心、求知欲等情感态度，以及独立思考、探究质疑等核心素养能力，培养克服困难、勇于探索的科学精神[①].

二、数学课程学业质量标准试题评价要求

根据数学课程学业质量标准，在作业试题、测试试题等试题命制中，要兼顾四个维度.

一是核心素养. 学业质量标准是以核心素养为主要维度的，即要求以"会用数学的眼光观察世界，会用数学的思维思考世界，会用数学的语言表达世界"为主要维度. 因此，试题命制需要兼顾对"抽象能力、推理能力、运算能力、几何直观、空间观念、模型观念、数据观念、应用意识、创新意识"这9个核心素养主要表现的考查.

二是课程内容. 数学课程学业质量的测评需要在解决实际问题中进行，实际问题的解决需要借助特定的知识内容[②]. 新课标对课程内容进行了结构化的整合，初中部分涉及的知识主题有数与式、方程与不等式、函数、图形的性质、图形的变化、图形的运动、图形与坐标、抽样与数据分析、随机事件的概率. 基于此，试题命制要以结构化知识为载体，使学生从知识的关联中体会其中的核心概念，并将这些核心概念在其后的解决问题中反复运用和强化，帮助学生理解数学本质，发展数学核心素养.

三是问题情境. 一般情况下，问题情境的复杂程度决定了问题的难易程

---

① 史宁中，曹一鸣. 义务教育数学课程标准（2022年版）解读 [M]. 北京：北京师范大学出版社，2022：100.

② 马定强，马登堂. 基于义务教育学业质量标准的数学考试评价 [J]. 中国考试，2023（1）：61—66.

度，问题情境依据复杂程度可分为简单情境、关联情境、综合情境．新课标强调要关注真实情境，学业质量标准将问题情境分为生活情境、社会情境、数学情境和科技情境．故试题中情境的设置要自然、合理、真实、科学，综合考虑情境的复杂程度来预估试题的考查水平①．

四是素养水平．虽然新课标学业质量标准中没有对核心素养进行分级，但在实际测评中，三级水平可以对学生的数学核心素养进行具体的刻画②．喻平教授将数学关键能力划分为三级水平，由低到高分别为核心素养一级水平、核心素养二级水平、核心素养三级水平，分别对应知识理解、知识迁移、知识创新的三个层次知识学习结果，如下表所示③．

数学关键能力的三级水平的具体含义及指标描述

三级水平	具体含义	指标描述
知识理解（核心素养一级水平）	对知识的本质类属以及与其他知识之间的种种联系的理解；掌握运算、推理的数学基本技能．	（1）了解知识产生的缘由．知道知识从何而来，明白知识产生的路径；对知识产生和发展有所理解，能形成一定的活动经验． （2）理解知识形成的结果．能够理解数学知识的本质属性，掌握基本的事实和结论；明确概念的内涵、外延，形成概念体系；理解规则与法则的结构、使用的条件，形成命题体系；掌握蕴含在知识中的数学基本方法． （3）解决数学的基本问题．能够辨析概念，在知觉水平和思维水平上应用知识；能使用简单知识、基本规则和基本方法解决简单的数学问题．

---

① 何雅涵，曹一鸣．基于学业质量标准的义务教育数学学业评价改革［J］．课程·教材·教法，2023（6）：107－111．

② 曹一鸣．新版课程标准解析与教学指导初中数学［M］．北京：北京师范大学出版社，2022．27．

③ 喻平．数学核心素养评价的一个框架［J］数学教育学报，2017（2）：19－23．

续表

三级水平	具体含义	指标描述
知识迁移（核心素养二级水平）	能够把基础知识、基本技能迁移到不同的情境中去，促进新知识的学习或解决不同情境中的问题．	（1）能够将知识、方法迁移到现实情境、数学内部情境、其他学科情境中去学习新知识或解决相关问题． （2）能够从多个法则或多种方法中选择恰当法则或方法解决问题，能够判断知识迁移的准确性和有效性． （3）能够解决需要多种知识介入、多种方法运用的常规性复杂问题．
知识创新（核心素养三级水平）	具有探究问题的意识和能力，有极高的直觉能力、合情推理能力、批判性思维和反思能力；能够用数学的思维对事物进行判断和分析，形成用数学的思维认识事物的世界观和方法论．	（1）能够灵活运用知识和方法解决探究性、开放性等非常规性问题． （2）生成超教材规定内容的数学知识；能够对数学问题进行变式、拓展和推广，提出富有见解的数学猜想，并能证伪或证实猜想． （3）能够用数学的思维方式观察和分析事物，形成严谨的数学思维．

本书将以知识理解、知识迁移对应的核心素养一级水平、核心素养二级水平，解读新课标中"数与式、方程与不等式、函数、图形的性质、图形的变化、图形的运动、图形与坐标、抽样与数据分析、随机事件的概率"的内容，主要包括"知识结构""学习目标""学业评价""质量标准""测评示例""单元评价"等部分．

"知识结构"呈现单元知识的逻辑结构，用"图"表示概念、知识点、技能、方法、规则、定理、核心素养等，清晰地反映了研究一个数学对象的基本套路，"图"中的节点体现了知识的内在逻辑和相关知识的上下位关系．"学习目标"呈现了新课标"课程内容"中相关单元的学习要求．"学业评价"立足于新课标"学业要求"中相关单元的学业要求．"质量标准"以列表的形式加以呈现，其中"学习内容""学习要求"以章和知识点为基本单位，呈现了新课标的相关"内容要求"，旨在方便教师对照新课标掌握教学内容的基本要求."质量要求"主要依据新课标中的"内容要求""学业质量标准"，以及喻平教授划分的"核心素养三级水平"，参考了相关模块教材的内容，并结合教学实际，将学生所学内容的深度和广度划分出三个水平，提出不同水平层次对应的具体评价要求."测评示例"提供相应水平的问题，用实例解读水平要求，帮助教师更好地理解评价标准."单元评价"分 A、B 卷，分别对应水平一、水平二的要求，以便教师在教学中选用.

　　对于学业质量标准的解读能帮助广大教师理解课程内容和学业质量标准，有效地开展教学活动，并将随着普通高中数学教学研究的不断深入，在教学实践中得到发展和完善，本人研究水平有限，欢迎广大教师在使用中提出宝贵的意见和建议.

郑秋月

2024 年 10 月

目　录

第 1 章　数与式 ·· 1

第 2 章　方程与不等式 ·· 32

第 3 章　函数 ·· 54

第 4 章　图形的性质 ··· 88

第 5 章　图形的变化 ·· 168

第 6 章　图形与坐标 ·· 213

第 7 章　统计与概率 ·· 237

第1章 数与式

一、知识结构

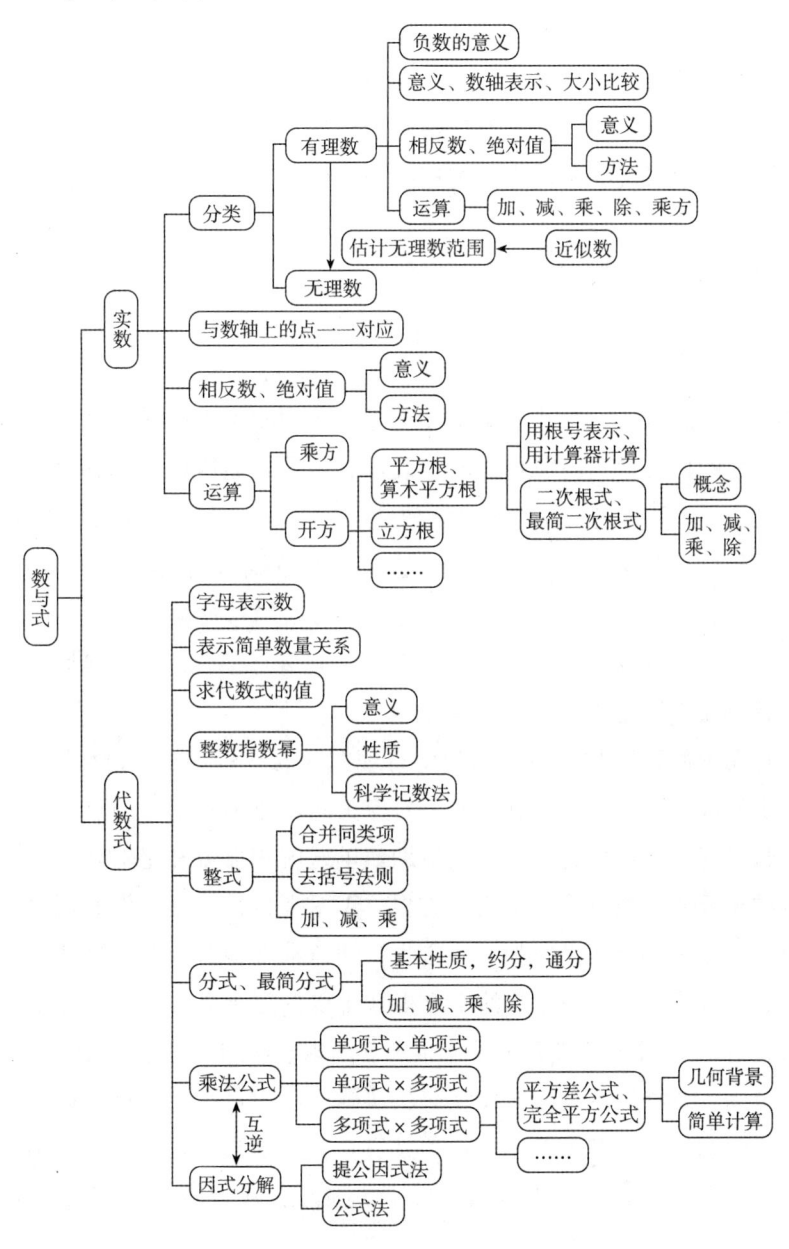

数与式
- 实数
  - 分类
    - 有理数
      - 负数的意义
      - 意义、数轴表示、大小比较
      - 相反数、绝对值
        - 意义
        - 方法
      - 运算——加、减、乘、除、乘方
    - 无理数
    - 估计无理数范围 ← 近似数
  - 与数轴上的点一一对应
  - 相反数、绝对值
    - 意义
    - 方法
  - 运算
    - 乘方
    - 开方
      - 平方根、算术平方根
        - 用根号表示、用计算器计算
        - 二次根式、最简二次根式
          - 概念
          - 加、减、乘、除
      - 立方根
      - ……
- 代数式
  - 字母表示数
  - 表示简单数量关系
  - 求代数式的值
  - 整数指数幂
    - 意义
    - 性质
    - 科学记数法
  - 整式
    - 合并同类项
    - 去括号法则
    - 加、减、乘
  - 分式、最简分式
    - 基本性质，约分，通分
    - 加、减、乘、除
  - 乘法公式 ⇅互逆 因式分解
    - 乘法公式
      - 单项式×单项式
      - 单项式×多项式
      - 多项式×多项式
        - 平方差公式、完全平方公式
          - 几何背景
          - 简单计算
        - ……
    - 因式分解
      - 提公因式法
      - 公式法

二、学习目标

在初中数学课程中，数与代数是数学知识体系的基础之一，是学生认知数量关系、探索数学规律、建立数学模型的基石，可以帮助学生从数量的角度清晰准确地认识、理解和表达现实世界．"数与式"是代数的基本语言，初中阶段关注用字母表述代数式，以及代数式的运算，字母可以像数一样进行运算和推理，通过字母运算和推理得到的结论具有一般性．通过本单元的学习，有助于学生形成抽象能力、推理能力和模型观念，发展几何直观和运算能力．

内容包括：有理数、实数、代数式．

三、学业评价

理解负数的意义，会用正数和负数表示具体情境中具有相反意义的量；理解有理数的意义，能用数轴上的点表示有理数，能借助数轴体会相反数和绝对值的意义，初步体会数形结合的思想方法；能比较有理数的大小，能求有理数的相反数和绝对值；会运用乘方的意义准确进行有理数的乘方运算；能熟练地对有理数进行加、减、乘、除、乘方及简单的混合运算（以三步以内为主），理解有理数的运算律，能合理运用运算律简化运算，能运用有理数的运算解决简单问题．

了解无理数和实数，知道实数由有理数和无理数组成，感悟数的扩充；初步认识实数与数轴上的点具有一一对应关系，能用数轴上的点表示一些具体的实数，能比较实数的大小；能借助数轴理解相反数和绝对值的意义，会求实数的相反数、绝对值；知道平方根、算术平方根、立方根的概念，会用根号表示平方根、算术平方根、立方根；知道乘方与开方互为逆运算，会用乘方运算求百以内完全平方数的平方根和千以内完全立方数的立方根（及对应的负整数），会用计算器计算平方根和立方根；能用有理数估计一个无理数的大致范围；初步认识近似数，在解决实际问题中，能用计算器进行近似计算，会按问题的要求进行简单的近似计算，会对结果取近似值；会用二次根式（根号下仅限于数）的加、减、乘、除运算法则进行简单的四则运算．

能运用代数式表示具体问题中简单的数量关系，体验用数学符号表达数量关系的过程，会选择适当的方法求代数式的值；会用文字和符号语言表述整数指数幂的基本性质，能根据整数指数幂的基本性质进行幂的运算；会用科学记数法表示数（包括在计算器上表示）；理解整式的概念，掌握合并同类项和去括号的法则，能进行简单的整式加法和减法运算；能进行简单的整式乘法运算（多项式乘法仅限于一次式之间和一次式与二次式的乘法）；知道平方差公式、完全平方公式的几何背景，并能运用公式进行简单计算和推理；能用提公因式法、公式法（对二次式直接利用平方差公式或完全平方公式）进行因式分解（指数为正整数）；知道分式的分母不能为零，能利用分式的基本性质进行约分、通分，并化简分式，能对简单的分式进行加、减、乘、除运算并将运算结果化为最简分式.

四、质量标准

学习内容	学习要求	评价要求	测评示例
1. 有理数	（1）理解负数的意义；理解有理数的意义，能用数轴上的点表示有理数，能比较有理数的大小.	水平一：在具体情境中理解负数和有理数的意义，体会负数是实际生活的需要，能用数轴上的点表示有理数，能比较有理数的大小.	101010101 101010102
		水平二：能够将有理数的知识迁移到不同的情境中去，解决不同情境中的相关问题，感受数形结合思想方法.	101010201 101010202
	（2）借助数轴理解相反数和绝对值的意义，掌握求有理数的相反数和绝对值的方法.	水平一：借助数轴，理解相反数和绝对值的概念和意义，掌握求有理数的相反数和绝对值的方法.	101020101 101020102
		水平二：能够用相反数和绝对值的知识解决不同情境中的相关问题，感受数形结合思想方法.	101020201 101020202

续表

学习内容	学习要求	评价要求	测评示例
	（3）理解乘方的意义.	水平一：在现实背景中，理解乘方的意义，能进行乘方运算.	101030101 101030102
		水平二：会运用乘方的意义准确进行有理数的乘方运算，解决不同情境中的相关问题.	101030201 101030202
	（4）掌握有理数的加、减、乘、除、乘方及简单的混合运算（以三步以内为主）；理解有理数的运算律，能运用运算律简化运算.	水平一：在具体情境中对有理数进行简单混合运算，掌握有理数的运算律，利用运算律进行简便计算.	101040101 101040102
		水平二：能掌握有理数的混合运算，能够在不同情境中，运用运算律简化运算.	101040201 101040202
	（5）能运用有理数的运算解决简单问题.	水平一：能运用有理数的运算解决简单的数学问题.	101050101 101050102
		水平二：能够运用有理数的运算解决数学问题.	101050201 101050202
2. 实数	（1）了解无理数和实数，知道实数由有理数和无理数组成，了解实数与数轴上的点一一对应.	水平一：在具体实例中了解无理数和实数，通过感受无理数引入的必要性，感受数系的扩充，初步认识实数与数轴上的点是一一对应关系.	102010101 102010102
		水平二：能够将实数的知识迁移到不同的情境中去，解决不同情境中的相关问题.	102010201 102010202
	（2）能用数轴上的点表示实数，能比较实数的大小.	水平一：能用数轴上的点表示实数，会比较实数的大小.	102020101 102020102
		水平二：能运用数轴上的点表示实数的知识解决不同情境中的问题，感受数形结合思想方法.	102020201 102020202

续表

学习内容	学习要求	评价要求	测评示例
	(3) 能借助数轴理解相反数和绝对值的意义，会求实数的相反数和绝对值．	水平一：借助数轴理解相反数和绝对值的概念和意义，掌握求实数的相反数和绝对值的方法．	102030101 102030102
		水平二：能够用相反数和绝对值的知识去解决不同情境中的相关问题．	102030201 102030202
	(4) 了解平方根、算术平方根、立方根的概念，会用根号表示数的平方根、算术平方根、立方根．	水平一：明确平方根、算术平方根、立方根概念的内涵，会用根号表示一个数的平方根、算术平方根和立方根．	102040101 102040102
		水平二：能够将平方根、算术平方根、立方根知识迁移到不同情境中去，解决不同情境中的问题．	102040201 102040202
	(5) 了解乘方与开方互为逆运算，会用平方运算求百以内完全平方数的平方根，会用立方运算求千以内完全立方数（及对应的负整数）的立方根，会用计算器计算平方根和立方根．	水平一：了解乘方与开方互为逆运算，会用平方运算求百以内的完全平方数的乘方和千以内的完全立方数的立方．	102050101 102050102
		水平二：会用开方与乘方的知识解决不同情境中的问题．	102050201 102050202
	(6) 能用有理数估计一个无理数的大致范围．	水平一：能通过估算检验计算结果的合理性，估计一个无理数的大致范围．	102060101 102060102
		水平二：能够用估算无理数的方法解决不同情境中的相关问题，发展数感．	102060201 102060202

续表

学习内容	学习要求	评价要求	测评示例
	(7) 了解近似数,在解决实际问题中,能用计算器进行近似计算,会按问题的要求进行简单的近似计算.	水平一:知道近似数,在解决实际问题中,按问题要求进行简单的近似计算.	102070101 102070102
		水平二:能够利用近似数的知识,在解决实际问题中,会按问题要求在不同的情境中进行简单的近似计算,会对结果取近似值.	102070201 102070202
	(8) 了解二次根式、最简二次根式的概念,了解二次根式(根号下仅限于数)加、减、乘、除运算法则,会用它们进行简单的四则运算.	水平一:会用二次根式(根号下仅限于数)加、减、乘、除运算法则进行简单的四则运算.	102080101 102080102
		水平二:能够从多个运算法则中选择恰当法则解决不同情境的问题.	102080201 102080202
3. 代数式	(1) 借助现实情境了解代数式,进一步理解用字母表示数的意义.	水平一:借助现实情境了解代数式,理解用字母表示数的意义.	103010101 103010102
		水平二:在不同的情境中进一步理解用字母表示数的意义.	103010201 103010202
	(2) 能分析具体问题中的简单数量关系,并用代数式表示;能根据特定的问题查阅资料,找到所需的公式.	水平一:在具体问题中,会用代数式表示简单的数量关系.	103020101 103020102
		水平二:能运用代数式表示不同情境中简单的数量关系,能根据特定问题借助多种知识介入、多种方法运用找到所需公式.	103020201 103020202
	(3) 会把具体数代入代数式进行计算.	水平一:会把具体数代入代数式进行计算.	103030101 103030102
		水平二:在不同的情境中会选择恰当的方法求代数式的值.	103030201 103030202

续表

学习内容	学习要求	评价要求	测评示例
(4) 了解整数指数幂的意义和基本性质；会用科学记数法表示数（包括在计算器上表示）.	水平一：了解整数指数幂的意义和基本性质，在实际问题中，会用科学记数法表示数.	103040101 103040102
	水平二：会用文字和符号语言表述整数指数幂的基本性质，能根据整数指数幂的性质进行幂的运算，解决不同情境的问题.	103040201 103040202
(5) 理解整式的概念，掌握合并同类项和去括号的法则；能进行简单的整式加减运算，能进行简单的整式乘法运算（多项式乘法仅限于一次式之间和一次式与二次式的乘法）.	水平一：理解整式的概念，掌握合并同类项和去括号的法则；能进行简单的整式加减运算，能进行简单的整式乘法运算（多项式乘法仅限于一次式之间和一次式与二次式的乘法）.	103050101 103050102
	水平二：能够从多个运算法则中选择恰当法则解决不同情境的问题.	103050201 103050202
(6) 理解乘法公式 $(a+b)(a-b)=a^2-b^2$，$(a\pm b)^2=a^2\pm 2ab+b^2$，了解公式的几何背景，能利用公式进行简单的计算和推理.	水平一：能够理解平方差公式和完全平方公式产生的过程，形成一定的活动经验，了解公式的几何背景，能利用公式进行简单的计算和推理，发展符号意识和推理能力.	103060101 103060102
	水平二：运用平方差公式、完全平方公式的知识去解决常规性复杂问题.	103060201 103060202

续表

学习内容	学习要求	评价要求	测评示例
	（7）能用提公因式法、公式法（直接利用公式不超过二次）进行因式分解（指数为正整数）.	水平一：知道整式乘法与因式分解之间的联系，能找公因式，能用提公因式法、公式法进行因式分解.	103070101 103070102
		水平二：能选择提公因式法、公式法解决不同情境的相关问题.	103070201 103070202
	（8）了解分式和最简分式的概念，能利用分式的基本性质进行约分和通分；能对简单的分式进行加、减、乘、除运算.	水平一：知道分式的分母不能为零，能利用分式的基本性质进行约分、通分，并化简分式，能对简单的分式进行加、减、乘、除运算并将运算结果化为最简分式.	103080101 103080102
		水平二：能利用分式的基本性质进行简单的计算，解决不同情境的问题.	103080201 103080202
	（9）了解代数推理.	水平一：利用代数推理计算，验证一些基本问题.	103090101 103090102
		水平二：利用代数推理计算解决相关不同情境的数学问题.	103090201 103090202

附件：测评示例

101010101 2023 年 12 月 29 日，某校举办艺术节，在"环保服装秀"环节，若表演者前进 8 米记作 +8 米，则后退 5 米记作 _____ 米.

101010102 数轴上点 A 表示的数可能是（　　）

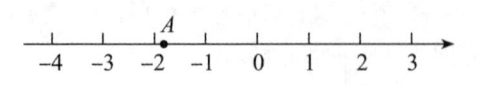

A. -2.8 　　B. -1.8 　　C. 1.8 　　D. 2.8

101010201 按照国际乒联的规定，标准乒乓球直径为 40 mm，合格的重量为 $2.7\text{ g} \pm 0.081\text{ g}$，下列四个乒乓球质量不合格的是（　　）

A. 2.61 g　　B. 2.62 g　　C. 2.70 g　　D. 2.78 g

101010202 下表记录了某日我国几个城市的平均气温（单位：℃）：

北京	西安	哈尔滨	上海	广州
−7.6	−1.2	−20.8	0.5	12.7

根据各城市的平均气温，将它们的位置从北到南进行排列．

101020101 如图，数轴上点 P 表示的相反数是_____．

101020102 如图，A、B 两点间的距离是_____．

101020201 如图，四个有理数在数轴上的对应点分别为 A、B、C、D．若点 C、D 表示的有理数互为相反数，则图中绝对值最大的数的点是（　　）

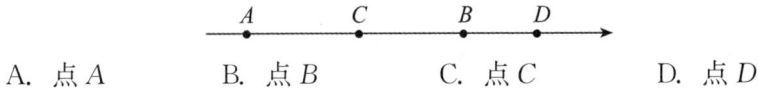

A. 点 A　　　B. 点 B　　　C. 点 C　　　D. 点 D

101020202 x、y 是有理数，它们在数轴上对应点的位置如图所示，把 x、$-x$、y、$-y$ 按照从小到大的顺序排列是（　　）

A. $-y<-x<x<y$　　　B. $-x<-y<x<y$

C. $y<-x<x<-y$　　　D. $-y<y<-x<x$

101030101 某种细胞每过 30 分钟便由 1 个分裂成 2 个．经过 4 小时，这种细胞由 1 个能分裂成_____个．

101030102 计算 $\dfrac{\overbrace{2\times 2\times\cdots\times 2}^{n\text{个}2}}{\underbrace{3+3+\cdots+3}_{m\text{个}3}}=$（　　）

A. $\dfrac{2n}{3^m}$　　　B. $\dfrac{2^n}{3m}$　　　C. $\dfrac{n^2}{3m}$　　　D. $\dfrac{2n}{m^3}$

101030201 兔子的繁殖速度非常惊人．某种兔子繁衍后代的数量约为上一代数量的 6 倍，也就是说，如果它的始祖（第一代）有 6 只，则下一代就会有 36 只，以此类推，这种兔子第 5 代的只数是（　　）

A. 6^3　　　B. 6^4　　　C. 6^5　　　D. 6^6

101030202 某一小区有 1 位住户不小心感染了甲流，由于甲流传播感染速度非常快，每轮感染中平均 1 个人传染 10 个人，小区经过两轮传染后共有_____人患了甲流．

101040101 计算：$-7-2+(-3)^2$．

101040102 计算：$-12\times\left(\dfrac{1}{3}-\dfrac{1}{2}+\dfrac{1}{4}\right)$．

101040201 计算：$99\times18\dfrac{4}{5}+99\times\left(-\dfrac{1}{5}\right)-99\times8\dfrac{3}{5}$．

101040202 计算：$-9\dfrac{11}{12}\times24$，从以下三种解法中选择喜欢的一种，并简单说明理由．

解法一：$-9\dfrac{11}{12}\times24$

$=-\dfrac{119}{12}\times24$

$=-238$

解法二：$-9\dfrac{11}{12}\times24$

$=\left(-9-\dfrac{11}{12}\right)\times24$

$=-9\times24-\dfrac{11}{12}\times24$

$=-216-22$

$=-238$

解法三：$-9\dfrac{11}{12}\times24$

$=\left(-10+\dfrac{1}{12}\right)\times24$

$=-10\times24+\dfrac{1}{12}\times24$

$=-240+2$

$=-238$

101050101 2024 年，一种由我国自主研发的巡逻机器人备受关注，为安保工作提供了强有力的支持．某天，小方发现一个巡逻机器人正准备在一条东西方向的公路上执行治安巡逻，规定向东为正，机器人从出发到结束巡逻所走的路程（单位：千米）如下：−1.5，+1，+2，−0.5，+4.5，−2.5．本次巡逻中，此机器人离出发点的距离是＿＿＿＿千米．

101050102 某工艺厂计划一周生产工艺品 2100 个，平均每天生产 300 个，但实际每天生产量与计划相比有出入．下表是某周的生产情况（超产记为正、减产记为负）：

星期	一	二	三	四	五	六	日
增减（单位：个）	+5	−2	−5	+15	−10	+16	−9

(1) 写出该厂星期三生产工艺品的数量；
(2) 本周产量最多的一天比最少的一天多生产多少个工艺品？

101050201 某景点 9 月 30 日的游客数量为 1.3 万人，国庆期间此景点为了方便统计每日的游客数量，规定每日比前一日多出的游客数量记为正，反之记为负，统计数据如下表：

日期	1 日	2 日	3 日	4 日	5 日	6 日	7 日
人数（万人）	+0.2	−0.1	+0.2	+0.1	−0.2	−0.1	−0.3

国庆期间游客数量最多的一天是＿＿＿＿万人．

101050202 有一批食品罐头，标准质量为每听 454 g．现抽取 10 听样品进行检测，结果依次如下：444、459、454、459、454、454、449、454、459、464，则这 10 听罐头的总质量是多少？

102010101 下列是无理数的是（　　）

A. $\sqrt{4}$　　　　B. $\dfrac{2}{7}$　　　　C. $\dfrac{\pi}{3}$　　　　D. 5

102010102 把下列各数填入相应的集合内：

$$-16,\ 0.1515515551\cdots,\ 0,\ \sqrt{3},\ \frac{2}{3},\ \sqrt[3]{-8},\ -\pi,\ 0.\dot{3}.$$

有理数集合：{   };

无理数集合：{   }.

102010201 如图，根据尺规作图的痕迹判断数轴上点 C 所表示的数是（   ）

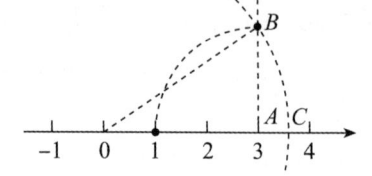

A. $2\sqrt{3}$ B. $2\sqrt{2}$

C. $\sqrt{13}$ D. $\sqrt{10}$

102010202 将长和宽分别为 2 和 1 的长方形按如图所示剪开，拼成一个与长方形面积相等的正方形，记该正方形的边长为 x．关于甲、乙的说法，下列判断正确的是（   ）

甲：x 是无理数；乙：x 是 2 的一个平方根．

A. 甲、乙都对

B. 甲、乙都不对

C. 只有甲对

D. 只有乙对

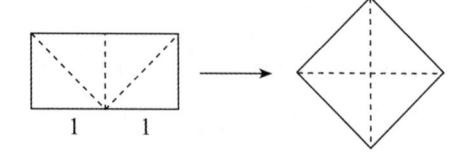

102020101 如图，数轴上点 P 表示的数可能是（   ）

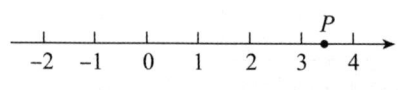

A. $\sqrt{5}$ B. $\sqrt{7}$ C. $\sqrt{8}$ D. $\sqrt{10}$

102020102 在数轴上表示下列各数（无理数近似表示），并用"<"连接．

$$-2,\ 2.5,\ \sqrt{2},\ -\frac{1}{3}.$$

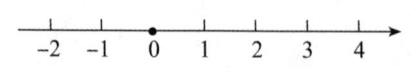

102020201 如图，a，b 在数轴上的位置如图所示．

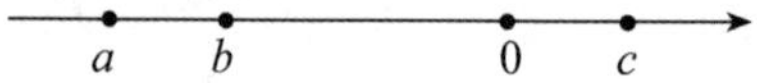

化简：$|c-a|+|b+c|$.

102020202 已知如图，在数轴上有 A，B 两点，所表示的数分别为 -10，-4，点 A 以每秒 4 个单位长度的速度向右运动，同时点 B 以每秒 3 个单位长度的速度也向右运动．如果设运动时间为 t 秒，则当 $t=$ _____ 秒时，点 A 与点 B 恰好重合．

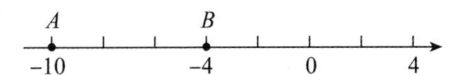

102030101 $-\sqrt{3}$ 的相反数是_____．

102030102 下列四个数 -2，-1，0，$\sqrt{5}$ 到原点距离最远的数是（　　）

A. -2　　　　B. -1　　　　C. 0　　　　D. $\sqrt{5}$

102030201 如图，数轴上有 A、B 两点，所表示的有理数分别为 a、b，已知 $AB=9$，原点 O 是线段 AB 上的一点，且 $OA=2OB$．则 $a=$ _____，$b=$ _____．

102030202 若两个非零的有理数 a、b，满足：$|a|=a$，$|b|=-b$，$a+b>0$，则在数轴上表示数 a、b 的点正确的是（　　）

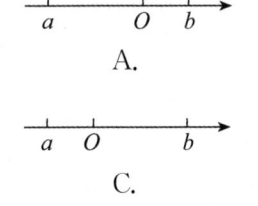

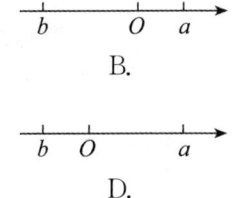

A.　　　　B.　　　　C.　　　　D.

102040101 $\dfrac{1}{4}$ 的算术平方根是（　　）

A. $\dfrac{1}{2}$　　　B. $-\dfrac{1}{2}$　　　C. $\dfrac{1}{16}$　　　D. $\pm\dfrac{1}{2}$

102040102 化简 $\sqrt[3]{-27}$ 的结果是（　　）

A. 3　　　B. -3　　　C. ± 3　　　D. $3\sqrt{3}$

102040201 已知一个正方形的边长为 x，面积为 S，则（　　）

A. $S=\sqrt{x}$　　B. $S=\pm\sqrt{x}$　　C. $x=\sqrt{S}$　　D. $x=\pm\sqrt{S}$

102040202 如图，二阶魔方为 $2\times 2\times 2$ 的正方体结构，由 8 个相同的小方块组成．已知二阶魔方的体积为 216 cm^3（小方块之间的缝隙忽略不计），那么每个方块的边长为（　　）

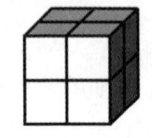

A. 9 cm　　　B. 3 cm　　　C. 6 cm　　　D. 27 cm

102050101 若一个数的立方根为 $-\dfrac{1}{3}$，则这个数为（　　）

A. $-\dfrac{1}{9}$　　B. $\dfrac{1}{9}$　　C. $-\dfrac{1}{27}$　　D. $\dfrac{1}{27}$

102050102 若一个正方体的体积为 8 cm^3，则这个正方体的表面积为＿＿ cm^2.

102050201 若 $2a-1$ 的平方根是 ± 3，$3b-1$ 的立方根是 2，则 $a-b$ 的值是＿＿＿＿．

102050202 根据图中呈现的运算关系，可知 a 的值为＿＿＿＿．

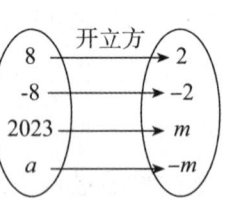

102060101 设 $x=\sqrt{2}-1$，则 x 的值介于（　　）

A. -1 与 0 之间　　　　　B. 0 与 1 之间

C. 1 与 2 之间　　　　　　D. 2 与 3 之间

102060102 满足 $-\sqrt{3}<x<\sqrt{17}$ 的整数共有（　　）

A. 3 个　　　B. 4 个　　　C. 5 个　　　D. 6 个

102060201 一个正方形的面积为 40，估计它的边长大小在（　　）

A. 3 与 4 之间　B. 4 与 5 之间　C. 5 与 6 之间　D. 6 与 7 之间

102060202 比较大小：$\dfrac{\sqrt{5}-1}{2}$ ＿＿＿＿ $\dfrac{5}{8}$．（填 ">" "<" 或 "="）．

102070101 用"四舍五入"法将 3.733 精确到 0.01，所得到的近似数为＿＿＿．

102070102 2023年10月16日是第43个世界粮食日，2023年我国粮食总产量为13908.2亿斤，粮食生产再获丰收．近似数13908.2亿精确到_____位．

102070201 据统计，2024年10月份，全国入境旅游约12057200人次，用科学记数法表示这一近似数的结果为_____人次．（精确到万位）

102070202 在学习"实数"这节内容时，我们通过"逐步逼近"的方法来估算出一系列越来越接近$\sqrt{2}$的近似值，最后得出$1.4<\sqrt{2}<1.5$．请用"逐步逼近"的方法估算$\sqrt{13}$在哪两个近似数之间（精确到0.1）．

102080101 下列式子不属于二次根式的是（　　）

A. $\sqrt{5}$　　　B. $\sqrt[3]{3}$　　　C. $\sqrt{a^2}$　　　D. $\sqrt{0.5}$

102080102 下列二次根式运算正确的是（　　）

A. $\sqrt{2}+\sqrt{3}=\sqrt{5}$　　　　B. $\sqrt{\dfrac{2}{5}}\times\sqrt{10}=2$

C. $\sqrt{4}=\pm 2$　　　　D. $\sqrt{(-2)^2}=-2$

102080201 计算：$\dfrac{\sqrt{12}+\sqrt{27}}{\sqrt{3}}$．

102080202 计算：$\dfrac{\sqrt{8}-\sqrt{24}}{\sqrt{2}}+(1-\sqrt{3})^2$．

103010101 今年小华a岁，3年后小华_____岁．

103010102 下列能够表示比 x 的 $\frac{1}{2}$ 多 5 的式子为（　　）

  A. $\frac{1}{2}x+5$ B. $\frac{1}{2}(x+5)$ C. $\frac{1}{2}x-5$ D. $\frac{1}{2}(x-5)$

103010201 体育委员带了 200 元钱去买体育用品，已知一个篮球 x 元，则代数式 $200-3x$ 表示的实际意义是_____．

103010202 能用代数式 $x+0.2x$ 表示含义的是（　　）

  A. 一套商品房原价为 x 万元，现提价 20%，那么现在的售价是多少万元

  B. 一个长方形的长是 x 米，宽是 $0.2x$ 米，这个长方形的周长是多少米

  C. 小明骑自行车以 x 千米/小时的速度行驶 $0.2x$ 小时后，所行驶的路程是多少千米

  D. 妈妈在超市购买物品共需 x 元，结账时买塑料袋又花了 0.2 元，妈妈共花了多少元

103020101 圆的半径为 x，则圆的面积是_____．

103020102 小刚存款是 x 元，小明存款比小刚存款的一半还多 2 元，则小明的存款是（　　）

  A. $\frac{1}{2}(x-2)$ 元   B. $\frac{1}{2}(x+2)$ 元   C. $\left(\frac{1}{2}x-2\right)$ 元   D. $\left(\frac{1}{2}x+2\right)$ 元

103020201 某一个四位数，若它的千位数字与个位数字相同，百位数字与十位数字相同，那么称这个四位数为"对称数"，如 1221，4334 就是"对称数"．若一个"对称数"的个位数字为 x，十位数字为 4，用含 x 的代数式表示该"对称数"为_____．

103020202 某大型超市从生产基地以每千克 a 元的价格购进一种水果 m 千克，运输过程中重量损失了 10%，超市在进价的基础上增加了 30% 作为售价，假定不计超市其他费用，那么售完这种水果，超市获得的利润是_____元（用含 m、a 的代数式表示）．

103030101 当 $a=-2$ 时，式子 $2a+1$ 的值为（　　）

  A. -3 B. -2 C. 2   D. 3

103030102 若代数式 $a-2b$ 的值是 3，则代数式 $-2a+4b+1=$ _____．

103030201 根据如图所示的程序计算，若输入的值为 1，则输出 y 的值为___．

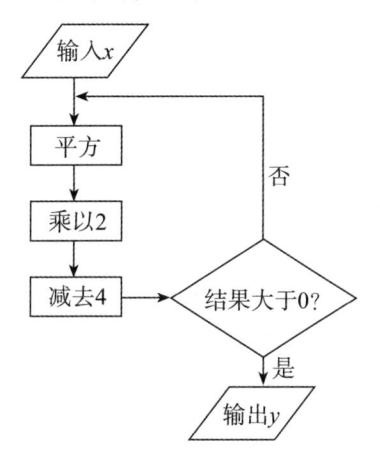

103030202 已知 $m^2+m-1=0$，则 $m^3+2m^2+2024=$ _____．

103040101 福建省文化和旅游厅发布的数据显示，2024 年"双节"期间，福建省接待游客约 3949 万人次，3949 万用科学记数法可表示为（　　）

A．$3.949×10^9$　　B．$39.49×10^7$　　C．$3.949×10^8$　　D．$3.949×10^7$

103040102 某种原子质量为 0.000000000019 g，0.000000000019 g 用科学记数法可表示为：_____g．

103040201 2023 年 9 月 28 日，随着福厦高铁首趟列车 G9801 次从福州南站开出，福厦高铁正式开通运营，福厦两地实现"一小时生活圈"．线路全长 277000 米，设计时速 350 千米，福州到厦门最快 55 分钟可达．用科学记数法表示 277000 米可记为（　　）米．

A．$0.277×10^6$　　B．$2.77×10^5$　　C．$27.7×10^4$　　D．$277×10^3$

103040202 华为 Mate60 Pro 于 2023 年 8 月 29 日开售，该款手机搭载的是华为自主研发的麒麟 9000S 芯片，该款芯片达到了 7 纳米工艺水平，1 纳米＝0.000000001 米，7 纳米用科学记数法表示为：_____米．

103050101 计算：$-x(x-1)=$ _____．

103050102 化简：$2(a-2b+3)+(-2a-3b)$.

103050201 已知一个长方形的长和宽分别为 x cm，y cm. 如果将长方形的长和宽各增加 2 cm，则新长方形的面积比原长方形的面积增加了 _____ cm^2.

103050202 在矩形 $ABCD$ 内，将两张边长分别为 a 和 $b(a>b)$ 的正方形纸片按图 1、图 2 的两种方式放置（图 1、图 2 中两张正方形纸片均有部分重叠），矩形中未被这两张正方形纸片覆盖的部分用阴影表示，设图 1 中阴影部分的面积为 S_1，图 2 中阴影部分的面积为 S_2. 当 $AD-AB=3$ 时，S_2-S_1 的值为 _____.

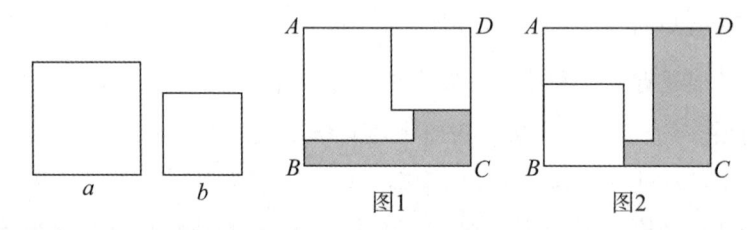

103060101 下列能用平方差公式计算的是（　　）

A. $(a+b)(-a-b)$ B. $(a-b)(-a+b)$

C. $(a-b)(-a-b)$ D. $(a-b)(b-a)$

103060102 现有甲、乙两种正方形和丙种长方形纸片，边长如图所示，瑶瑶同学要用这三种纸片紧密拼接成一个大正方形，先取甲种纸片 1 块，再取乙种纸片 1 块，还需取丙种纸片 _____ 块.

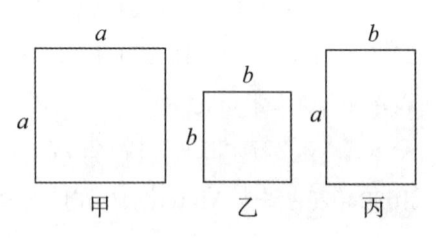

103060201 如图，正方形 $ABCD$、正方形 $CEFG$ 的边长分别为 a、b，若 $a+b=4$，$ab=3$，则阴影部分的面积是（　　）

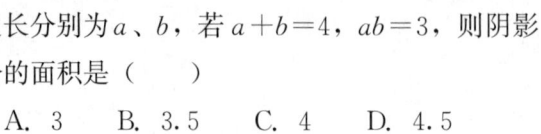

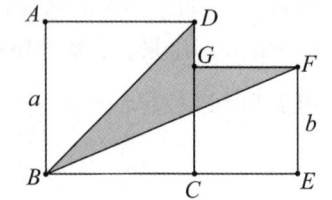

A. 3　　B. 3.5　　C. 4　　D. 4.5

103060202 用若干个形状、大小完全相同的长方形纸片围成正方形，4个长方形纸片围成如图1所示的正方形，其阴影部分的面积为100；8个长方形纸片围成如图2所示的正方形，其阴影部分的面积为81；12个长方形纸片围成如图3所示的正方形，其阴影部分的面积为（　　）

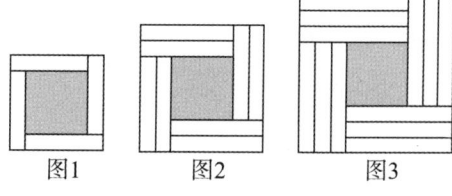

图1　　图2　　图3

A. 24　　　　B. 36　　　　C. 49　　　　D. 64

103070101 下列各式从左到右的变形中，是因式分解的为（　　）

A. $2x+4y+1=2(x+2y)+1$　　B. $(x+2)(x-2)=x^2-4$

C. $x^2-10x+25=(x+5)(x-5)$　　D. $x^2-4x+4=(x-2)^2$

103070102 因式分解：$2n^2-8=$ _____．

103070201 已知 a，b，c 为三角形 ABC 的三边长，且满足 $a^2c^2-b^2c^2=a^4-b^4$，则三角形 ABC 的形状为（　　）

A. 等腰三角形　　B. 直角三角形

C. 等腰直角三角形　　D. 等腰三角形或直角三角形

103070202 在日常生活中，如取款、上网等都需要密码．有一种用"因式分解"法产生的密码，方便记忆．原理是：如对于多项式 x^4-y^4，因式分解的结果是 $(x-y)(x+y)(x^2+y^2)$，若取 $x=10$，$y=8$，则各个因式的值分别是 $x-y=2$，$x+y=18$，$x^2+y^2=164$，于是就可以把"218164"作为一个六位数的密码．对于多项式 x^3-4xy^2，取 $x=20$，$y=5$ 时，上述方法产生的密码的个数为（　　）

A. 4　　　　B. 5　　　　C. 6　　　　D. 7

103080101 下列各式中，是分式的是（　　）

A. $\dfrac{6}{\pi}$　　B. $\dfrac{2}{2x-3}$　　C. $\dfrac{a}{4}$　　D. $\dfrac{y}{3}+2$

103080102 小明化简分式 $\dfrac{*}{x^2-1}=\dfrac{x+1}{x-1}$ 时，*部分不小心滴上了墨水，请你推测，*部分的式子应该是（　　）

A. x^2-2x+1　　B. x^2+2x+1　　C. x^2-1　　D. x^2-2x-1

103080201 先化简，再求值：$\left(1-\dfrac{a}{a+2}\right) \div \dfrac{a-1}{a^2-4}$，其中 $a=-3$.

103080202 甲、乙两人去超市都买了两次大米，第一次大米单价为 a 元/千克，第二次大米单价为 b 元/千克（$a \neq b$）．甲每次买 100 千克大米，乙每次买 100 元的大米．那么甲、乙两人谁的购买方式更优惠？

103090101 若 n 是一个整数，试证明 n^2-n 是一个偶数．

103090102 认真观察下面这些等式，按其规律，完成下列各小题：
①$4^2-2^2=4\times 3$；
②$6^2-4^2=4\times 5$；
③$8^2-6^2=4\times 7$；
④_____；
……

（1）将横线上的等式补充完整；

（2）验证规律：设两个连续的正偶数为 $2n$，$2n+2$（n 为正整数），则它们的平方差是 4 的倍数．

103090201 设 $\overline{abcd}$ 是一个四位数，若 $a+b+c+d$ 可以被 3 整除，则这个数可以被 3 整除．

103090202 已知实数 a，b，c，m，n 满足 $3m+n=\dfrac{b}{a}$，$mn=\dfrac{c}{a}$.

(1) 求证：b^2-12ac 为非负数；

(2) 若 a，b，c 均为奇数，m，n 是否可以都为整数？说明你的理由.

五、单元评价

A 卷

一、选择题：本题共 10 小题，每小题 5 分，共 50 分.

1. 3 的相反数是（　　）

   A. $\dfrac{1}{3}$　　　　B. 3　　　　C. ± 3　　　　D. -3

2. 下列各数中，最小的数是（　　）

   A. -2　　　　B. $-\sqrt{3}$　　　　C. 1　　　　D. 0

3. 2023 年全国普通高校毕业生规模达到 1158 万人，数 11580000 用科学记数法表示为（　　）

   A. 1.158×10^3　　B. 1.158×10^4　　C. 1.158×10^7　　D. 1.158×10^8

4. 下列各式中，属于最简二次根式的是（　　）

   A. $\sqrt{3}$　　　　B. $\sqrt{4}$　　　　C. $\sqrt{\dfrac{1}{2}}$　　　　D. $\sqrt{8}$

5. 手机移动支付给生活带来便捷. 如图是小明某天微信账单的收支明细（正数表示收入，负数表示支出，单位：元），小明当天微信收支的最终结果是（　　）

   A. 收入 18 元　　　B. 收入 8 元

   C. 支出 8 元　　　D. 支出 10 元

转账——来自爸爸	$+18$
微信红包——发给奶奶	-10

6. 下列运算正确的是（　　）

   A. $a+3a=4a^2$　　B. $2a^2\cdot 3a^4=6a^8$　　C. $(2a^3)^2=4a^5$　　D. $a^8\div a^2=a^6$

7. 分式 $\dfrac{(x-2)(x+1)}{1-x^2}$ 的值为 0，则 x 的值是（ ）

  A. -1 B. 1   C. 2   D. 2 或 -1

8. 数 a 在数轴上对应点的位置如图所示．若实数 b 满足 $a+b<0$，则 b 的值可以是（ ）

  A. -2 B. -1 C. 0   D. 1

9. 估算 $\sqrt{28}-2$ 的值应在（ ）

  A. 2 和 3 之间   B. 3 和 4 之间   C. 4 和 5 之间   D. 5 和 6 之间

10. 已知 $(a+b)^2=49$，$a^2+b^2=25$，则 $ab=$（ ）

  A. 24   B. 48   C. 12   D. $2\sqrt{6}$

二、填空题：本题共 6 小题，每小题 5 分，共 30 分．

11. 8 的立方根是_____．

12. 因式分解：$x^2-9=$_____．

13. 若代数式 $\sqrt{x-1}$ 在实数范围内有意义，则 x 的取值范围是_____．

14. 某公司销售"黄金 1 号"玉米种子，若一次购买不超过 2 千克的种子，则种子价格为 5 元/千克，若一次购买 2 千克以上的种子，超过 2 千克部分的种子价格打 8 折．若一次购买 $x(x>2)$ 千克种子，需付款_____元．

15. 如图，是一个"数值转换机"的示意图，若 $x=-2$，$y=\sqrt{2}$，则输出的结果为_____．

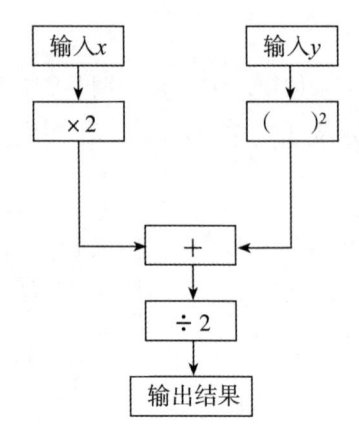

16. 如图，数轴上表示 1、$\sqrt{3}$ 的点分别为 A、B，且 $CA=2AB$（点 C 在点 A 的左侧），则点 C 表示的数是 _____.

三、解答题：本题共 2 小题，共 20 分.

17. 计算：(1) $\sqrt{9}-2^0+|-1|$；　　(2) $\left(1-\dfrac{x+1}{x}\right)\div\dfrac{x^2-1}{x^2-x}$.

18. 如果两个分式 M 与 N 的和为常数 k，且 k 为正整数，则称 M 与 N 互为"和整分式"，常数 k 称为"和整值". 如分式 $M=\dfrac{x}{x+1}$，$N=\dfrac{1}{x+1}$，$M+N=\dfrac{x+1}{x+1}=1$，则 M 与 N 互为"和整分式"，"和整值" $k=1$.

(1) 已知分式 $A=\dfrac{x-7}{x-2}$，$B=\dfrac{2x+1}{x-2}$，判断 A 与 B 是否互为"和整分式". 若是，请求出"和整值" k；若不是，请说明理由.

(2) 已知分式 $C=\dfrac{3x-4}{x-2}$，$D=\dfrac{G}{x^2-4}$，C 与 D 互为"和整分式"，且"和整值" $k=3$. 若 x 为正整数，分式 D 的值为正整数 t，求 t 的值.

B 卷

一、选择题：本题共 10 小题，每小题 5 分，共 50 分.

1. 我国古代数学名著《九章算术》中对正负数的概念注有"进两算得失相反，要令正负以名之". 如粮库把运进 30 吨粮食记为"＋30"，则"－30"表示（ ）

   A. 运出 30 吨粮食　　　　　　B. 亏损 30 吨粮食
   C. 卖掉 30 吨粮食　　　　　　D. 吃掉 30 吨粮食

2. "白日不到处，青春恰自来. 苔花如米小，也学牡丹开."这是清朝袁枚的一首诗《苔》. 已知苔花的花粉直径约为 0.0000084 m，0.0000084 用科学记数法表示为（ ）

   A. 84×10^{-7}　　　　　　B. 0.84×10^{-5}
   C. 8.4×10^{-6}　　　　　　D. 8.4×10^{-5}

3. 9 的算术平方根是（ ）

   A. 3　　　　B. ± 9　　　　C. ± 3　　　　D. -3

4. 若 $\sqrt{a-4}$ 有意义，则 a 的值可以是（ ）

   A. -1　　　B. 0　　　C. 2　　　D. 6

5. 如图，数轴上表示实数 $\sqrt{7}$ 的点可能是（ ）

   A. 点 P　　　B. 点 Q　　　C. 点 R　　　D. 点 S

6. 下列二次根式中，与 $\sqrt{2}$ 是同类二次根式的是（ ）

   A. $\sqrt{4}$　　　B. $\sqrt{6}$　　　C. $\sqrt{8}$　　　D. $\sqrt{12}$

7. 下列计算正确的是（ ）

   A. $(a^2)^3 = a^6$　　　　　　B. $a^6 \div a^2 = a^3$
   C. $a^3 \cdot a^4 = a^{12}$　　　　　　D. $a^2 - a = a$

8. 在分式 $\dfrac{a+b}{a}$ 中，若 a,b 的值都扩大为原来的 3 倍，则分式的值（ ）

   A. 扩大 3 倍　　B. 缩小 3 倍　　C. 不变　　D. 扩大 6 倍

9. 估计$\sqrt{2}(\sqrt{8}+\sqrt{10})$的值应在(　　)

　　A. 7 和 8 之间　　　　　　　　B. 8 和 9 之间

　　C. 9 和 10 之间　　　　　　　 D. 10 和 11 之间

10. 四个全等的直角三角形按如图 1 所示的方式摆放,形成两个正方形,大正方形的面积为 60 cm²,空白区域所示的小正方形面积为 48 cm². 将图 1 中的直角三角形分别沿着斜边往里翻折,形成如图 2 所示的更小的正方形,若直角三角形的两条直角边长分别为 a,$b(a>b)$,则代数式$(a-b)$的值为(　　)

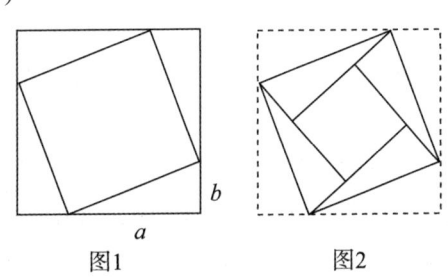

　　A. 4　　　　B. 6　　　　C. 12　　　　D. 18

二、填空题：本题共 6 小题,每小题 5 分,共 30 分.

11. 请写出一个大于 3 的无理数：_____.

12. 为了更好地营造活跃的校园文化氛围,配合学校的素质教育,某校成立了篮球之家的主题社团,其中七年级参加的人数是八年级参加的人数的 2 倍少 1 人,设八年级参加的人数为 x,则七年级参加的人数为_____人.

13. 分解因式：$2x^2-4x+2=$_____.

14. 若 m,n 满足 $3m-n-4=0$,则 $8^m \div 2^n=$_____.

15. 已知非零实数 x,y 满足 $y=\dfrac{x}{x+1}$,则$\dfrac{x-y+3xy}{xy}$的值等于_____.

16. 先阅读,再解答：对于三个数 a,b,c,我们用符号来表示其中最大的数和最小的数,规定 min{a,b,c}表示这三个数中最小的数,max{a,b,c}表示这三个数中最大的数. 例如：min{-1,1,3}$=-1$,max{-1,1,3}$=3$. 若 min{-1,-2,$|x-1|$}$=$max{$2x+3$,$-1+2x$,$2x$},则 x 的值为_____.

三、解答题：本题共 2 小题，共 20 分.

17. 计算：(1) $\sqrt{12}+|\sqrt{3}-3|-\left(\dfrac{1}{3}\right)^{-1}$； (2) $\dfrac{a-b}{a+b}-\dfrac{a^2-2ab+b^2}{a^2-b^2}\div\dfrac{a-b}{a}$.

18. 对于一个各数位上的数字均不为 0 的三位自然数 N，若 N 能被它的各数位上的数字之和 m 整除，则称 N 是 m 的"和倍数".

例如：因为 $247\div(2+4+7)=247\div 13=19$，所以 247 是 13 的"和倍数".

又如：因为 $214\div(2+1+4)=214\div 7=30\cdots\cdots 4$，所以 214 不是"和倍数".

(1) 判断 357，441 是否是"和倍数"，说明理由.

(2) 三位数 A 是 12 的"和倍数"，a，b，c 分别是数 A 其中一个数位上的数字，且 $a>b>c$. 在 a，b，c 中任选两个组成两位数，其中最大的两位数记为 $F(A)$，最小的两位数记为 $G(A)$，若 $\dfrac{F(A)+G(A)}{16}$ 为整数，求出满足条件的所有数 A.

参考答案

附件：测评示例

101010101 -5

101010102 B

101010201 A

101010202 从北到南依次为：哈尔滨、北京、西安、上海、广州．

101020101 2

101020102 $3\frac{3}{4}$

101020201 A

101020202 C

101030101 2^8

101030102 B

101030201 C

101030202 121

101040101 0．

101040102 -1．

101040201 990．

101040202 答案不唯一，只要言之有理即可．

101050101 3

101050102 （1）该厂星期三生产工艺品的数量为 295 个；

(2) 本周产量最多的一天比最少的一天多生产 26 个工艺品．

101050201 1.7

101050202 4550 g．

102010101 C

102010102 有理数集合：$\{-16, 0, \frac{2}{3}, \sqrt[3]{-8}, 0.\dot{3}\}$；

无理数集合：$\{0.1515515551\cdots, \sqrt{3}, -\pi\}$．

102010201 C

102010202 A

102020101 D

102020102 将各数表示在数轴上为：

27

从小到大的顺序排列为：$-2<-\dfrac{1}{3}<\sqrt{2}<2.5$.

102020201 $-a-b$.

102020202 6

102030101 $\sqrt{3}$

102030102 D

102030201 -6，3

102030202 D

102040101 A

102040102 B

102040201 C

102040202 B

102050101 C

102050102 24

102050201 2

102050202 -2023

102060101 B

102060102 D

102060201 D

102060202 $<$

102070101 3.73

102070102 千万

102070201 1.206×10^{7}

102070202 $3.6<\sqrt{13}<3.7$.

102080101 B

102080102 B

102080201 5.

102080202 $6-4\sqrt{3}$.

103010101 $(a+3)$

103010102 A

103010201 体育委员买了3个篮球后剩余的经费

103010202 A

103020101 πx^{2}

103020102 D

103020201 $1001x+440$

103020202 $0.17am$

103030101 A

103030102 -5

103030201 4

103030202 2025

103040101 D

103040102 1.9×10^{-11}

103040201 B

103040202 7×10^{-9}

103050101 $-x^{2}+x$

103050102 $-7b+6$.

103050201 $(2x+2y+4)$

28

第1章 数与式

103050202 $3b$

103060102 2

103060202 D

103070102 $2(n+2)(n-2)$

103070202 C

103080102 B

103060101 C

103060201 B

103070101 D

103070201 D

103080101 B

103080201 $\frac{5}{2}$.

103080202 乙的购买方式更优惠.

103090101 证明：因为 $n^2-n=n(n-1)$，可知 $n-1$，n 是两个连续整数，其中必有一个偶数，所以这两个数的积是一个偶数，所以 n^2-n 是一个偶数.

103090102 (1) 解：由题意得：$10^2-8^2=4\times 9$；

(2) 解：$(2n+2)^2-(2n)^2=(2n+2+2n)(2n+2-2n)=4(2n+1)$.

因为 n 为正整数，所以 $2n+1$ 为正整数，所以若两个连续的正偶数为 $2n$，$2n+2$（n 为正整数），则它们的平方差是 4 的倍数.

103090201 解：将四位数 $\overline{abcd}$ 写成 $1000a+100b+10c+d=(999a+99b+9c)+(a+b+c+d)$，由于 $(999a+99b+9c)$ 和 $(a+b+c+d)$ 都能被 3 整除，因此这个四位数能被 3 整除.

103090202 解：(1) 因为 $3m+n=\frac{b}{a}$，$mn=\frac{c}{a}$，所以 $b=a(3m+n)$，$c=amn$. 则 $b^2-12ac=[a(3m+n)]^2-12a^2mn=a^2(9m^2+6mn+n^2)-12a^2mn=a^2(9m^2-6mn+n^2)=a^2(3m-n)^2$. 因为 a，m，n 是实数，所以 $a^2(3m-n)^2\geqslant 0$，所以 b^2-12ac 为非负数.

(2) m，n 不可能都为整数. 理由如下：若 m，n 都为整数，其可能情况有：①m，n 都为奇数；②m，n 为整数，且其中至少有一个为偶数.

①当 m，n 都为奇数时，则 $3m+n$ 必为偶数. 又 $3m+n=\frac{b}{a}$，所以 $b=a(3m+n)$. 因为 a 为奇数，所以 $a(3m+n)$ 必为偶数，这与 b 为奇数矛盾.

②当 m，n 为整数，且其中至少有一个为偶数时，则 mn 必为偶数. 又因

29

为 $mn=\dfrac{c}{a}$，所以 $c=amn$. 因为 a 为奇数，所以 amn 必为偶数，这与 c 为奇数矛盾.

综上所述，m，n 不可能都为整数.

A 卷

一、选择题：本题共 10 小题，每小题 5 分，共 50 分.

1. D　2. A　3. C　4. A　5. B　6. D　7. C　8. A　9. B　10. C

二、填空题：本题共 6 小题，每小题 5 分，共 30 分.

11. 2　　　　　　　　　　　　12. $(x+3)(x-3)$
13. $x \geqslant 1$　　　　　　　　　　　14. $(4x+2)$
15. -1　　　　　　　　　　　　16. $3-2\sqrt{3}$

三、解答题：本题共 2 小题，共 20 分.

17. (1) 3；(2) $-\dfrac{1}{x+1}$.

18. 解：(1) 因为 $A=\dfrac{x-7}{x-2}$，$B=\dfrac{2x+1}{x-2}$，所以 $A+B=\dfrac{x-7}{x-2}+\dfrac{2x+1}{x-2}=\dfrac{x-7+2x+1}{x-2}=\dfrac{3x-6}{x-2}=\dfrac{3(x-2)}{x-2}=3$，所以 A 与 B 互为"和整分式"，"和整值" $k=3$.

(2) 因为 $C=\dfrac{3x-4}{x-2}$，$D=\dfrac{G}{x^2-4}$，所以 $C+D=\dfrac{3x-4}{x-2}+\dfrac{G}{(x+2)(x-2)}=\dfrac{(3x-4)(x+2)+G}{(x+2)(x-2)}=\dfrac{3x^2+2x-8+G}{(x+2)(x-2)}$，因为 C 与 D 互为"和整分式"，"和整值" $k=3$. 所以 $3x^2+2x-8+G=3(x+2)(x-2)=3x^2-12$，所以 $G=3x^2-12-3x^2-2x+8=-2x-4$，因为 $D=\dfrac{G}{x^2-4}=\dfrac{-2(x+2)}{(x+2)(x-2)}=-\dfrac{2}{x-2}$，且 x 为正整数，分式 D 的值为正整数 t. 所以 $x-2=-1$ 或 $x-2=-2$，所以 $x=1$ 或 $x=0$（不合题意，舍去），所以 $t=2$.

B卷

一、选择题：本题共 10 小题，每小题 5 分，共 50 分.

1. A　2. C　3. A　4. D　5. B　6. C　7. A　8. C　9. B　10. B

二、填空题：本题共 6 小题，每小题 5 分，共 30 分.

11. π（答案不唯一）　12. $(2x-1)$　13. $2(x-1)^2$
14. 16　　　　　　　　15. 4　　　　　　16. -2.5

三、解答题：本题共 2 小题，共 20 分.

17. (1) $\sqrt{3}$；(2) $-\dfrac{b}{a+b}$.

18. 解：(1) 因为 $357\div(3+5+7)=357\div15=23\cdots\cdots12$，所以 357 不是"和倍数"；因为 $441\div(4+4+1)=441\div9=49$，所以 441 是 9 的"和倍数".

(2) 由题意得：$a+b+c=12$，$a>b>c$，$F(A)=10a+b$，$G(A)=10c+b$.

所以 $\dfrac{F(A)+G(A)}{16}=\dfrac{10a+b+10c+b}{16}=\dfrac{10(a+c)+2b}{16}$，

因为 $a+c=12-b$，$\dfrac{F(A)+G(A)}{16}$ 为整数，

所以 $\dfrac{F(A)+G(A)}{16}=\dfrac{10(12-b)+2b}{16}=\dfrac{120-8b}{16}=\dfrac{112+8-8b}{16}=7+\dfrac{1}{2}(1-b)$，

因为 $1<b<9$，所以 $b=3$ 或 5 或 7，所以 $a+c=9$ 或 7 或 5.

①当 $b=3$，$a+c=9$ 时，得 $\begin{cases}a=8,\\ b=3,\\ c=1,\end{cases}$（不合题意，舍去）或 $\begin{cases}a=7,\\ b=3,\\ c=2.\end{cases}$ 则 $A=$ 732 或 372.

②当 $b=5$，$a+c=7$ 时，得 $\begin{cases}a=6,\\ b=5,\\ c=1.\end{cases}$ 则 $A=516$ 或 156.

③当 $b=7$，$a+c=5$ 时，此种情况没有符合的值.

综上所述，满足条件的所有数 A 为：732、372、516、156.

第 2 章　方程与不等式

一、知识结构

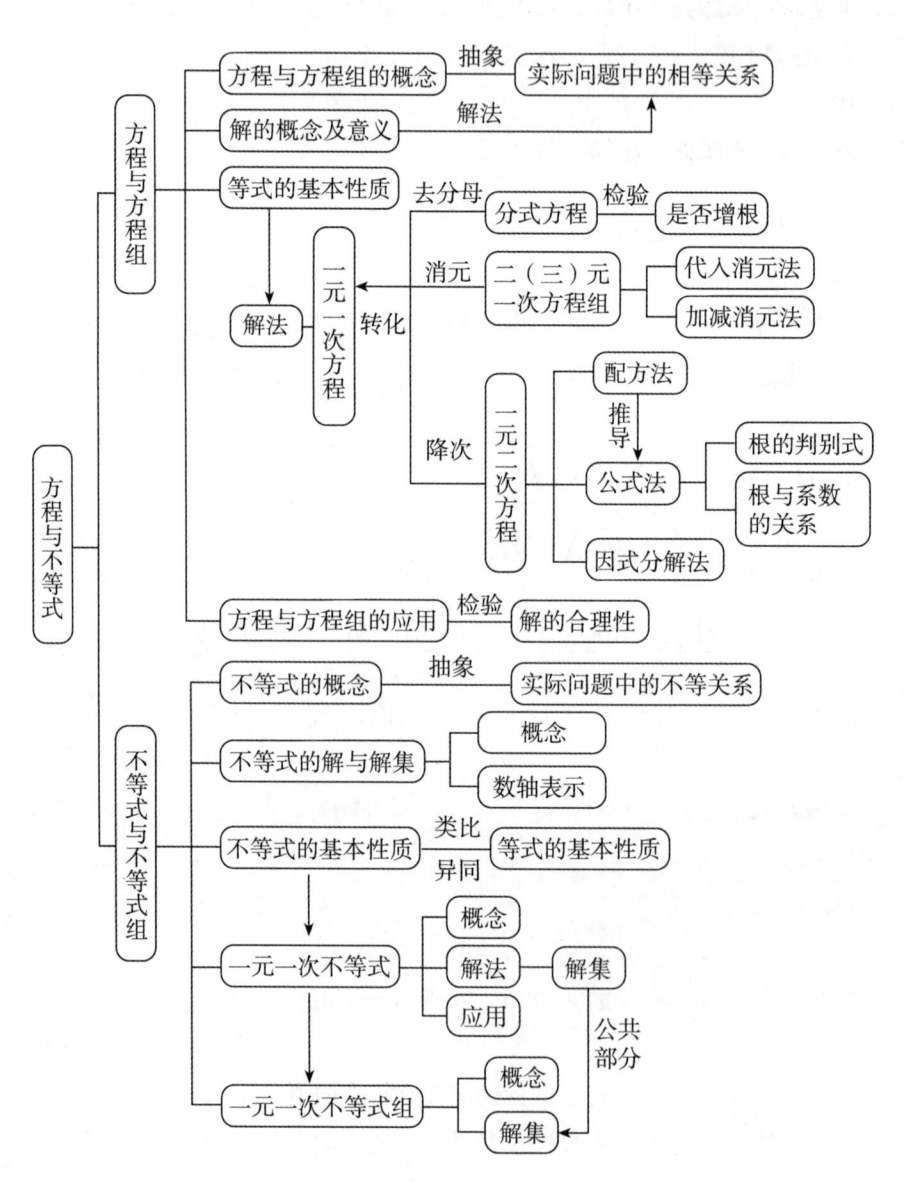

```
方程与不等式
├── 方程与方程组
│   ├── 方程与方程组的概念 ──抽象→ 实际问题中的相等关系
│   ├── 解的概念及意义 ──解法→
│   ├── 等式的基本性质 ──去分母→
│   ├── 解法 ──转化→ 一元一次方程
│   │                      ├──消元← 二(三)元一次方程组 ──→ 代入消元法
│   │                      │                                加减消元法
│   │                      ├── 分式方程 ──检验→ 是否增根
│   │                      └──降次← 一元二次方程
│   │                                    ├── 配方法 ──推导→ 公式法 ──→ 根的判别式
│   │                                    │                              根与系数的关系
│   │                                    └── 因式分解法
│   └── 方程与方程组的应用 ──检验→ 解的合理性
└── 不等式与不等式组
    ├── 不等式的概念 ──抽象→ 实际问题中的不等关系
    ├── 不等式的解与解集 ──→ 概念 / 数轴表示
    ├── 不等式的基本性质 ──类比异同→ 等式的基本性质
    ├── 一元一次不等式 ──→ 概念 / 解法 / 应用 → 解集
    └── 一元一次不等式组 ──→ 概念 / 解集 （公共部分）
```

二、学习目标

在初中数学课程中,方程与不等式揭示了数学中最基本的数量关系(相等关系和不等关系),是一类应用广泛的数学工具.本单元的学习,可以帮助学生大量积累现实问题中量的分析经验,在实际背景中理解数量关系;通过在实际问题中建立数学模型、求解模型、验证反思的过程,帮助学生形成模型观念,体会算术与代数的差异;基于代数的逻辑推理,帮助学生体会方程或不等式是现实问题中含有未知数的等量关系或不等关系的数学表达;帮助学生提升发现问题、提出问题、分析问题和解决问题的能力,以及有逻辑地表达与交流的能力.形成抽象能力、推理能力和模型观念,发展运算能力.

内容包括:方程与方程组,不等式与不等式组.

三、学业评价

能根据具体问题中的数量关系列出方程,理解方程的意义;认识方程解的意义,经历估计方程解的过程;掌握等式的基本性质,能运用等式的基本性质进行等式的变形;能根据等式的基本性质解一元一次方程和可化为一元一次方程的分式方程;能根据二元一次方程组的特征,选择代入消元法或加减消元法解二元一次方程组;能解简单的三元一次方程组(选学);能根据一元二次方程的特征,选择配方法、公式法、因式分解法解数字系数的一元二次方程;会用一元二次方程根的判别式判别方程是否有实根及两个实根是否相等,会将一元二次方程根的情况与一元二次方程根的判别式相联系;知道利用一元二次方程的根与系数的关系可以解决一些简单的问题;能根据具体问题的实际意义,检验方程的解是否合理.建立模型观念.

结合具体问题,了解不等式的意义,探索不等式的基本性质;能用不等式的基本性质对不等式进行变形;能解数字系数的一元一次不等式,并能在数轴上表示出解集;会用数轴确定两个一元一次不等式组成的不等式组的解集;能根据具体问题中的数量关系,列出一元一次不等式,解决简单的实际问题,建立模型观念.

重点提升抽象能力,运算能力,推理能力,模型观念素养.

四、质量标准

学习内容	学习要求	评价要求	测评示例
1. 方程与方程组	(1) 能根据现实情境理解方程的意义,能针对具体问题列出方程;理解方程解的意义,经历估计方程解的过程.	水平一:结合具体实例,根据数量关系列出方程,认识方程的解,理解方程解的意义.	201010101 201010102
		水平二:在不同情境中,根据数量关系列出方程,感受方程是刻画现实世界的有效模型,会估计方程的解,发展模型观念和应用意识.	201010201 201010202
	(2) 掌握等式的基本性质;能解一元一次方程和可化为一元一次方程的分式方程.	水平一:结合具体实例,掌握等式的基本性质,能用等式的基本性质进行等式的变形,能解一元一次方程和可化为一元一次方程的分式方程.	201020101 201020102
		水平二:在不同情境中能用等式的基本性质进行等式的变形,能根据等式的基本性质解一元一次方程和可化为一元一次方程的分式方程,体会分式方程到一元一次方程的转化思想.	201020201 201020202
	(3) 掌握消元法,能解二元一次方程组.	水平一:在具体实例中,理解二元一次方程组及其解的概念,掌握消元法,能用代入消元法和加减消元法解二元一次方程组,了解二元一次方程组的消元思想.	201030101 201030102
		水平二:能根据二元一次方程组的特征,灵活选择二元一次方程组的最优解法,体会解决问题方法的多样性,感受消元思想、化未知为已知的化归思想.	201030201 201030202

续表

学习内容	学习要求	评价要求	测评示例
(4) 能解简单的三元一次方程组.（选学）	水平一：在具体例子中能解简单的三元一次方程组.	201040101 201040102
		水平二：能根据三元一次方程组的特征，选择适当的方法解三元一次方程组，感受消元思想在多元方程组中的运用，体会化未知为已知的化归思想.	201040201 201040202
(5) 理解配方法，能用配方法、公式法、因式分解法解数字系数的一元二次方程.	水平一：在具体实例中理解配方法，能用配方法、公式法、因式分解法解数字系数的一元二次方程，体会从一元二次方程到一元一次方程的降次转化.	201050101 201050102
	水平二：在不同情境中，能根据一元二次方程的特征，灵活选择一元二次方程的最优解法，体会解决方法的多样性，理解配方法与公式法的联系，体会降次的转化思想、化未知为已知的化归思想.	201050201 201050202
(6) 会用一元二次方程根的判别式判别方程是否有实根及两个实根是否相等.	水平一：在具体实例中，不解方程，会用一元二次方程根的判别式判别方程是否有实根及两个实根是否相等.	201060101 201060102
	水平二：在不同情境中，会用一元二次方程根的判别式判别方程是否有实根及两个实根是否相等，会将一元二次方程根的情况与根的判别式相联系.	201060201 201060202
(7) 了解一元二次方程的根与系数的关系.	水平一：在具体实例中，了解一元二次方程的根与系数的关系.	201070101 201070102
	水平二：在不同情境中，利用一元二次方程的根与系数的关系解决一些复杂问题.	201070201 201070202

续表

学习内容	学习要求	评价要求	测评示例
	（8）能根据具体问题的实际意义，检验方程解的合理性.	水平一：结合具体实例，根据具体问题的实际意义，检验方程解的合理性.	201080101 201080102
		水平二：在不同情境中，能根据具体问题的实际意义，检验方程的解是否合理，体会验证反思的必要性.	201080201 201080202
2. 不等式与不等式组	（1）结合具体问题，了解不等式的意义，探索不等式的基本性质.	水平一：结合具体实例，了解不等式的意义，掌握不等式的基本性质，体会不等式与等式的异同.	202010101 202010102
		水平二：在不同情境中，了解不等式的意义，体会不等式是刻画现实世界中不等关系的重要模型，发展模型观念和应用意识；掌握不等式的基本性质，能用不等式的基本性质对简单的不等式进行变形.	202010201 202010202
	（2）能解数字系数的一元一次不等式，并能在数轴上表示出解集；会用数轴确定两个一元一次不等式组成的不等式组的解集.	水平一：在具体实例中，理解不等式（组）的解与解集的意义；解数字系数的一元一次不等式，并能在数轴上表示出解集；会用数轴确定两个一元一次不等式组成的不等式组的解集.	202020101 202020102
		水平二：在不同情境中，会用不等式的基本性质解一元一次不等式，体会解集的意义，借助数轴表示解集并确定一元一次不等式组的解集，能用数形结合的思想研究不等式与不等式组.	202020201 202020202

续表

学习内容	学习要求	评价要求	测评示例
	(3) 能根据具体问题中的数量关系，列出一元一次不等式，解决简单的问题.	水平一：在具体实例中，根据简单的数量关系，列出一元一次不等式，解决简单的问题.	202030101 202030102
		水平二：在不同情境中，根据较复杂的数量关系列出一元一次不等式，解决实际问题，发展模型观念和应用意识，感受实际问题对不等式解集的影响.	202030201 202030202

附件：测评示例

201010101 知识竞赛共有 30 道题，规定答对一题得 4 分，答错一题扣 2 分，小亮每道题都做了，共得 96 分，那么他答对了几道题？设小亮答对了 x 道题，可列方程为_____.

201010102 下列方程中，解为 $x=3$ 的是（　　）

A. $3x-6=0$　　B. $6=-3x$　　C. $\dfrac{x}{2}-1=0$　　D. $4=2(x-1)$

201010201 小军从学校骑自行车到体育馆，如果每小时骑 15 千米，可按时到达；如果每小时骑 12 千米，就会迟到 5 分钟，问学校到体育馆的路程是多少千米？设学校到体育馆的路程是 x 千米，则据题意列出的方程是（　　）

A. $\dfrac{x}{15}=\dfrac{x}{12}-\dfrac{5}{60}$　　B. $\dfrac{x}{15}=\dfrac{x}{12}-5$　　C. $\dfrac{x}{15}=\dfrac{x}{12}+\dfrac{5}{60}$　　D. $\dfrac{x}{15}=\dfrac{x}{12}+5$

201010202 小颖在探索一元二次方程 $x^2+x-7=0$ 的近似解时，作了如下表的计算. 观察表中对应的数据，可以估计方程的其中一个解的整数部分是（　　）

x	0	1	2	3
x^2+x-7	-7	-5	-1	5

A. 0　　　　　　B. 1　　　　　　C. 2　　　　　　D. 3

201020101 解方程：$5x-1=-7x+9$.

201020102 解方程：$\dfrac{2x+9}{3x-9}=\dfrac{4x-7}{x-3}+2$.

201020201 下面是张华同学解一元一次方程的过程，请认真阅读并完成相应任务．

解方程：$\dfrac{x}{2}-\dfrac{x-2}{6}=1$.

解：_____，得 $3x-(x-2)=6$.（第一步）

去括号，得 $3x-x+2=6$.（第二步）

移项，得 $3x-x=6+2$.（第三步）

合并同类项，得 $2x=8$.（第四步）

方程两边同除以 2，得 $x=4$.

(1) 以上求解步骤中，第一步进行的是_____，这一步的依据是_____；

(2) 以上求解步骤中，第____步开始出现错误，具体的错误是_____；

(3) 请写出正确解方程的过程．

201020202 已知关于 x 的分式方程 $\dfrac{a+2}{x+1}=-1$ 的解是非正数，则 a 的取值范围是_____．

201030101 解二元一次方程组：$\begin{cases} y=-x+3, & ① \\ 2x+y=6. & ② \end{cases}$

201030102 解二元一次方程组：$\begin{cases} 3x-2y=3, & ① \\ x+y=6. & ② \end{cases}$

201030201 解关于 x，y 的方程组：$\begin{cases} x+y=10, & ① \\ 2x+y=16. & ② \end{cases}$ 并说明你选择此方法的理由．

201030202 已知关于 x，y 的二元一次方程组 $\begin{cases} 3x+2y=a+2, \\ 2x+3y=2a-1 \end{cases}$ 的解满足 $x+y=5$，求 a 的值．

201040101 用加减消元法解方程组 $\begin{cases} x+2y+z=2, & ① \\ 2x-y-z=-3, & ② \\ 3x+y-2z=8. & ③ \end{cases}$ 下列做法正确的是（   ）

A．消去 z，先将①＋②，再将①×3－③
B．消去 z，先将①＋②，再将①×2＋③
C．消去 y，先将①－③×2，再将②－③
D．消去 y，先将①－②×2，再将②＋③

201040102 解三元一次方程组：$\begin{cases} a+2b-c=2, \\ 2a+b+c=-5, \\ 3a+4b+c=8. \end{cases}$

201040201 解方程组：$\begin{cases} 2x-y+3z=-1, \\ 3x+y-2z=3, \\ x+y+2z=2. \end{cases}$

(1) 若先消去 x，得到含有 y，z 的二元一次方程组为_____.
(2) 若先消去 y，得到含有 x，z 的二元一次方程组为_____.
(3) 若先消去 z，得到含有 x，y 的二元一次方程组为_____.
(4) 以上较为简便的是先消去_____.

201040202 在等式 $y=ax^2+bx+c$ 中，当 $x=-1$ 时，$y=0$；当 $x=2$ 时，$y=3$；当 $x=0$ 时，$y=-5$. 求 a，b，c 的值.

201050101 方程 $x^2-8x+5=0$ 经过配方后，其结果正确的是（　　）

A. $(x+4)^2=11$ 　　　　B. $(x-4)^2=11$
C. $(x-4)^2=20$ 　　　　D. $(x+4)^2=20$

201050102 解方程：$2x^2-5x+1=0$.

201050201 阅读材料：为解方程 $x(x-2)=5(2-x)$. 我们有以下两种解法：

解法一：$x(x-2)=5(2-x)$，$x(x-2)+5(x-2)=0$，
　　　　$(x-2)(x+5)=0$，所以 $x-2=0$ 或 $x+5=0$，
　　　　所以 $x_1=2$，$x_2=-5$.

解法二：$x(x-2)=5(2-x)$，$x^2-2x=10-5x$，
　　　　$x^2+3x-10=0$，$a=1$，$b=3$，$c=-10$，
　　　　因为 $b^2-4ac=3^2-4\times 1\times(-10)=49>0$，
　　　　所以 $x=\dfrac{-3\pm\sqrt{49}}{2}=\dfrac{-3\pm 7}{2}$，
　　　　所以 $x_1=2$，$x_2=-5$.

对比这两种解法，说一说你会选择哪一种？

201050202 将 $3x^2-12x-9=0$ 变形为 $(x-m)^2=n$ 的形式，则 $m+n$ =_____.

201060101 方程 $-2x^2-4x-3=0$ 解的情况为（　　）

　　A. 没有实数根　　　　　　B. 有两个相同的实数根

　　C. 有两个不同的实数根　　D. 只有一个实数根

201060102 关于 x 的一元二次方程 $x^2+x-k^2=0$ 的根的情况是（　　）

　　A. 只有一个实数根　　　　B. 没有实数根

　　C. 有两个不相等的实数根　D. 有两个相等的实数根

201060201 若关于 x 的一元二次方程 $x^2+4x+m=0$ 有两个不相等的负实数根，则 m 可能的值是（　　）

　　A. 5　　　B. 3　　　C. 0　　　D. -1

201060202 已知等腰 $\triangle ABC$ 的底边长为 3，两腰长恰好是关于 x 的一元二次方程 $kx^2-2(k+3)x+12=0$ 的两根，则 $\triangle ABC$ 的周长为_____.

201070101 一元二次方程 $x^2+2x-1=0$ 的两实数根分别为 x_1，x_2，则 $x_1+x_2=$_____，$x_1 \cdot x_2=$_____.

201070102 方程 $x^2-4x-5=0$ 的两个实数根为 x_1，x_2，则 $x_1^2+x_2^2=$_____.

201070201 关于 x 的一元二次方程 $x^2+(a^2-2a)x+1-a=0$ 的两个实数根互为相反数，则 a 的值为（　　）

　　A. 0　　　B. 2　　　C. 1　　　D. 2 或 0

201070202 设一元二次方程 $x^2-2022x+1=0$ 的两根分别为 a，b，如果 $S_1=\dfrac{1}{1+a}+\dfrac{1}{1+b}$，$S_2=\dfrac{1}{1+a^2}+\dfrac{1}{1+b^2}$，$S_3=\dfrac{1}{1+a^3}+\dfrac{1}{1+b^3}$，…，$S_{100}=\dfrac{1}{1+a^{100}}+\dfrac{1}{1+b^{100}}$，那么 $S_1+S_2+S_3+\cdots+S_{100}=$_____.

201080101 某种月饼原价每盒 60 元,由于商场中秋节促销,价格经过两次下调后现在的售价为每盒 48.6 元,则平均每次下调的百分率为（ ）

A. 10%   B. 9%   C. 8.5%   D. 7%

201080102 某超市销售某品牌电风扇,平均每天可售出 20 台,每台盈利 40 元,为扩大销售,尽快减少库存,商场决定采取降价措施,调查发现,每台电风扇每降价 1 元,平均每天可多销售 2 台,若商场每天要盈利 1200 元,每台电风扇应降价多少元?

201080201 如图,在△ABC 中,∠ABC=90°,AB=8 cm,BC=7 cm,动点 P,Q 分别从点 A,B 同时开始移动（移动方向如图所示）,点 P 的速度为 1 cm/s,点 Q 的速度为 2 cm/s,点 Q 移动到点 C 后停止,点 P 也随之停止运动,若使△PBQ 的面积为 12 cm²,则点 P 运动的时间是（ ）

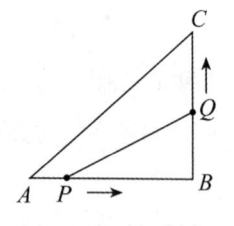

A. 6 s   B. 5 s   C. 3 s   D. 2 s

201080202 如图,在足够大的空地上有一段长为 a 米的旧墙 MN,某人利用旧墙和木栏围成一个矩形菜园 ABCD,其中 AD≤MN,已知矩形菜园的一边靠墙,另三边一共用了 100 米木栏.

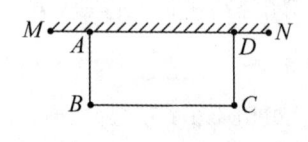

(1) 若 $a=20$,所围成的矩形菜园面积为 450 平方米,求所利用旧墙 AD 的长;

(2) 求矩形菜园 ABCD 面积的最大值.

202010101 学校组织同学们春游，租用 40 座和 35 座两种型号的客车，若租用 40 座客车 x 辆，租用 35 座客车 y 辆，则不等式"$40x+35y \geqslant 500$"表示的实际意义是（　　）

A. 两种客车总的载客量不少于 500 人

B. 两种客车总的载客量不超过 500 人

C. 两种客车总的载客量不足 500 人

D. 两种客车总的载客量恰好等于 500 人

202010102 若 $a<b$，下列不等式不一定成立的是（　　）

A. $a-5<b-5$　　B. $a+m<b+m$　　C. $\dfrac{a}{m}<\dfrac{b}{m}$　　D. $-a>-b$

202010201 若 $x<y$，且 $(k-3)x \leqslant (k-3)y$，则 k 的取值范围是（　　）

A. $k>3$　　B. $k<3$　　C. $k \geqslant 3$　　D. $k \leqslant 3$

202010202 用甲、乙两种原料配制成某种营养品，已知这两种原料的维生素 C 的含量及购买这两种原料的价格如下表：

原料	甲种原料	乙种原料
维生素 C 含量（单位/千克）	400	80
原料价格（元/千克）	12	4

（1）现配制这种营养品 9 千克，要求至少含有 3000 单位的维生素 C，试写出所需甲种原料的质量 x(kg) 应满足的不等式；

（2）如果还要求甲、乙两种原料的费用不超过 70 元，试写出 x(kg) 应满足的另一个不等式．

202020101 不等式组 $\begin{cases} x-1 \geqslant 0, \\ x+3<0 \end{cases}$ 中的两个不等式的解集在同一个数轴上表示正确的是（　　）

A. 　　B.

C. 　　D.

202020102 解不等式：$\dfrac{x-2}{3} \geqslant 1-\dfrac{x}{2}$，并把它的解集在数轴上表示出来.

202020201 若关于 x 的一元一次不等式组 $\begin{cases} x-2>0, \\ 2x-a>0 \end{cases}$ 的解集是 $x>2$，则 a 的取值范围是_____.

202020202 若关于 x 的不等式组 $\begin{cases} x-m<0, \\ 2x-5 \geqslant 1 \end{cases}$ 的整数解共有 4 个，则 m 的取值范围是（ ）

  A. $6<m<7$ B. $6<m \leqslant 7$ C. $6 \leqslant m<7$ D. $3 \leqslant m<4$

202030101 小明用 25 元购买橡皮擦和签字笔，已知橡皮擦和签字笔的单价分别是 2 元和 5 元，他买了 2 块橡皮擦后，最多还能买几支签字笔？设小明还能买 x 支签字笔，则下列不等关系正确的是（ ）

  A. $5 \times 2 + 2x \geqslant 25$ B. $5 \times 2 + 2x \leqslant 25$
  C. $2 \times 2 + 5x \geqslant 25$ D. $2 \times 2 + 5x \leqslant 25$

202030102 今年植树节，七年（1）班同学共同种植一批树苗，如果每人种 3 棵，则剩余 20 棵；如果每人种 4 棵，则还缺 25 棵.

（1）求七年（1）班的学生人数；

（2）这批树苗只有甲、乙两种，其中 A 种树苗每棵 30 元，B 种树苗每棵 40 元. 购买这批树苗的总费用没有超过 5400 元，请问至少购买了 A 种树苗多少棵？

202030201 某工厂为贯彻落实"绿水青山就是金山银山"的发展理念，决定购买 10 台污水处理设备，现有甲、乙两种型号的设备，甲、乙单价分别为 a 万元/台、b 万元/台，月处理污水分别为 240 吨/月、200 吨/月，经调查买一台甲型设备比购买一台乙型设备多 2 万元，购买 2 台甲型设备比购买 3 台乙型设备少 6 万元．

(1) 求 a，b 的值；

(2) 若该工厂购买污水处理设备的预算资金不超过 105 万元，则该工厂有哪几种购买方案？

(3) 在（2）问的条件下，若每月要求处理内河两岸的污水量不低于 2040 吨，为了节约资金，请你为该工厂设计一种最省钱的购买方案．

202030202 为推进"美丽城市换新颜"的改造老旧小区建设项目．A 市 2020 年投入资金 1000 万元，2021 年与 2022 年共投入资金 2640 万元，若每年投入资金的增长率相同．

(1) 求 A 市改造老旧小区投入资金的年平均增长率；

(2) 2022 年老旧小区改造的平均费用为每个 80 万元．2023 年为提高老旧小区品质，每个小区改造费用增加 15%，如果投入资金年增长率保持不变，求 A 市在 2023 年最多可以改造多少个老旧小区．

五、单元评价

A 卷

一、选择题：本题共 10 小题，每小题 4 分，共 40 分．

1. 已知 $x=3$ 是关于 x 的方程 $2x-a=1$ 的解，则 a 的值是（　　）
   A．-5　　　B．5　　　C．7　　　D．2

2. 解集在数轴上表示为如图所示的不等式组是（　　）

   A. $\begin{cases} x>-3 \\ x\geq 2 \end{cases}$　　B. $\begin{cases} x<-3 \\ x\leq 2 \end{cases}$　　C. $\begin{cases} x<-3 \\ x\geq 2 \end{cases}$　　D. $\begin{cases} x>-3 \\ x\leq 2 \end{cases}$

3. 一元二次方程 $x(x-1)=0$ 的解是（　　）

   A. $x=0$　　　　　　　　　　B. $x=1$

   C. $x=0$ 或 $x=-1$　　　　　D. $x=0$ 或 $x=1$

4. 用配方法解方程 $x^2+2x-5=0$ 时，原方程应变形为（　　）

   A. $(x-1)^2=6$　　　　　　B. $(x+2)^2=9$

   C. $(x+1)^2=6$　　　　　　D. $(x-2)^2=9$

5. 不等式组 $\begin{cases} x+2\geq 0, \\ x-1<2 \end{cases}$ 的整数解共有（　　）

   A. 3 个　　B. 4 个　　C. 5 个　　D. 6 个

6. 方程 $x^2-9x+18=0$ 的两个根是等腰三角形的底和腰，则三角形的周长为（　　）

   A. 12　　B. 12 或 15　　C. 15　　D. 不能确定

7. 若关于 x 的不等式 $(a+1)x>a+1$ 的解集为 $x<1$，则 a 的取值范围是（　　）

   A. $a>0$　　B. $a<0$　　C. $a>-1$　　D. $a<-1$

8. 某印刷厂需要包装 1080 本新书，现用甲、乙两种不同的包装箱进行包装，单独使用乙种包装箱可比单独使用甲种包装箱少用 6 个；已知每个乙种包装箱比每个甲种包装箱可多装 15 本课外书．若设每个甲种包装箱可以装书 x 本，则可列方程为（　　）

   A. $\dfrac{1080}{x}=\dfrac{1080}{x-15}+6$　　　　B. $\dfrac{1080}{x}=\dfrac{1080}{x-15}-6$

   C. $\dfrac{1080}{x+15}=\dfrac{1080}{x}-6$　　　　D. $\dfrac{1080}{x+15}=\dfrac{1080}{x}+6$

9. 某著名旅游景区五月份共接待游客 25 万人次，七月份共接待游客 49 万人次，设每月的平均增长率为 x，则可列方程为（　　）

   A. $25(1+x)^2=49$　　　　　B. $25(1-x)^2=49$

   C. $49(1+x)^2=25$　　　　　D. $49(1-x)^2=25$

10. 下列关于 x 的一元二次方程中，有两个不相等的实数根的方程是（　　）

    A. $x^2+1=0$　　　　　　B. $x^2-2x-2=0$

    C. $9x^2-6x+1=0$　　　　D. $x^2-x+2=0$

二、填空题：本题共 6 小题，每小题 4 分，共 24 分.

11. 请写出一个满足不等式 $2x-2<5$ 的正整数 x 的值：_____.

12. 方程组 $\begin{cases} 2x+y=5, \\ x-y=7 \end{cases}$ 的解是_____.

13. 如图所示，这个不等式组的解集是_____.

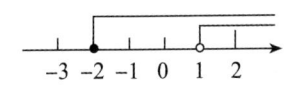

14. 方程 $\dfrac{2}{x-3}=\dfrac{1}{x}$ 的解为 $x=$_____.

15. 某商品原价 290 元，经连续两次降价后售价为 252 元，设平均每次降价的百分率为 x，那么根据题意可列关于 x 的方程是_____.

16. 2023 年 4 月 26 日是世界知识产权日，某高校组织开展了"女性和知识产权：加速创新创造"的知识竞赛，共有 20 道题. 答对一题记 10 分，答错或不答一题记 -5 分. 王华参加本次竞赛得分要超过 100 分，她至少要答对_____道题.

三、解答题：本题共 4 小题，每小题 9 分，共 36 分.

17. 解不等式组 $\begin{cases} \dfrac{x+1}{2}<1, \\ x-8 \leqslant 3(x-1)-1, \end{cases}$ 并把解集在数轴上表示出来.

18. 解方程组 $\begin{cases} 4x-3y=11, \\ 2x+y=13. \end{cases}$

19. 已知关于 x 的一元二次方程 $x^2+(2a-1)x+a(1+a)=0$（a 是常数）有两个不相等的实数根.

(1) 求 a 的取值范围；

(2) 请你从 2，-2，-1 三者中，选取一个你认为合适的 a 值代入原方

47

程，求解这个一元二次方程的根．

20. 为纪念师生情谊，九年（2）班班委决定花费 800 元购买两种不同的留念册，分别给 50 位学生和 10 位教师每人一本留作纪念，其中送给教师的留念册单价比给学生的单价多 8 元．请问这两种不同留念册的单价分别是多少元？

B卷

一、选择题：本题共 10 小题，每小题 4 分，共 40 分．

1. 一元二次方程 $x^2+kx-3=0$ 的一个根是 $x=1$，则另一个根是（　　）
   A. 3　　　　　　B. -1　　　　　　C. -3　　　　　　D. -2

2. 若关于 x，y 的二元一次方程组 $\begin{cases} x+y=5m, \\ x-y=9m \end{cases}$ 的解也是二元一次方程 $2x+3y=6$ 的解，则 m 的值为（　　）
   A. $-\dfrac{3}{4}$　　　　B. $\dfrac{3}{4}$　　　　C. $\dfrac{4}{3}$　　　　D. $-\dfrac{4}{3}$

3. 方程 $(x-3)(x+1)=x-3$ 的解是（　　）
   A. $x=0$　　　　　　　　　　　B. $x=3$
   C. $x=3$ 或 $x=-1$　　　　　　D. $x=3$ 或 $x=0$

4. 若 $\begin{cases} x=-2, \\ y=1 \end{cases}$ 是方程组 $\begin{cases} mx+ny=1, \\ nx+my=7 \end{cases}$ 的解，则 $(m+n)(m-n)$ 的值为（　　）
   A. $-\dfrac{35}{3}$　　　　B. $\dfrac{35}{3}$　　　　C. -16　　　　D. 16

5. 不等式组 $\begin{cases} -2x \leqslant 4, \\ -3x > -9 \end{cases}$ 的整数解共有（　　）

　　A. 3 个　　　　B. 4 个　　　　C. 5 个　　　　D. 6 个

6. 若关于 x 的方程 $\dfrac{2x+a}{3} = \dfrac{4x+b}{5}$ 的解是非负数，则 a 与 b 的关系是（　　）

　　A. $a > \dfrac{3}{5}b$　　B. $b \geqslant \dfrac{3}{5}a$　　C. $5a \geqslant 3b$　　D. $5a = 3b$

7. 已知三角形两边长分别为 4 和 7，第三边的长是方程 $x^2 - 17x + 66 = 0$ 的根，则第三边的长为（　　）

　　A. 6　　　　B. 11　　　　C. 6 或 11　　　　D. 7

8. 分式方程 $\dfrac{1}{x} = \dfrac{4}{x+3}$ 的解是（　　）

　　A. $x = 0$　　B. $x = 1$　　C. $x = 2$　　D. $x = 3$

9. 若关于 x 的方程 $(k-5)x^2 + 4x - 1 = 0$ 有实数根，则 k 满足（　　）

　　A. $k \geqslant 1$　　　　　　　　B. $k > 1$ 且 $k \neq 5$

　　C. $k \geqslant 1$ 且 $k \neq 5$　　　　D. $k \neq 5$

10. 某乡镇有一块面积 58 公顷的土地，现计划将其中 $\dfrac{1}{4}$ 的土地开辟为茶园，其余的土地种蔬菜和水果，已知种蔬菜的土地面积是种水果的土地面积的 4 倍，设种蔬菜 x 公顷，种水果 y 公顷，则下列方程组中符合题意的是（　　）

　　A. $\begin{cases} x = 4y \\ x+y = 58 \times \dfrac{3}{4} \end{cases}$　　　　B. $\begin{cases} x = 4y \\ x+y = 58 - \dfrac{1}{4} \end{cases}$

　　C. $\begin{cases} 4x = y \\ x+y = 58 \times \dfrac{3}{4} \end{cases}$　　　　D. $\begin{cases} 4x = y \\ x+y = 58 - \dfrac{1}{4} \end{cases}$

二、填空题：本题共 6 小题，每小题 4 分，共 24 分.

11. 方程 $\dfrac{1}{x-1} = \dfrac{5}{4x}$ 的解是 $x = $ ＿＿＿＿＿＿．

12. 若关于 x 的分式方程 $\dfrac{x-m}{x-1} = 1 + \dfrac{3}{x}$ 无解，则 $m = $ ＿＿＿＿＿＿．

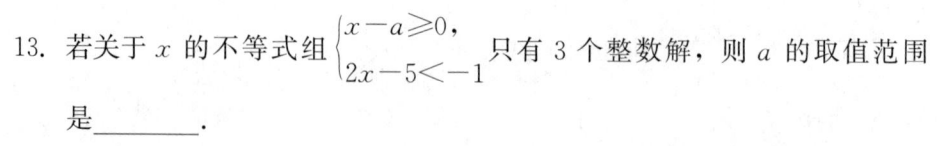

13. 若关于 x 的不等式组 $\begin{cases} x-a \geqslant 0, \\ 2x-5 < -1 \end{cases}$ 只有 3 个整数解, 则 a 的取值范围是_____.

14. 若关于 x 的方程 $x^2-x+a=0$ 有两个相等的实数根, 则 $a=$_____.

15. 小明同学在解方程组 $\begin{cases} y=ax+b, \\ 2x+y=0 \end{cases}$ 的过程中, 错把 b 看成了 6, 其余的解题过程没有出错, 解得此方程组的解为 $\begin{cases} x=-1, \\ y=2, \end{cases}$ 又已知直线 $y=ax+b$ 过点 $(3, -1)$, 则 b 的值是_____.

16. 若关于 x 的方程 $\dfrac{2x+m}{x-2}=3$ 的解是正数, 则 m 的取值范围是_____.

三、解答题：本题共 4 小题，每小题 9 分，共 36 分．

17. 解方程: $x^2+4x+2=0$.

18. 解方程: $\dfrac{5x-4}{x-2}-\dfrac{4x+10}{3x-6}=-1$.

19. 如图, 某公园内的一个矩形花园, 花园长为 100 m, 宽为 50 m, 在它的四角各建有一个同样大小的正方形小亭子, 四周建有与小亭子等宽的观光大道, 其余部分 (图中阴影部分) 种植的是不同花草. 已知种植花草部分的面积为 3600 m², 那么矩形花园各角处的正方形小亭子的边长为多少米?

20. 某高速公路上一段道路需要维修. 现有甲、乙两个工程队竞标, 调查显示: 若由两队合做, 6 天可以完成, 总费用 10200 元; 若单独完成此项工程, 甲队比乙队少用 5 天, 但甲队每天的费用比乙队多 300 元. 工程指挥部决定从这两个队中选一队单独完成此项工程, 若从节省资金的角度考虑, 应该选择哪个工程队? 为什么?

参考答案

附件: 测评示例

201010101 $4x-2(30-x)=96$　　　　201010102 D

201010201 A　　　　201010202 C

201020101 $x=\dfrac{5}{6}$.　　　　201020102 原方程无解.

201020201 (1) 去分母, 等式的基本性质 2; (2) 三, 移项时没有变号; (3) 解得 $x=2$.

201020202 $a\geqslant -3$ 且 $a\neq -2$

201030101 $\begin{cases}x=3,\\ y=0.\end{cases}$　　　　201030102 $\begin{cases}x=3,\\ y=3.\end{cases}$

201030201 $\begin{cases}x=6,\\ y=4.\end{cases}$ 选择理由: 言之有理即可.

201030202 $a=8$.　　　　201040101 B

201040102 $\begin{cases}a=-8,\\ b=7,\\ c=4.\end{cases}$

201040201 (1) $\begin{cases}3y+z=5,\\ 2y+8z=3;\end{cases}$ (2) $\begin{cases}5x+z=2,\\ 3x+5z=1;\end{cases}$ (3) $\begin{cases}5x+y=2,\\ 13x+y=7;\end{cases}$ (4) y.

201040202 a,b,c 的值分别为 3, -2, -5.

51

201050101 B

201050102 $x_1=\dfrac{5+\sqrt{17}}{4}$,$x_2=\dfrac{5-\sqrt{17}}{4}$.

201050201 言之有理即可.   201050202 9

201060101 A   201060102 C

201060201 B   201060202 7

201070101 -2,-1 201070102 26

201070201 B   201070202 100

201080101 A   201080102 20元.

201080201 D

201080202 (1) AD长为10米;(2) 当$a \geqslant 50$时,S的最大值为1250;当$0<a<50$时,S的最大值为$50a-\dfrac{1}{2}a^2$.

202010101 A   202010102 C

202010201 C

202010202 (1) $400x+80(9-x) \geqslant 3000$;(2) $12x+4(9-x) \leqslant 70$.

202020101 D

202020102 $x \geqslant 2$. 在数轴上表示为:

202020201 $a \leqslant 4$ 202020202 B

202030101 D

202030102 (1) 该班的学生人数为45人;(2) 至少购买了A种树苗80棵.

202030201 (1) a的值为12,b的值为10;(2) 该工厂有3种购买方案:①购进10台乙型设备;②购进1台甲型设备,9台乙型设备;③购进2台甲型设备,8台乙型设备;(3) 购进1台甲型设备,9台乙型设备最省钱.

202030202 (1) A市改造老旧小区投入资金的年平均增长率为20%;(2) A

市在 2023 年最多可以改造 18 个老旧小区.

A 卷

一、选择题：本题共 10 小题，每小题 4 分，共 40 分.

1. B 2. D 3. D 4. C 5. C 6. C 7. D 8. C 9. A 10. B

二、填空题：本题共 6 小题，每小题 4 分，共 24 分.

11. 2（答案不唯一） 12. $\begin{cases} x=4 \\ y=-3 \end{cases}$ 13. $x>1$

14. -3 15. $290(1-x)^2=252$ 16. 14

三、解答题：本题共 4 小题，每小题 9 分，共 36 分.

17. $-2 \leqslant x < 1$.

18. $\begin{cases} x=5, \\ y=3. \end{cases}$

19. (1) a 的取值范围为 $a < \dfrac{1}{8}$；(2) $x_1=0$，$x_2=3$.

20. 送给老师的纪念册每本 20 元，送给学生的每本 12 元.

B 卷

一、选择题：本题共 10 小题，每小题 4 分，共 40 分.

1. C 2. B 3. D 4. C 5. C 6. C 7. A 8. B 9. A 10. A

二、填空题：本题共 6 小题，每小题 4 分，共 24 分.

11. 5 12. 1 或 -2

13. $-2 < a \leqslant -1$ 14. $\dfrac{1}{4}$

15. -13 16. $m > -6$ 且 $m \neq -4$

三、解答题：本题共 4 小题，每小题 9 分，共 36 分.

17. $x_1=-2+\sqrt{2}$，$x_2=-2-\sqrt{2}$.

18. 方程无解.

19. 矩形花园各角处的正方形小亭子的边长为 5 米.

20. 甲队单独做的费用比乙队单独做的费用少，所以应选择甲队.

第 3 章　函数

一、知识结构

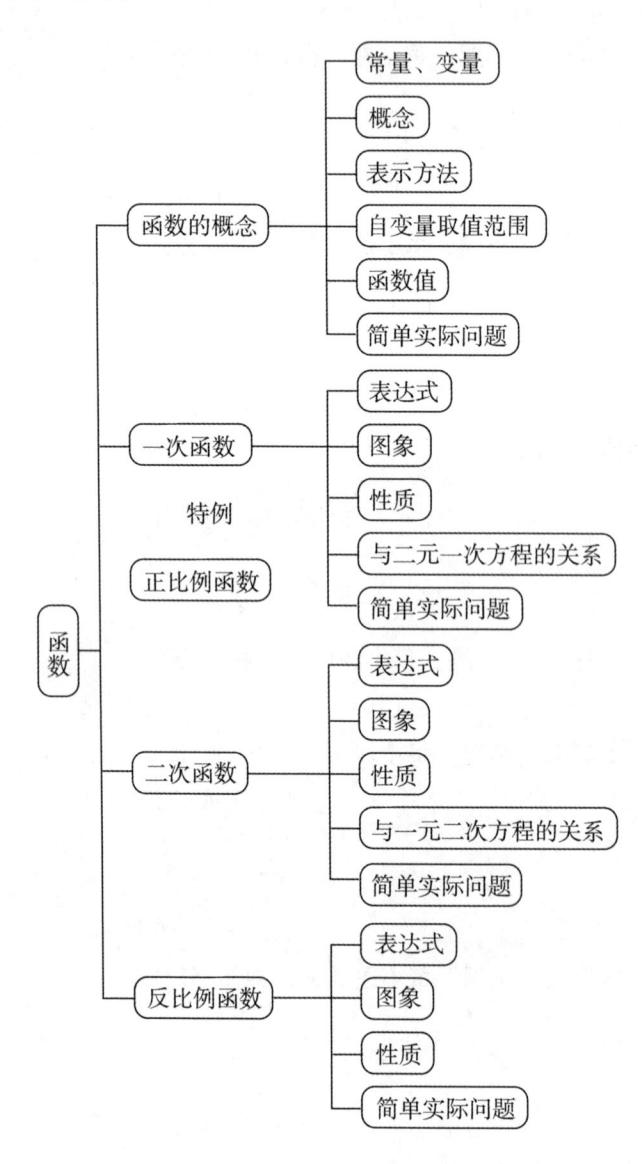

```
             ┌─ 常量、变量
             ├─ 概念
             ├─ 表示方法
     函数的概念 ┼─ 自变量取值范围
             ├─ 函数值
             └─ 简单实际问题

             ┌─ 表达式
             ├─ 图象
     一次函数  ┼─ 性质
             ├─ 与二元一次方程的关系
函数          └─ 简单实际问题
         特例
     正比例函数

             ┌─ 表达式
             ├─ 图象
     二次函数  ┼─ 性质
             ├─ 与一元二次方程的关系
             └─ 简单实际问题

             ┌─ 表达式
             ├─ 图象
     反比例函数 ┼─ 性质
             └─ 简单实际问题
```

二、学习目标

本单元的学习，可以帮助学生建立完整的函数概念，"函数"主要研究变量之间的关系，探索事物变化的规律；借助函数可以认识方程和不等式.

内容包括：函数的概念、一次函数、二次函数、反比例函数.

三、学业评价

能识别简单实际问题中的常量、变量及其意义，并能找出变量之间的数量关系及变化规律，形成初步的抽象能力；了解函数的概念和表示法，能举出函数的实例，初步形成模型观念；能用适当的函数表示法刻画简单实际问题中变量之间的关系，理解函数值的意义；能确定简单实际问题中函数自变量的取值范围，并会求函数值；能根据函数图象分析出实际问题中变量的信息，发现变量间的变化规律；能结合函数图象对简单实际问题中的函数关系进行分析，结合对函数关系的分析，能对变量的变化趋势进行初步推测.

能根据简单实际问题中的已知条件确定一次函数的表达式；会在不同问题情境中运用待定系数法确定一次函数的表达式；会画出一次函数的图象；会根据一次函数的表达式求其图象与坐标轴的交点坐标；会根据一次函数的图象和表达式 $y=kx+b(k\neq 0)$，探索并理解 k 值的变化对函数图象的影响. 认识正比例函数中两个变量之间的对应规律，会结合实例说明正比例函数的意义及变量之间的对应规律. 会根据一次函数的图象解释一次函数与二元一次方程的关系；能在实际问题中列出一次函数的表达式，并结合一次函数的图象与表达式的性质等解决简单的实际问题.

会通过分析实际问题的情境确定二次函数的表达式，体会二次函数的意义；会用描点法画出二次函数的图象，会利用一些特殊点画出二次函数的草图；通过图象了解二次函数的性质，知道二次函数的系数与图象形状和对称轴的关系. 会根据二次函数的表达式求其图象与坐标轴的交点坐标；会用配方法将数字系数的二次函数的表达式化为 $y=a(x-h)^2+k$ 的形式，能由此得出二次函数图象的顶点坐标，说出图象的开口方向，画出图象的对称轴，得出二次函数的最大值或最小值，并能确定相应自变量的值，解决简单的实际问题．知道二次函数和一元二次方程之间的关系，会利用二次函数的图象求一元二次方程的近似解．

结合具体情境用实例体会反比例函数的意义，能根据已知条件确定反比例函数的表达式；会用描点法画出反比例函数的图象；知道当 $k>0$ 和 $k<0$ 时反比例函数 $y=\dfrac{k}{x}(k\neq 0)$ 图象的整体特征；能用反比例函数解决简单的实际问题．

四、质量标准

学习内容	学习要求	评价要求	测评示例
1. 函数的概念	(1) 探索简单实例中的数量关系和变化规律，了解常量、变量的意义；了解函数的概念和表示法，能举出函数的实例．	水平一：在具体情境中探索简单实例中的数量关系和变化规律，了解常量、变量的意义；能判断两个变量间的关系是不是函数关系，了解函数的概念和表示法，能举出函数的实例，初步形成模型观念．	301010101 301010102
		水平二：会从不同的问题情境中体会数量关系和变化规律，并由此抽象出函数的概念，理解函数的本质关系是变量之间的一种依存关系，初步形成抽象能力．	301010201 301010202
	(2) 能结合图象对简单实际问题中的函数关系进行分析．	水平一：能结合图象对简单实际问题中的函数关系进行分析．	301020101 301020102
		水平二：能根据图象分析并解决不同情境中的问题，体会数形结合思想．	301020201 301020202

续表

学习内容	学习要求	评价要求	测评示例
	(3) 能确定简单实际问题中函数自变量的取值范围，会求函数值.	水平一：在具体实例中确定简单实际问题中函数自变量的取值范围，会求函数值.	301030101 301030102
		水平二：能在不同情境中，确定实际问题中函数自变量的取值范围，以及变量间的关系，建立模型.	301030201 301030202
	(4) 能用适当的函数表示法刻画简单实际问题中变量之间的关系，理解函数值的意义.	水平一：能用适当的函数表示法刻画简单实际问题中变量之间的关系，理解函数值的意义.	301040101 301040102
		水平二：能在不同情境中用适当的函数表示法刻画简单实际问题中变量之间的关系，能结合表格、图象、关系式对函数进行分析.	301040201 301040202
	(5) 结合对函数关系的分析，能对变量的变化情况进行初步讨论.	水平一：能对函数关系进行简单分析，能对变量的变化情况进行初步讨论.	301050101 301050102
		水平二：能在不同情境中对函数关系进行分析，对变量的变化情况进行推测，体会数形结合的思想.	301050201 301050202
2. 一次函数	(1) 结合具体情境体会一次函数的意义，能根据已知条件确定一次函数的表达式；会运用待定系数法确定一次函数的表达式.	水平一：会在具体情境中体会一次函数的意义，能根据已知条件确定一次函数的表达式；会运用待定系数法确定一次函数的表达式.	302010101 302010102
		水平二：能在不同情境中根据已知条件确定一次函数的表达式；会运用待定系数法确定一次函数的表达式，体会数形结合的思想.	302010201 302010202

续表

学习内容	学习要求	评价要求	测评示例
	(2) 能画一次函数的图象，根据图象和表达式 $y=kx+b(k\neq 0)$，探索并理解 $k>0$ 和 $k<0$ 时图象的变化情况；理解正比例函数.	水平一：会画一次函数的图象，根据图象和表达式 $y=kx+b(k\neq 0)$，探索并理解 $k>0$ 和 $k<0$ 时图象的变化情况；认识正比例函数中两个变量之间的对应关系.	302020101 302020102
		水平二：会根据一次函数的表达式及其图象与坐标轴的交点坐标，理解 k 值的变化对函数图象的影响，会结合实例说明正比例函数的意义及变量之间的对应规律.	302020201 302020202
	(3) 体会一次函数与二元一次方程的关系.	水平一：结合具体实例，理解一次函数与二元一次方程的关系.	302030101 302030102
		水平二：会根据一次函数图象解释一次函数与二元一次方程的关系，并解决不同情境的问题.	302030201 302030202
	(4) 能用一次函数解决简单实际问题.	水平一：能用一次函数解决简单实际问题.	302040101 302040102
		水平二：能在实际问题中列出一次函数的表达式，并结合一次函数图象与表达式的性质，解决不同情境的问题.	302040201 302040202
3. 二次函数	(1) 通过对实际问题的分析，体会二次函数的意义.	水平一：结合具体实例的分析，确定二次函数的表达式，体会二次函数的意义.	303010101 303010102
		水平二：能在不同情境中获得用二次函数表示变量之间关系的体验，体会函数模型思想.	303010201 303010202

续表

学习内容	学习要求	评价要求	测评示例
	(2) 能画二次函数的图象，通过图象了解二次函数的性质，知道二次函数系数与图象形状和对称轴的关系.	水平一：会用描点法画二次函数的图象，会利用一些特殊点画出二次函数的草图，通过图象了解二次函数的性质，会根据二次函数的表达式，求其图象与坐标轴的交点坐标，知道二次函数系数与图象形状和对称轴的关系.	303020101 303020102
		水平二：能用二次函数图象分析、解决不同情境的问题，发展几何直观素养.	303020201 303020202
	(3) 会求二次函数的最大值或最小值，并能确定相应自变量的值，能解决相应的实际问题.	水平一：会用配方法将数字系数的二次函数表达式化为 $y=a(x-h)^2+k$ 的形式，能由此得出二次函数图象的顶点坐标，说出图象的开口方向，画出图象的对称轴，得出二次函数的最大值或最小值，并能确定相应自变量的值，解决简单的实际问题.	303030101 303030102
		水平二：能在不同情境中用二次函数解决相应的实际问题，体会函数模型思想.	303030201 303030202
	(4) 知道二次函数和一元二次方程之间的关系，会利用二次函数的图象求一元二次方程的近似解.	水平一：结合具体实例，理解二次函数与一元二次方程的关系，会利用二次函数的图象求一元二次方程的近似解.	303040101 303040102
		水平二：能根据二次函数与一元二次方程的关系解决不同情境的问题，会利用二次函数的图象求一元二次方程的近似解.	303040201 303040202

续表

学习内容	学习要求	评价要求	测评示例
4. 反比例函数	(1) 结合具体情境体会反比例函数的意义，能根据已知条件确定反比例函数的表达式.	水平一：结合具体情境，理解反比例函数的意义，能根据已知条件确定反比例函数的表达式.	304010101 304010102
		水平二：根据不同的情境，理解反比例函数所反映的变量之间的关系，进一步体会函数是刻画变量之间关系的数学模型.	304010201 304010202
	(2) 能画反比例函数的图象，根据图象和表达式 $y=\dfrac{k}{x}$ $(k\neq 0)$ 探索并理解 $k>0$ 和 $k<0$ 时图象的变化情况.	水平一：会用描点法画反比例函数的图象，根据图象和表达式 $y=\dfrac{k}{x}(k\neq 0)$ 理解 $k>0$ 和 $k<0$ 时图象的变化情况.	304020101 304020102
		水平二：在不同情境中应用反比例函数的性质解决不同问题.	304020201 304020202
	(3) 能用反比例函数解决简单实际问题.	水平一：能用反比例函数解决简单实际问题.	304030101 304030102
		水平二：在不同情境中，能用反比例函数解决简单实际问题，进一步体会数形结合的思想，发展几何直观.	304030201 304030202

附件：测评示例

301010101 李师傅到单位附近的加油站加油，如图是所用加油机上的数据显示牌，则其中的常量是（　　）

  A. 金额

  B. 数量

  C. 单价

  D. 金额和数量

134.28	金额
18	数量/升
7.46	单价/元

扫码看详解

301010102 下列各曲线中不能表示 y 是 x 的函数的是（　　）

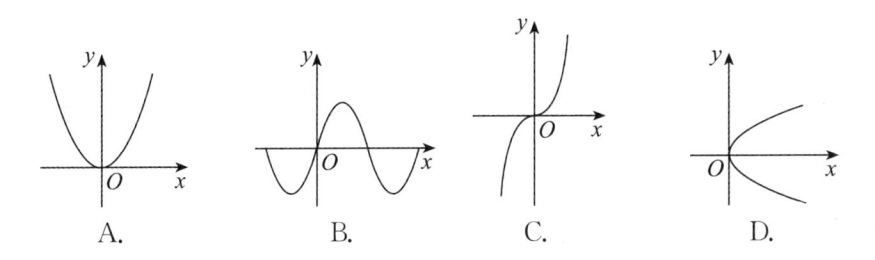

A. B. C. D.

301010201 一种豆子每千克售 2 元，豆子的总售价 y（元）与所售豆子的质量 x（千克）之间的关系如下表：

售出豆子质量 x（千克）	0	0.5	1	1.5	2	2.5	3	5
总售价 y（元）	0	1	2	3	4	5	6	10

则 y 关于 x 的关系式是_____．

301010202 某超市出售一批水果，已知卖出的香蕉数量 x 与售价 y 的关系如表所示：

数量 x（千克）	1	2	3	4	5
售价 y（元）	1+0.1	2+0.2	3+0.3	4+0.4	5+0.5

则 y 与 x 的关系式是_____．

301020101 小明放学回家，在路上经过了同学家，去同学家玩了会儿，然后独自回家，下列图象能表示小明回家所剩路程 s 与时间 t 之间关系的是（　　）

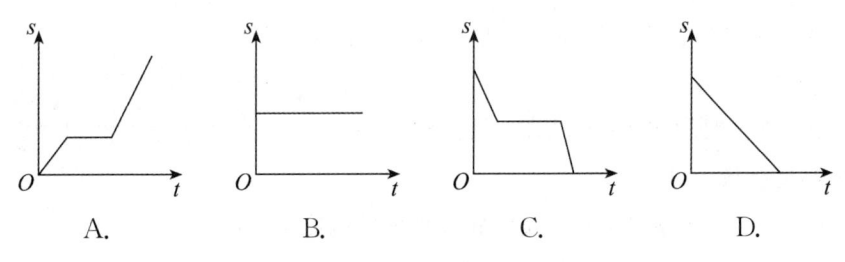

A. B. C. D.

301020102 小明出门散步，从家（点 O）出发，最后回到家里，行走的路线如图所示，则小明离家的距离 h 与散步时间 t 的关系可能是（　　）

A.   B.   C.   D.

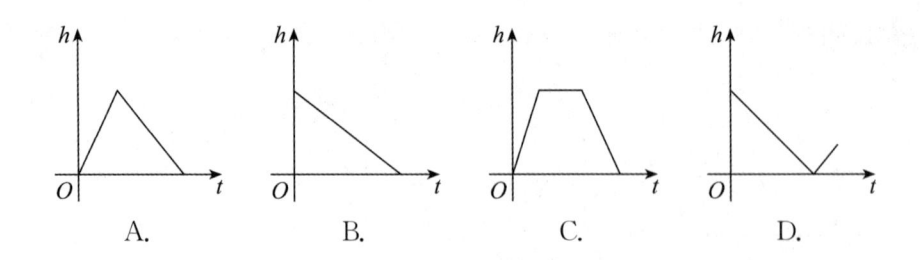

301020201 如图，图中折线表示小明在某天上学途中的情景：骑车离家行了一段路，中途停下到书店买书，买完书后继续骑行，按时赶到学校．右图是小明与家的距离 s(m) 随时间 t(min) 的变化而变化的情况，根据图象判断，下列说法错误的是（　　）

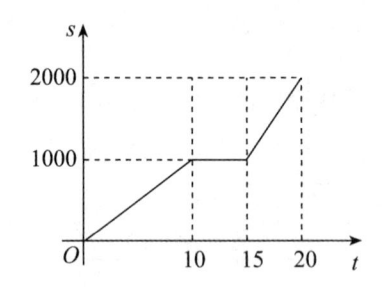

    A. 小明买书用了 15 min

    B. 小明的学校距他家 2000 m

    C. 小明从家到学校共用了 20 min

    D. 买书后的骑行速度是买书前的 2 倍

301020202 如图，曲线表示一只蜜蜂在飞行过程中离地面的高度 h(m) 随飞行时间 t(s) 的变化而变化的情况，根据图象判断，下列说法正确的是（　　）

    A. 在这个变化过程中，h 是自变量，t 是因变量

    B. 飞行时间在 0～3 s 期间，蜜蜂距离地面的高度持续上升

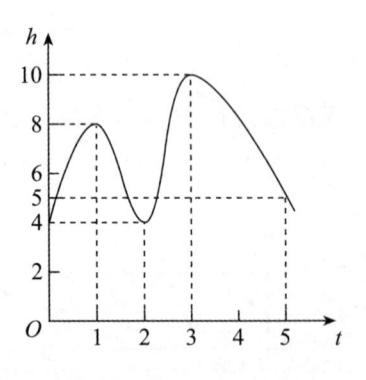

    C. 飞行时间为 4 s 时，蜜蜂距离地面的高度为 15 m

    D. 在 0 s 和 2 s 时，蜜蜂距离地面的高度大致相等

301030101 在函数 $y=\dfrac{\sqrt{x-1}}{x-2}$ 中，自变量 x 的取值范围是（　　）

    A. $x>1$ 且 $x\neq 2$ B. $x>1$ C. $x\geqslant 1$ 且 $x\neq 2$ D. $x\geqslant 1$

301030102 已知两个变量之间的关系满足 $y=-x+1$，则当 $x=-2$ 时，对应的 y 的值为（　　）

A. 1　　　　B. 3　　　　C. -1　　　　D. -3

301030201 手工制作等腰三角形卡片，若其周长为 20 cm，底边长为 x(cm)，一腰长为 y(cm)，则 y 与 x 的函数关系式及自变量 x 的取值范围是（　　）

A. $y=20-2x(0<x<20)$　　B. $y=20-2x(0<x<10)$

C. $y=\dfrac{1}{2}(20-x)(0<x<20)$　　D. $y=\dfrac{1}{2}(20-x)(0<x<10)$

301030202 汽车由 A 地驶往相距 120 km 的 B 地，它的平均速度是 30 km/h，则汽车距 B 地路程 s(km) 与行驶时间 t(h) 的函数关系式及自变量 t 的取值范围是（　　）

A. $s=120-30t(0\leqslant t\leqslant 4)$　　B. $s=120-30t(t>0)$

C. $s=30t(0\leqslant t\leqslant 40)$　　D. $s=30t(t<4)$

301040101 超市售出一批柚子，已知销售额 y(元) 与卖出的柚子质量 x(kg) 之间的关系如下表：

质量 x/kg	1	2	3	…
销售额 y/元	1.5+0.3	3.0+0.3	4.5+0.3	…

根据表中数据可知，销售额 y(元) 与卖出的柚子质量 x(kg) 之间的关系式为_____．

301040102 一蓄水池，水池的水量与打开排水阀门开始放水的时长有如下关系：

放水时长/min	1	2	3	4	…
水池中水量/m³	38	36	34	32	…

下列说法正确的是_____．

①蓄水池每分钟放水 2 m³；②放水 18 分钟后，水池中水量为 4 m³；③蓄水池一共可以放水 20 min；④放水前，蓄水池中水量为 40 m³．

301040201 某城市出租车的收费标准为：3 千米以内（含 3 千米）收费 14 元，超过 3 千米时，超过部分每千米收费 2.3 元．

（1）写出车费 y(元) 和行车里程 x(千米) 之间的关系式；

(2) 甲乘坐 10 千米需付多少钱？若乙付的车费是 37 元，则他乘坐了多少里程？

301040202 为了解某种车的耗油量，我们对这种车在高速公路上做了耗油试验，并把试验的数据记录了下来，制成如表：

汽车行驶时间 t（小时）	0	1	2	3	…
油箱剩余油量 Q（升）	100	95	90	85	…

(1) 如表反映的两个变量中，自变量是_____，因变量是_____。

(2) 根据表可知，汽车行驶 3 小时时，该车油箱的剩余油量为_____升，汽车每小时耗油_____升。

(3) 请直接写出两个变量之间的关系式（用 t 来表示 Q）。

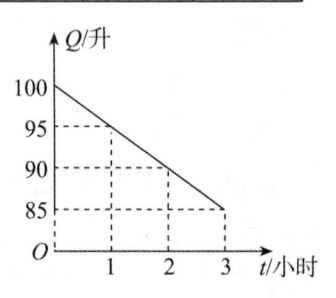

301050101 赵先生手中有一张记录他从出生到 24 周岁期间的身高情况表（如表），下列说法中错误的是（　　）

年龄 x/岁	0	3	6	9	12	15	18	21	24
身高 h/cm	48	100	130	140	150	158	165	170	170.4

A．赵先生的身高从 0 岁到 24 岁平均每年增高 5.1 cm

B．赵先生的身高从 0 岁到 12 岁平均每年增高 12.5 cm

C．赵先生的身高增长速度总体上先快后慢

D．赵先生的身高在 21 岁以后基本不增长了

301050102 某公司经营某种农产品,零售一箱该产品的利润是 70 元,批发一箱该农产品的利润是 40 元.

(1) 已知该公司每月卖出 100 箱这种农产品共获利 4600 元,问:该公司当月零售、批发这种农产品的箱数分别是多少?

(2) 经营性质规定,该公司零售的数量不能多于总数量的 30%,现该公司要经营 1000 箱这种农产品,问:应如何规划零售和批发的数量,才能使总利润最大?最大总利润是多少?

301050201 某剧院观众席的座位为扇形,且按下列方式设置:

排数(x)	1	2	3	4	…
座位数(y)	60	64	68	72	…

(1) 按照上表所示的规律,当 x 每增加 1 时,y 如何变化?

(2) 写出座位数 y 与排数 x 之间的关系式;

(3) 按照上表所示的规律,某一排可能有 90 个座位吗?说说你的理由.

301050202 我们知道"距离地面越高,温度越低",下表给出了所在位置的温度与距离地面高度之间的大致关系. 根据下表,请回答以下几个问题:

距离地面高度(千米)	0	1	2	3	4	5
所在位置的温度(℃)	30	24	18	12	6	0

(1) 由表可知,距离地面高度每上升 1 千米,温度降低几摄氏度?

(2) 如果用 x 表示距离地面的高度,用 y 表示温度,则 y 与 x 之间的关系式是什么?

(3) 2018 年 5 月 14 日,四川航空 3U8633 航班在执行重庆—拉萨航班任务飞行途中,在距离地面 9700 米的高空,驾驶舱右侧挡风玻璃突然破裂,2 名飞行员在超低压、超低温的紧急情况下,高度冷静应对,最终飞机成功降落,创造了世界航空史上的奇迹,请你计算出飞机发生事故时所在高空的温度(假设当时所在位置的地面温度为 20 ℃).

302010101 某水池有水 15 m³,打开进水管进水,进水的速度为 5 m³/h,经过时间 x(h)后这个水池内储有体积为 y(m³)的水.请写出 y 与 x 的关系式.

302010102 随着海拔的上升,大气压强将下降,空气中的含氧量也随之下降.已知含氧量 y(g/m³)与大气压强 x(kPa)成正比例函数关系,当 $x=38$ kPa 时,$y=114$ g/m³.求 y 关于 x 的函数表达式.

302010201 弹簧的长度 y(cm)与所挂物体的质量 x(kg)关系如右图所示,当弹簧不挂重物时的长度是( )

  A. 9 cm   B. 10 cm
  C. 10.5 cm   D. 11 cm

302010202 如图,在 △ABC 中,BC 边上的高是 4 cm,点 D 从点 C 出发,沿 CB 边向点 B 匀速运动,速度为 0.1 cm/s,连接 AD,设动点 D 的运动时间为 t(s)(点 D 到点 B 后停止运动),△ACD 的面积为 S(cm²),则 S 与 t 之间的关系式为_____.

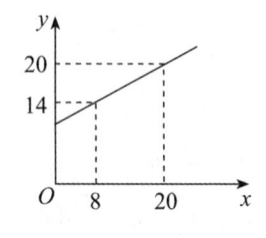

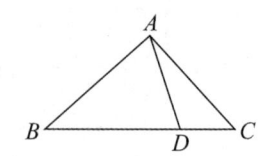

302020101 画出正比例函数 $y=2x$ 的图象.

302020102 已知一次函数 $y=(2m+6)x+3$ 中 y 随 x 的增大而减小，求 m 的取值范围．

302020201 对于一次函数 $y=-3x+6$，下列结论错误的是（　　）

A. 当 $x>2$ 时，$y<0$

B. 函数的图象与 y 轴的交点坐标是 $(0,6)$

C. 函数的图象向下平移 6 个单位得到 $y=-3x$ 的图象

D. 若两点 $A(x_1,y_1)$，$B(x_2,y_2)$ 在该函数图象上，且 $x_1<x_2$，则 $y_1<y_2$

302020202 如图，直线 $y=-\dfrac{4}{3}x+8$ 与 x 轴，y 轴分别交于点 A 和 B，M 是 OB 上的一点，若将 $\triangle ABM$ 沿 AM 折叠，点 B 恰好落在 x 轴上的点 B' 处，则直线 AM 的解析式为_____．

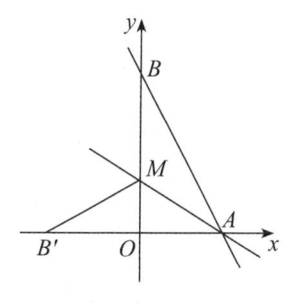

302030101 如图，直线 l_1：$y=-x+3$ 与 l_2：$y=x+1$ 的图象相交于点 P，那么关于 x，y 的二元一次方程组 $\begin{cases}x+y=3,\\x-y=-1\end{cases}$ 的解是（　　）

A. $\begin{cases}x=0\\y=-2\end{cases}$　　B. $\begin{cases}x=-1\\y=0\end{cases}$

C. $\begin{cases}x=2\\y=1\end{cases}$　　D. $\begin{cases}x=1\\y=2\end{cases}$

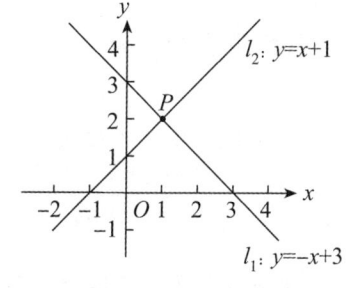

302030102 已知方程组 $\begin{cases}x+y=2,\\2x-y=7\end{cases}$ 的解为 $\begin{cases}x=3,\\y=-1,\end{cases}$ 则直线 $y=-x+2$ 与直线 $y=2x-7$ 的交点在平面直角坐标系中位于（　　）

A. 第一象限　　　　　　B. 第二象限

C. 第三象限　　　　　　D. 第四象限

302030201 某公司销售一种进价为 20 元/袋的口罩,其销售量 y(万袋)与销售价格 x(元/袋)的变化如下表所示,则 y(万袋)与 x(元/袋)之间的一次函数解析式是_____.

销售价格 x(元/袋)	…	5	6	10	15.5	…
销售量 y(万袋)	…	3	2.8	2	0.9	…

302030202 甲、乙两人沿同一路线从学校出发到图书馆,甲先步行出发,6 分钟后乙骑自行车出发,乙比甲先到图书馆,甲、乙两人在此过程中以各自的速度匀速运动. 甲、乙两人离学校的距离 y(米)与甲的行走时间 x(分)之间的函数图象如图 1 所示,甲、乙两人间的距离 S(米)与甲的行走时间 x(分)之间的函数图象如图 2 所示.

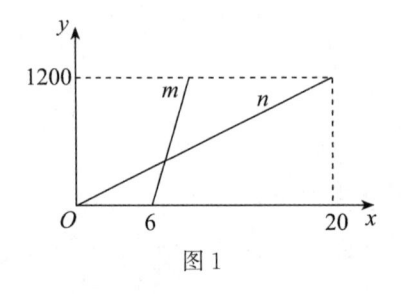

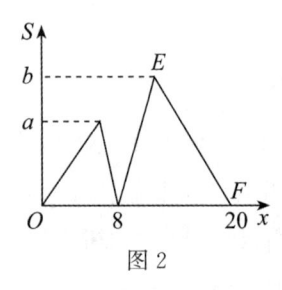

图1

图2

(1) 图 1 中甲运动的图象是_____,乙运动的图象是_____;(填"m""n")

(2) 甲的速度为_____米/分,乙的速度为_____米/分;

(3) 图 2 中,$a=$_____,$b=$_____;

(4) 图 2 中,求线段 EF 所在直线的函数解析式.

302040101 某种汽车的油箱加满油后,油箱中的剩余油量 y(升)与行驶时间 t(小时)的关系如图所示,根据图象回答下列问题:

(1) 汽车行驶前油箱里有多少升汽油,汽车每小时耗油多少升?

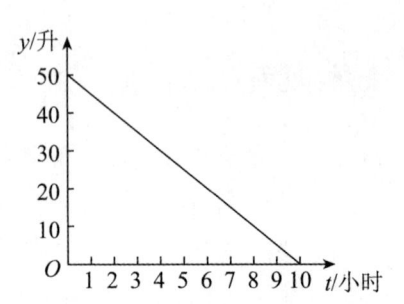

（2）当汽车行驶 4 小时时，油箱中还剩余多少升油？

302040102 学校举行秋季运动会，小东和小明参加了百米赛跑，小明比小东跑得快，如果两人同时跑，肯定小明赢，现在小明让小东先跑若干米后再追赶他，图中的射线 a，b 分别表示两人跑的路程 s(m) 与小明追赶时间 t(s) 之间的关系，求出图中小明、小东跑步路程 s 和时间 t 的函数关系式．

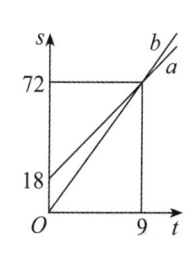

302040201 一辆客车从甲地开往乙地，一辆出租车从乙地开往甲地，两车同时出发，两车距甲地的距离 y(千米) 与行驶时间 x(时) 之间的函数图象如图所示，则下列说法：

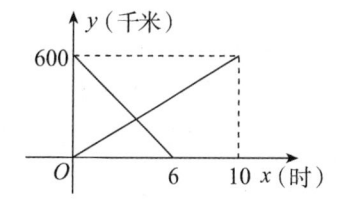

①客车比出租车晚 4 小时到达目的地；
②两车出发后 3.75 小时相遇；③两车相遇时客车距乙地还有 225 千米；④客车的速度为 60 千米/时，出租车的速度为 100 千米/时，其中正确的有（　　）

A. ①②　　　B. ②④　　　C. ①②④　　　D. ①②③④

302040202 如图，某电信公司提供了 A，B 两种方案的移动通讯费用 y(元) 与通话时间 x(分) 之间的关系，则下列结论中正确的有（　　）

①若通话时间少于 120 分，则 A 方案比 B 方案便宜 20 元；

②若通话时间超过 200 分，则 B 方案比 A 方案便宜 12 元；

③若通讯费用为 60 元，则 B 方案比 A 方案的通话时间多；

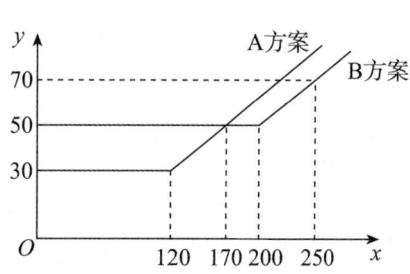

④若两种方案通讯费用相差 10 元，则通话时间是 145 分或 185 分.

　　A．1 个　　　　B．2 个　　　　C．3 个　　　　D．4 个

303010101 竖直向上发射的小球的高度 $h(m)$ 关于运动时间 $t(s)$ 的函数表达式为 $h=at^2+bt$，其图象如图所示，若小球在发射后第 2 秒与第 6 秒时的高度相等，则下列时刻中小球的高度最高的是（　　）

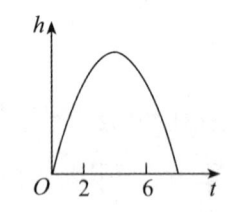

　　A．第 3 秒　　　　　　　　B．第 3.9 秒
　　C．第 4.5 秒　　　　　　　D．第 6.5 秒

303010102 二次函数 $y=ax^2+bx+c$ 的图象如图所示，则函数值 $y>0$ 时，x 的取值范围是（　　）

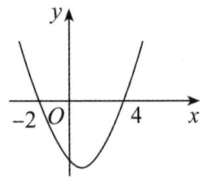

　　A．$x<-2$　　　　　　　　B．$x>4$
　　C．$-2<x<4$　　　　　　　D．$x<-2$ 或 $x>4$

303010201 河上有一座抛物线形的石拱桥，当水面宽 6 m 时，水面离桥拱顶部 3 m.

　　(1) 如图，建立平面直角坐标系，试求抛物线的表达式；

　　(2) 一艘装满货物的小船，露出水面部分的高为 0.5 m，宽为 4 m．现因暴雨河水水位上升了 1 m，这艘小船能从这座石拱桥下通过吗？请说明理由．

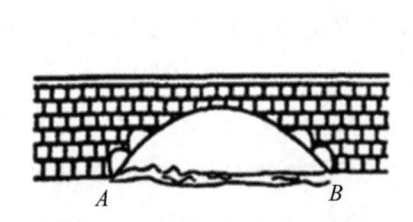

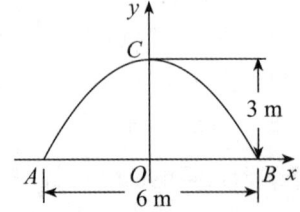

303010202 在完成劳动课布置的"某种植物生长状态观察"的实践作业时，需要测量植物的穗长，同学们查阅资料得知：由于受仪器精度和观察误差影响，n 次测量会得到 n 个数据 $a_1, a_2, \cdots, a_n$，如果 a 与各个测量数据的差

的平方和最小，就将 a 作为测量结果的最佳近似值．若 5 名同学对某株青稞的穗长测量得到的数据分别是：7.9，8.0，8.0，8.3，8.3（单位：cm），则这株青稞穗长的最佳近似值为（　　）

  A．8.1 cm   B．7.9 cm   C．8.0 cm   D．8.3 cm

303020101 画出二次函数 $y=x^2$ 的图象．

303020102 已知二次函数 $y=(x-2)^2+1$，先画出函数图象，再填空：

 （1）该二次函数图象开口_____；

 （2）该二次函数图象的对称轴为_____；

 （3）该二次函数图象的顶点坐标为_____；

 （4）当 $x<2$ 时，y 随 x 的增大而_____．

303020201 若二次函数 $y=|a|x^2+bx+c$ 的图象经过 $A(m，n)$、$B(0，y_1)$、$C(3-m，n)$、$D(\sqrt{2}，y_2)$、$E(2，y_3)$，则 y_1、y_2、y_3 的大小关系是（　　）

  A．$y_1<y_2<y_3$ B．$y_1<y_3<y_2$

  C．$y_3<y_2<y_1$ D．$y_2<y_3<y_1$

303020202 已知 $P_1(x_1，y_1)$，$P_2(x_2，y_2)$ 是抛物线 $y=ax^2-2ax$ 上的点，下列命题正确的是（　　）

  A．若 $|x_1-1|>|x_2-1|$，则 $y_1>y_2$

  B．若 $|x_1-1|>|x_2-1|$，则 $y_1<y_2$

  C．若 $|x_1-1|=|x_2-1|$，则 $y_1=y_2$

  D．若 $y_1=y_2$，则 $x_1=x_2$

303030101 为了在校运会中取得更好的成绩，小明积极训练，在某次试投中铅球所经过的路线是如图所示的抛物线的一部分．已知铅球出手处 A 距离地面的高度是 1.68 米，当铅球运行的水平距离为 2 米时，达到最大高度 2 米的 B 处，则小丁此次投掷的成绩是_____米．

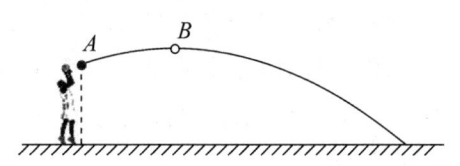

303030102 从喷水池喷头喷出的水珠，在空中形成一条抛物线，如图所示，在抛物线各个位置上，水珠的竖直高度 $y(\mathrm{m})$ 与它距离喷头的水平距离 $x(\mathrm{m})$ 之间满足函数关系式 $y=-2x^2+4x+1$，喷出水珠的最大高度是_____ m.

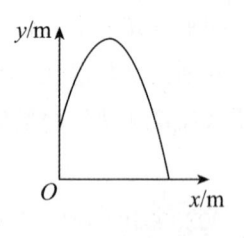

303030201 在测量时，为了确定被测对象的最佳值，经常要对同一对象测量若干次，然后选取与各测量数据的差的平方和为最小的数作为最佳近似值. 例如，在测量了 5 个大麦穗长之后，得到的数据（单位：cm）是：

$$6.5 \quad 5.9 \quad 6.0 \quad 6.7 \quad 4.5$$

那么这些大麦穗的最佳近似长度可以取使函数 $y=(x-6.5)^2+(x-5.9)^2+(x-6.0)^2+(x-6.7)^2+(x-4.5)^2$ 为最小值的 x 值. 整理上式，并求出大麦穗长的最佳近似长度.

303030202 某经销商销售一种成本价为 10 元/kg 的商品，已知销售价不低于成本价，且物价部门规定这种产品的销售价不得高于 18 元/kg. 在销售过程中发现销量 $y(\mathrm{kg})$ 与售价 $x(\text{元}/\mathrm{kg})$ 之间满足一次函数关系，对应关系如表所示：

x	12	13	14	15
y	36	34	32	30

（1）求 y 与 x 之间的函数关系式，并写出自变量 x 的取值范围；

（2）设销售这种商品每天所获得的利润为 W 元，求 W 与 x 之间的函数关系式. 当该商品销售单价定为多少元时，才能使经销商所获利润最大？最大利润是多少？

303040101 已知二次函数 $y=x^2-5x+m$（m 为常数）的图象与 x 轴的一个交点为（1，0），则关于 x 的一元二次方程 $x^2-5x+m=0$ 的两实数根是（　）

  A．$x_1=1$，$x_2=3$ B．$x_1=1$，$x_2=4$

  C．$x_1=1$，$x_2=5$ D．$x_1=1$，$x_2=6$

303040102 如图是二次函数 $y=ax^2+bx+c$（$a\neq 0$，a、b、c 为常数）的部分图象，该图象的对称轴是直线 $x=2$，与 x 轴的一个交点坐标是（-1，0），则方程 $ax^2+bx+c=0$ 的解是（　）

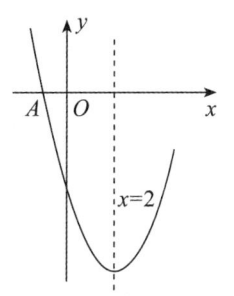

  A．$x_1=1$，$x_2=5$ B．$x_1=-1$，$x_2=5$

  C．$x_1=1$，$x_2=6$ D．$x_1=-1$，$x_2=6$

303040201 下表给出了二次函数 $y=ax^2+bx+c$ 中 x，y 的一些对应值，则可以估计一元二次方程 $ax^2+bx+c=0$ 的一个近似解为（　）

x	…	2.2	2.3	2.4	2.5	…
y	…	-0.76	-0.11	0.56	1.25	…

  A．2.2   B．2.3   C．2.4   D．2.5

303040202 已知 $m>0$，关于 x 的一元二次方程 $(x+1)(x-2)-m=0$ 的解为 x_1，x_2（$x_1<x_2$），则下列结论正确的是（　）

  A．$x_1<-1<2<x_2$ B．$-1<x_1<2<x_2$

  C．$-1<x_1<x_2<2$ D．$x_1<1<x_2<2$

304010101 计划修建铁路 1200 km，那么铺轨天数 y（d）与每日铺轨量 x（km/d）的函数关系式为_____.

304010102 用电器的电流 I、电阻 R 之间有如下关系：

I/A	1	2	3	4	5
R/Ω	5	$\dfrac{5}{4}$	$\dfrac{5}{9}$	$\dfrac{5}{16}$	$\dfrac{1}{5}$

请根据表格，写出变量 R 与变量 I 之间的函数关系式，并判断变量 R 是变量 I 的反比例函数吗？

304010201 A，B两城间的距离为15千米，一人行路的平均速度每小时不少于3千米，也不多于5千米，则表示此人由A到B的行路速度x（千米/小时）与所用时间y（小时）的关系$y=\dfrac{15}{x}$的函数图象是（　　）

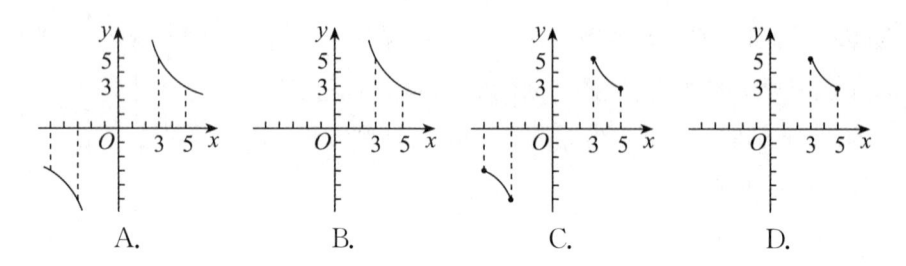

A.　　　　　B.　　　　　C.　　　　　D.

304010202 秋冬流行的呼吸道、胃肠道传染病容易引起大面积传染，请同学们注意保持教室开窗透气，勤洗手．我校也高度重视病毒消杀工作，每周周末会对教室进行消毒．现测得周末教室内不同时刻的含药量y（毫克）与时间x（分钟）的数据如表：

时间x（分钟）	0	2	4	6	8	10	12	16	20
含药量y（毫克）	0	1.5	3	4.5	6	4.8	4	3	2.4

则下列图象中，能表示y与x函数关系的图象可能是（　　）

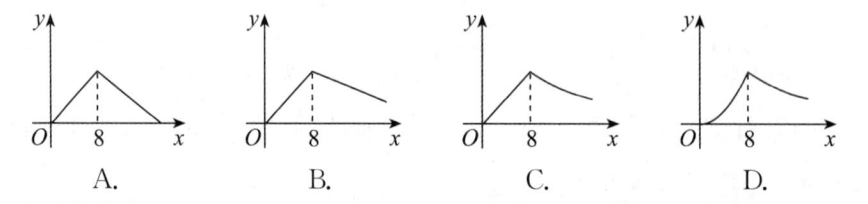

A.　　　　　B.　　　　　C.　　　　　D.

304020101 画反比例函数$y=\dfrac{6}{x}$的图象．

304020102 已知函数$y=mx^{m^2-2}$的图象是双曲线，且在每个象限内，y的值随着x的增大而增大，则$m=$ _____．

304020201 如图，一辆汽车匀速通过某段公路，所需时间 t(h) 与行驶速度 v(km/h) 的图象为双曲线的一段，若这段公路行驶速度不得超过 60 km/h，则该汽车通过这段公路最少需要 _____ h．

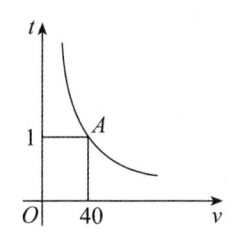

304020202 某气球内充满了一定质量的气体，当温度不变时，气球内气体的气压 P(kPa) 是气体体积 V(m³) 的反比例函数，其图象如图所示．当气球内气压大于 140 kPa 时，气球将爆炸．为了安全起见，气球的体积应（   ）

A. 不大于 $\dfrac{35}{24}$ m³   B. 大于 $\dfrac{35}{24}$ m³

C. 不小于 $\dfrac{35}{24}$ m³   D. 小于 $\dfrac{35}{24}$ m³

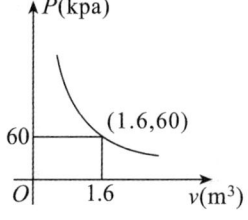

304030101 研究发现，近视镜的度数 y（度）与镜片焦距 x（米）成反比例函数关系，小明佩戴的 400 度近视镜片的焦距为 0.25 米，经过一段时间的矫正治疗加之注意用眼健康，现在镜片焦距为 0.5 米，则小明的近视镜度数可以调整为（   ）

A. 300 度   B. 500 度   C. 250 度   D. 200 度

304030102 已知蓄电池的电压为定值，使用蓄电池时，电流 I(A) 与电阻 R(Ω) 是反比例函数关系，其图象如图所示．下列说法正确的是（   ）

A. 函数的表达式 $I=\dfrac{13}{R}$

B. 蓄电池的电压为 $\dfrac{9}{4}$ V

C. 当 $I \geqslant 10$ A 时，$R \geqslant 3.6$ Ω

D. 当 $R=9$ Ω 时，$I=4$ A

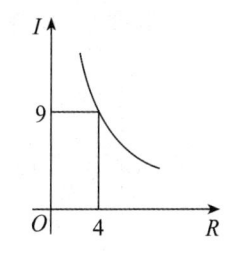

304030201 由于天气炎热，某校根据《学校卫生工作条例》，为预防蚊虫叮咬，对教室进行薰药消毒．已知药物在燃烧机释放过程中，室内空气中每立方米含药量 y（毫克）与燃烧时间 x（分钟）之间的关系如图所

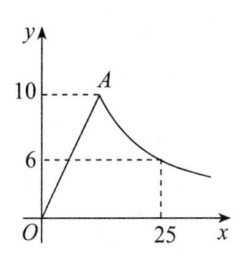

示（即图中线段 OA 和双曲线在点 A 及其右侧的部分），当空气中每立方米的含药量低于 2 毫克时，对人体无毒害作用，那么从消毒开始，至少在_____分钟内，师生不能待在教室.

304030202 根据小孔成像的科学原理，当像距（小孔到像的距离）和物高（蜡烛火焰高度）不变时，火焰的像高 y(cm) 是物距（小孔到蜡烛的距离）x(cm) 的反比例函数，当 $x=6$ 时，$y=2$.

（1）求 y 关于 x 的函数表达式；

（2）若小孔到蜡烛的距离为 4 cm，求火焰的像高；

（3）若火焰的像高不得超过 3 cm，求小孔到蜡烛的距离至少是多少厘米？

五、单元评价

A 卷

一、选择题：本题共 10 小题，每小题 5 分，共 50 分.

1. 下列图象中，表示 y 是 x 的函数的是（　　）

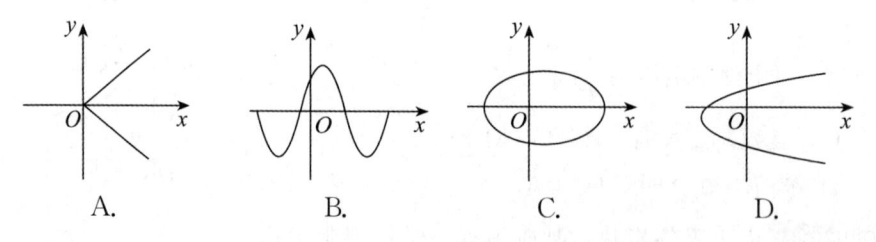

A.　　　　B.　　　　C.　　　　D.

2. 在函数 $y=\sqrt{x-1}$ 中，自变量 x 的取值范围在数轴上表示为（　　）

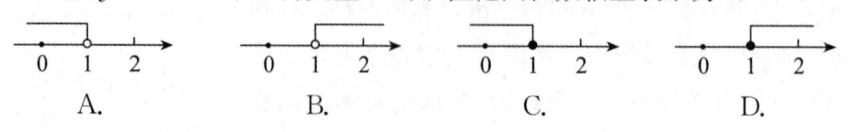

A.　　　　B.　　　　C.　　　　D.

3. 由化学知识可知，pH 可用于表示溶液酸碱性的强弱程度，当 pH>7 时溶液呈碱性，当 pH<7 时溶液呈酸性，若将给定的 NaOH 溶液加水稀释，那么在下列图象中，能大致反映 NaOH 溶液的 pH 与所加水的体积 V 之间对应关系的是（ ）

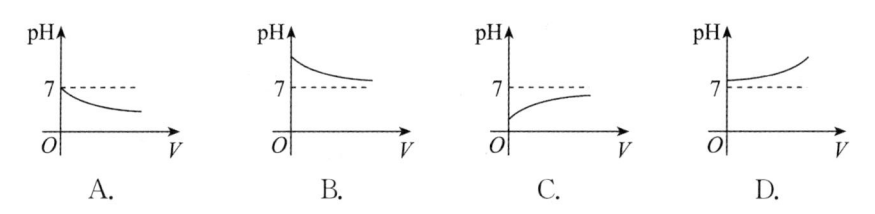

A.　　　　　B.　　　　　C.　　　　　D.

4. 若直线 $y=kx$（k 是常数，$k\neq 0$）经过第一、第三象限，则 k 的值可为（ ）

　A. -2　　B. -1　　C. $-\dfrac{1}{2}$　　D. 2

5. 一次函数 $y=kx-1$ 的函数值 y 随 x 的增大而减小，当 $x=2$ 时，y 的值可以是（ ）

　A. 2　　B. 1　　C. -1　　D. -2

6. 将抛物线 $y=x^2$ 先向右平移 3 个单位，再向上平移 4 个单位，得到的抛物线是（ ）

　A. $y=(x-3)^2+4$　　　　B. $y=(x+3)^2+4$
　C. $y=(x-3)^2-4$　　　　D. $y=(x+3)^2-4$

7. 已知点 $A(-2, y_1)$，$B(-1, y_2)$，$C(1, y_3)$ 均在反比例函数 $y=\dfrac{3}{x}$ 的图象上，则 y_1，y_2，y_3 的大小关系是（ ）

　A. $y_1<y_2<y_3$　　　　B. $y_2<y_1<y_3$
　C. $y_3<y_1<y_2$　　　　D. $y_3<y_2<y_1$

8. 如图，已知点 A 为反比例函数 $y=\dfrac{k}{x}$（$x<0$）图象上的一点，过点 A 作 $AB\perp y$ 轴，垂足为 B，若 $\triangle OAB$ 的面积为 3，则 k 的值为（ ）

　A. 3　　B. -3　　C. 6　　D. -6

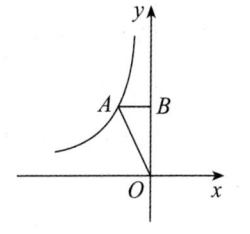

9. 一次函数 $y=ax+b$ 与反比例函数 $y=\dfrac{ab}{x}$（a，b 为常数且均不等于 0）在同一坐标系内的图象可能是（　　）

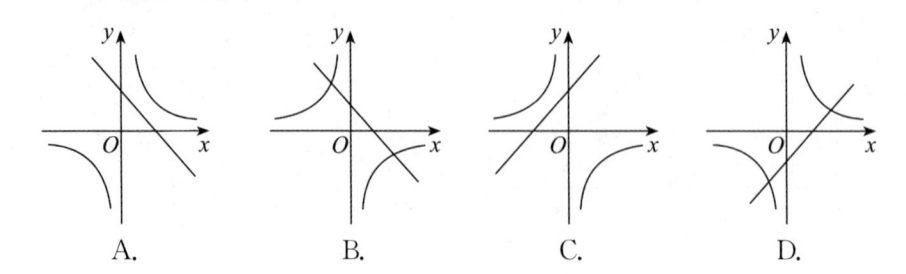

A.　　　　B.　　　　C.　　　　D.

10. 已知抛物线 $y=ax^2+bx+c(a\neq 0)$ 的部分图象如图所示，则下列结论中正确的是（　　）

A. $abc<0$
B. $4a-2b<0$
C. $3a+c=0$
D. $am^2+bm+a\leqslant 0$（m 为实数）

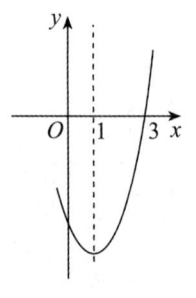

二、填空题：本题共 6 小题，每小题 5 分，共 30 分.

11. 请写出一个函数的解析式，使得它的图象经过点（2，0）：_____．

12. 若反比例函数 $y=\dfrac{k}{x}$ 的图象经过点（1，1），则 k 的值等于_____．

13. 小伟用撬棍撬动一块大石头，已知阻力和阻力臂分别为 1000 N 和 0.6 m，当动力臂由 1.5 m 增加到 2 m 时，撬动这块石头可以节省_____N 的力．（杠杆原理：阻力×阻力臂＝动力×动力臂）

14. 已知一次函数 $y=mx+n$ 的图象过点 P（1，-2），如右图，则关于 x 的不等式 $mx+n+2\leqslant 0$ 的解集为_____．

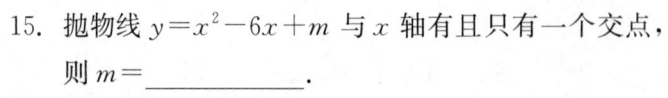

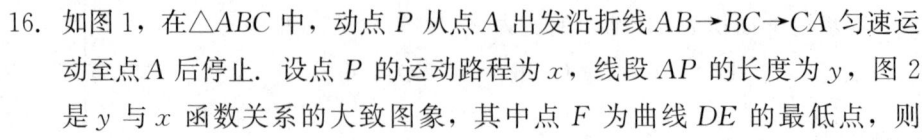

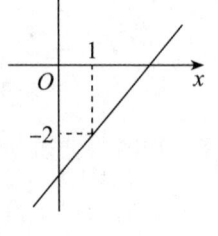

15. 抛物线 $y=x^2-6x+m$ 与 x 轴有且只有一个交点，则 $m=$_____．

16. 如图 1，在 $\triangle ABC$ 中，动点 P 从点 A 出发沿折线 $AB\to BC\to CA$ 匀速运动至点 A 后停止．设点 P 的运动路程为 x，线段 AP 的长度为 y，图 2 是 y 与 x 函数关系的大致图象，其中点 F 为曲线 DE 的最低点，则

△ABC 的高 CG 的长为_____.

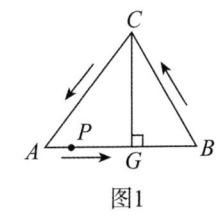

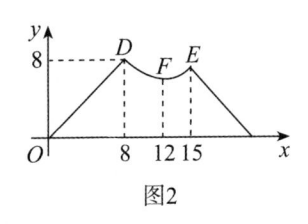

图1

图2

三、解答题：本题共 2 小题，共 20 分.

17. 一条笔直的路上依次有 M，P，N 三地，其中 M，N 两地相距 1000 米. 甲、乙两机器人分别从 M，N 两地同时出发，去目的地 N，M，匀速而行. 图中 OA，BC 分别表示甲、乙两机器人离 M 地的距离 y（米）与行走时间 x（分钟）的函数关系图象.

(1) 求 OA 所在直线的表达式；

(2) 出发后甲机器人行走多少时间，与乙机器人相遇？

(3) 甲机器人到 P 地后，再经过 1 分钟乙机器人也到 P 地，求 P，M 两地间的距离.

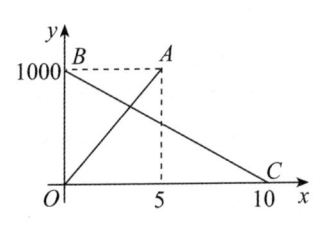

18. 如图，在平面直角坐标系 xOy 中，等腰直角三角形 ABC 的直角顶点 C(3，0)，顶点 A 和 B (6，m) 恰好落在反比例函数 $y=\dfrac{k}{x}$ 第一象限的图象上.

(1) 分别求反比例函数的解析式和直线 AB 所对应的一次函数的解析式；

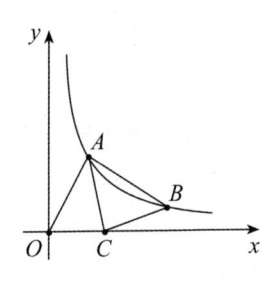

79

(2) 在 x 轴上是否存在一点 P，使 $\triangle ABP$ 周长的值最小．若存在，求出最小值；若不存在，请说明理由．

B 卷

一、选择题：本题共 10 小题，每小题 5 分，共 50 分．

1. 一次函数 $y=x+1$ 的图象不经过（　　）

    A．第一象限　　　　　　　　B．第二象限

    C．第三象限　　　　　　　　D．第四象限

2. 向高为 10 的容器（形状如图）中注水，注满为止，则水深 y 与注水量 x 的函数关系的大致图象是（　　）

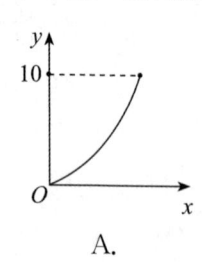

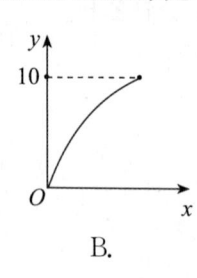

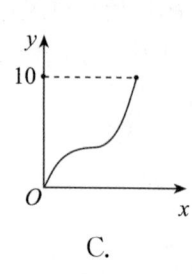

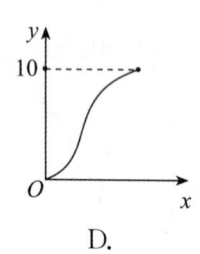

    A.　　　　B.　　　　C.　　　　D.

3. 下列函数中，函数值 y 随 x 的增大而减小的是（　　）

    A．$y=6x$　　　　　　　　B．$y=-6x$

    C．$y=\dfrac{6}{x}$　　　　　　　　D．$y=-\dfrac{6}{x}$

4. 在平面直角坐标系中，将正比例函数 $y=-2x$ 的图象向右平移 3 个单位长度得到一次函数 $y=kx+b(k\neq 0)$ 的图象，则该一次函数的解析式为（　　）

    A．$y=-2x+3$　　　　　　B．$y=-2x+6$

    C．$y=-2x-3$　　　　　　D．$y=-2x-6$

5. 如图，正方形四个顶点分别位于两个反比例函数 $y=\dfrac{3}{x}$ 和 $y=\dfrac{n}{x}$ 的图象的四个分支上，则实数 n 的值为（ ）

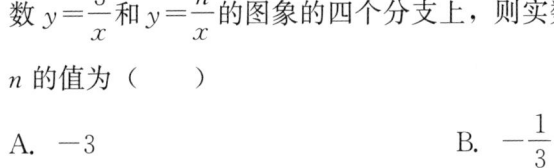

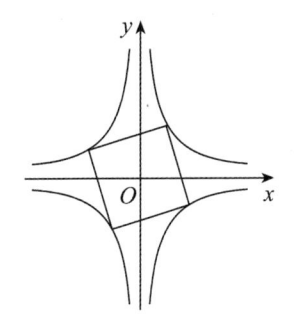

   A. -3 B. $-\dfrac{1}{3}$

   C. $\dfrac{1}{3}$ D. 3

6. 如图，一次函数 $y=kx+b(k>0)$ 的图象经过点 $(-1,0)$，则不等式 $k(x-1)+b>0$ 的解集是（ ）

   A. $x>-2$
   B. $x>-1$
   C. $x>0$
   D. $x>1$

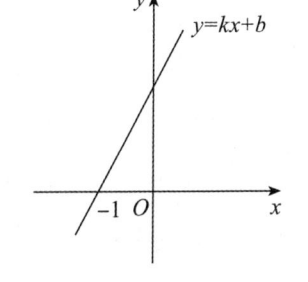

7. 如图，在平面直角坐标系 xOy 中，已知点 $A(2,0)$，点 $A'(-2,4)$．若点 A 与点 A' 关于直线 l 成轴对称，则直线 l 的解析式是（ ）

   A. $y=2$
   B. $y=x$
   C. $y=x+2$
   D. $y=-x+2$

8. 已知点 $M(-4,a-2)$，$N(-2,a)$，$P(2,a)$ 在同一个函数图象上，则这个函数图象可能是（ ）

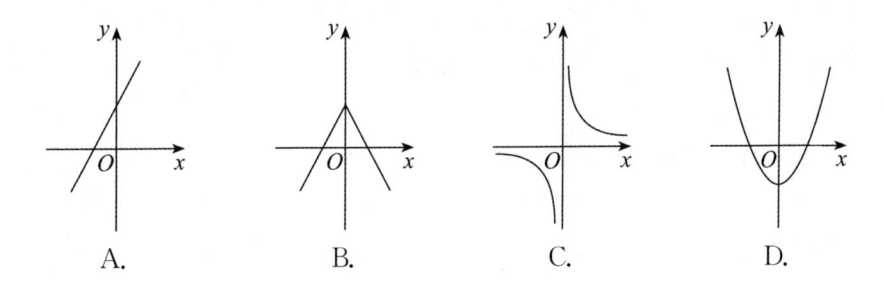

   A.   B.   C.   D.

9. 如图，矩形 $OABC$ 的顶点 B 和正方形 $ADEF$ 的顶点 E 都在反比例函数 $y = \dfrac{k}{x}(k \neq 0)$ 的图象上，点 B 的坐标为 $(2, 4)$，则点 E 的坐标为（　　）

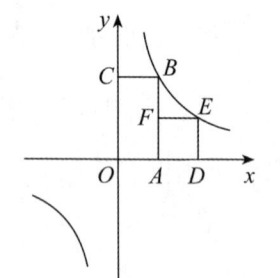

  A. $(4, 4)$ B. $(2, 2)$

  C. $(2, 4)$ D. $(4, 2)$

10. 二次函数 $y = ax^2 - 2ax - c(a > 0)$ 的图象过 $A(-3, y_1)$、$B(-1, y_2)$、$C(2, y_3)$、$D(4, y_4)$ 四个点，下列说法一定正确的是（　　）

  A. 若 $y_1 y_2 > 0$，则 $y_3 y_4 > 0$ B. 若 $y_1 y_4 > 0$，则 $y_2 y_3 > 0$

  C. 若 $y_2 y_4 < 0$，则 $y_1 y_3 < 0$ D. 若 $y_3 y_4 < 0$，则 $y_1 y_2 < 0$

二、填空题：本题共 6 小题，每小题 5 分，共 30 分.

11. 函数 $y = \dfrac{1}{x - 10}$ 的自变量 x 的取值范围是_____.

12. 已知一次函数 $y = kx + b$ 的图象经过点 $(1, 3)$ 和 $(-1, 2)$，则 $k^2 - b^2 = $_____.

13. 已知反比例函数 $y = \dfrac{k}{x}$ 的图象分别位于第二、第四象限，则实数 k 的值可以是_____.（只需写出一个符合条件的实数）

14. 已知二次函数 $y = -ax^2 + 2ax + 3(a > 0)$，若点 $P(m, 3)$ 在该函数的图象上，且 $m \neq 0$，则 m 的值为_____.

15. 如图，点 A 在反比例函数 $y = \dfrac{k}{x}(k \neq 0)$ 图象的一支上，点 B 在反比例函数 $y = -\dfrac{k}{2x}$ 图象的一支上，点 C、D 在 x 轴上，若四边形 $ABCD$ 是面积为 9 的正方形，则实数 k 的值为_____.

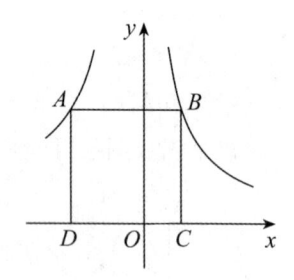

16. 已知抛物线 $y = ax^2 - 2ax + b(a > 0)$ 经过 $A(2n + 3, y_1)$，$B(n - 1, y_2)$ 两点，若 A、B 分别位于抛物线对称轴的两侧，且 $y_1 < y_2$，则 n 的取值范围是_____.

三、解答题：本题共 2 小题，共 20 分.

17. 在学校开展的"劳动创造美好生活"主题系列活动中，八年（1）班负责校园某绿化角的设计、种植与养护工作．同学们约定每人养护一盆绿植，计划购买绿萝和吊兰两种绿植共 46 盆，且绿萝盆数不少于吊兰盆数的 2 倍．已知绿萝每盆 9 元，吊兰每盆 6 元.

    (1) 采购组计划将预算经费 390 元全部用于购买绿萝和吊兰，问可购买绿萝和吊兰各多少盆？

    (2) 规划组认为有比 390 元更省钱的购买方案，请求出购买两种绿植总费用的最小值．

18. 已知抛物线 $y=ax^2+bx+3$ 交 x 轴于 $A(1,0)$，$B(3,0)$ 两点，M 为抛物线的顶点，C，D 为抛物线上不与 A，B 重合的相异两点，记 AB 中点为 E，直线 AD，BC 的交点为 P．

    (1) 求抛物线的函数表达式；

    (2) 若 $C(4,3)$，$D\left(m,-\dfrac{3}{4}\right)$，且 $m<2$，求证：C，D，E 三点共线；

    (3) 小明研究发现：无论 C，D 在抛物线上如何运动，只要 C，D，E 三点共线，$\triangle AMP$，$\triangle MEP$，$\triangle ABP$ 中必存在面积为定值的三角形．请直接写出其中面积为定值的三角形及其面积，不必说明理由．

参考答案

附件：测评示例

301010101 C

301010102 D

301010201 $y=2x$

301010202 $y=1.1x$

301020101 C

301020102 C

301020201 A

301020202 D

301030101 C

301030102 B

301030201 D

301030202 A

301040101 $y=1.5x+0.3$

301040102 ①②③④

301040201 （1）当 $x>3$ 时，$y=2.3x+7.1$；当 $0<x\leqslant 3$ 时，$y=14$；（2）甲乘坐 10 千米需付 30.1 元，若乙付的车费是 37 元，则他乘坐了 13 千米。

301040202 （1）汽车行驶时间 t，汽车油箱的剩余油量 Q；（2）85，5；（3）$Q=100-5t$.

301050101 B

301050102 （1）该公司当月零售农产品 20 箱，批发农产品 80 箱；（2）该公司应零售农产品 300 箱、批发农产品 700 箱才能使总利润最大，最大总利润是 49000 元。

301050201 （1）由图表中数据可得：当 x 每增加 1 时，y 增加 4；（2）$y=60+4(x-1)=4x+56$；（3）某一排不可能有 90 个座位，理由：略.

301050202 （1）6 摄氏度；（2）$y=30-6x$；（3）-38.2 ℃.

302010101 $y=15+5x$.

302010102 $y=3x$.

302010201 B

302010202 $S=0.2t$

302020101 略.

302020102 $m<-3$.

302020201 D

302020202 $y=-\dfrac{1}{2}x+3$

第 3 章　函数

302030101　D　　　　　　　　　　302030102　D

302030201　$y=-\dfrac{1}{5}x+4$

302030202　(1) n，m；(2) 60，240；(3) 360，540；(4) $s=-60x+1200$.

302040101　(1) 50 L，5 L；(2) 30 L.

302040102　小明跑步路程 s 和时间 t 的函数关系式为 $s=8t$；小东跑步路程 s 和时间 t 的函数关系式 $s=6t+18$.

302040201　C　　　　　　　　　　302040202　C

303010101　B　　　　　　　　　　303010102　D

303010201　(1) $y=-\dfrac{1}{3}x^2+3$；(2) 小船可以通过．理由：略．

303010202　A

303020101　略．

303020102　图象略；(1) 向上；(2) 直线 $x=2$；(3) (2，1)；(4) 减小

303020201　D　　　　　　　　　　303020202　C

303030101　7　　　　　　　　　　303030102　3

303030201　5.92 cm.

303030202　(1) $y=-2x+60$，$10\leqslant x\leqslant 18$；(2) $W=-2(x-20)^2+200$，当该商品销售单价定为 18 元时，才能使经销商所获利润最大，最大利润是 192 元．

303040101　B　　　　　　　　　　303040102　B

303040201　B　　　　　　　　　　303040202　A

304010101　$y=\dfrac{1200}{x}$

304010102　$R=\dfrac{5}{I^2}$，变量 R 不是变量 I 的反比例函数．

304010201　D　　　　　　　　　　304010202　C

304020101 略.   304020102 -1

304020201 $\dfrac{2}{3}$ 304020202 C

304030101 D   304030102 D

304030201 75

304030202 (1) $y=\dfrac{12}{x}$；(2) 3 cm；(3) 4 cm.

A 卷

一、选择题：本题共 10 小题，每小题 5 分，共 50 分.

1．B 2．D 3．B 4．D 5．D 6．A 7．B 8．D 9．B 10．C

二、填空题：本题共 6 小题，每小题 5 分，共 30 分.

11．$y=x-2$（答案不唯一） 12．1 13．100 14．$x\leqslant 1$ 15．9

16．$\dfrac{7\sqrt{3}}{2}$

三、解答题：本题共 2 小题，共 20 分.

17．(1) OA 所在直线的表达式为 $y=200x$；

(2) 出发后甲机器人行走 $\dfrac{10}{3}$ 分钟，与乙机器人相遇；

(3) P，M 两地间的距离为 600 米.

18．(1) 反比例函数的解析式是 $y=\dfrac{6}{x}$，直线 AB 所对应的一次函数的表达式为 $y=-\dfrac{1}{2}x+4$；

(2) 在 x 轴上存在一点 $P(5,0)$，使 $\triangle ABP$ 周长的值最小，最小值是 $2\sqrt{5}+4\sqrt{2}$.

B 卷

一、选择题：本题共 10 小题，每小题 5 分，共 50 分.

1．D 2．D 3．B 4．B 5．A 6．C 7．C 8．B 9．D 10．C

二、填空题：本题共 6 小题，每小题 5 分，共 30 分.

11. $x \neq 10$　12. -6　13. -1（答案不唯一）　14. 2　15. -6

16. $-1 < n < 0$

三、解答题：本题共 2 小题，共 20 分.

17. （1）购买绿萝 38 盆，吊兰 8 盆；

　　（2）购买两种绿植总费用的最小值为 369 元.

18. （1）抛物线的函数表达式为 $y = x^2 - 4x + 3$；

　　（2）证明略；

　　（3）△ABP 的面积为定值，其面积为 2.

第 4 章　图形的性质

一、知识结构

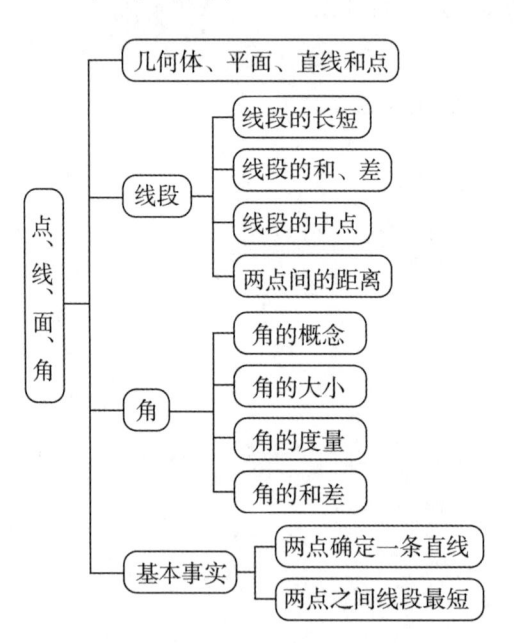

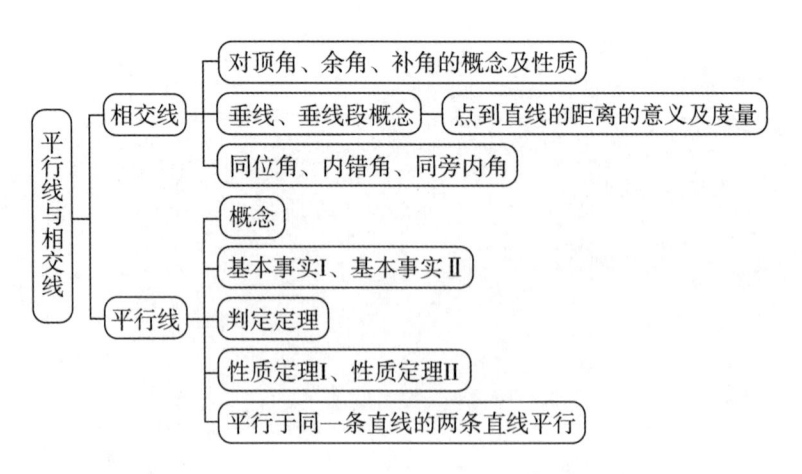

```
             ┌─ 几何体、平面、直线和点
             │
             │              ┌─ 线段的长短
             │              ├─ 线段的和、差
             ├─ 线段 ───────┤
点、线、面、角┤              ├─ 线段的中点
             │              └─ 两点间的距离
             │
             │              ┌─ 角的概念
             │              ├─ 角的大小
             ├─ 角 ─────────┤
             │              ├─ 角的度量
             │              └─ 角的和差
             │
             │              ┌─ 两点确定一条直线
             └─ 基本事实 ───┤
                            └─ 两点之间线段最短
```

```
                  ┌─ 对顶角、余角、补角的概念及性质
                  │
          ┌相交线┤ 垂线、垂线段概念 ── 点到直线的距离的意义及度量
          │      │
          │      └─ 同位角、内错角、同旁内角
平行线与 ┤
相交线    │      ┌─ 概念
          │      ├─ 基本事实Ⅰ、基本事实Ⅱ
          │      │
          └平行线┤ 判定定理
                  │
                  ├─ 性质定理Ⅰ、性质定理Ⅱ
                  │
                  └─ 平行于同一条直线的两条直线平行
```

第4章 图形的性质

```
三角形
├─ 一个三角形
│   ├─ 边
│   │   ├─ 任意两边之和大于第三边
│   │   └─ 任意两边之差小于第三边
│   ├─ 角 ── 内角、外角、内角和定理及推论
│   ├─ 线
│   │   ├─ 中线 ── 三条中线交点 ── 重心
│   │   ├─ 高线
│   │   ├─ 角平分线及性质定理
│   │   └─ 线段垂直平分线的性质定理
│   └─ 三角形的稳定性
├─ 特殊三角形
│   ├─ 等腰三角形
│   │   ├─ 性质
│   │   └─ 判定
│   ├─ 等边三角形
│   │   ├─ 性质
│   │   └─ 判定
│   └─ 直角三角形
│       ├─ 性质
│       └─ 判定
└─ 两个三角形 ──关系── 相似三角形 ──特例── 全等三角形
                                        ├─ 概念
                                        └─ 判定方法
                                            ├─ SSS
                                            ├─ SAS
                                            ├─ ASA
                                            ├─ AAS
                                            └─ HL（直角三角形适用）
```

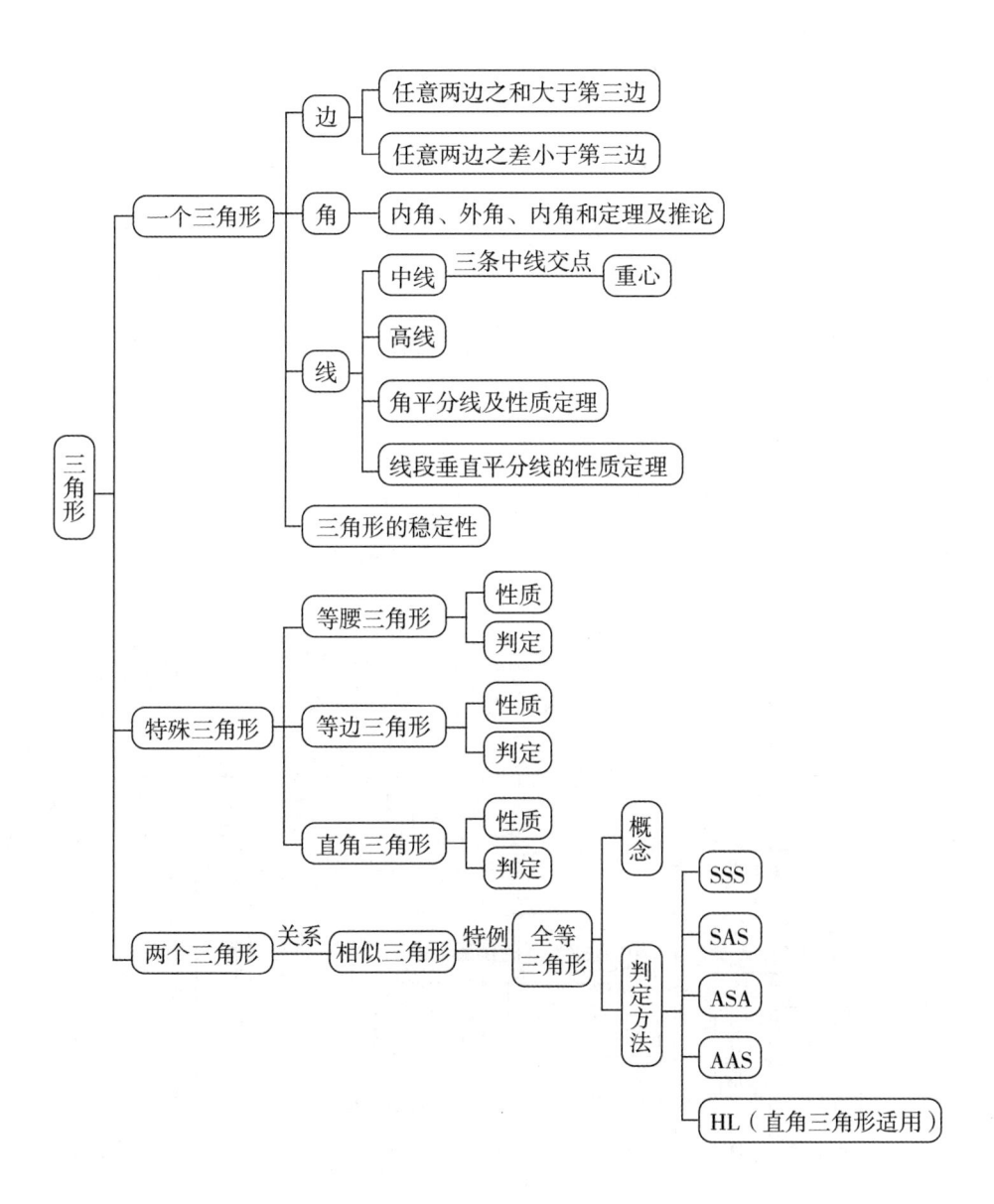

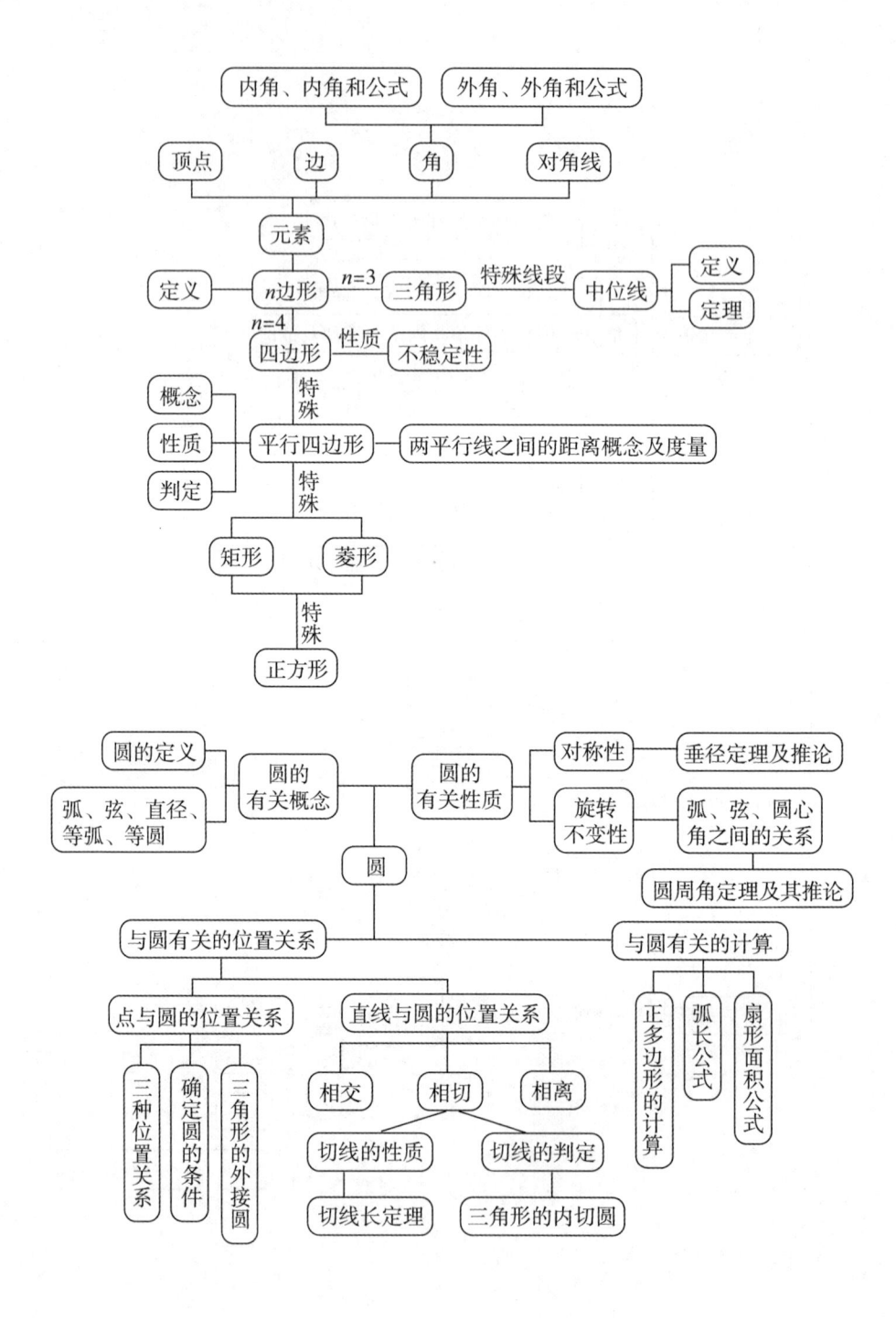

```
                    ┌─────────────────┐   ┌─────────────────┐
                    │ 内角、内角和公式 │   │ 外角、外角和公式 │
                    └────────┬────────┘   └────────┬────────┘
              ┌──────┬───────┴────┬───────────────┴┐
           ┌──┴─┐  ┌─┴┐        ┌──┴┐          ┌────┴───┐
           │顶点│  │边│        │ 角│          │ 对角线 │
           └──┬─┘  └─┬┘        └──┬┘          └────┬───┘
              └──────┴─────┬──────┴────────────────┘
                        ┌──┴──┐
                        │ 元素│
                        └──┬──┘
      ┌────┐     ┌────────┴─┐  n=3  ┌────────┐ 特殊线段 ┌──────┐   ┌────┐
      │定义├─────┤  n 边形  ├───────┤ 三角形 ├─────────┤中位线├───┤定义│
      └────┘     └────┬─────┘       └────────┘         └───┬──┘   ├────┤
                      │ n=4   性质  ┌─────────┐            │      │定理│
                 ┌────┴───┐─────────┤ 不稳定性│            │      └────┘
                 │ 四边形 │         └─────────┘
                 └────┬───┘
     ┌────┐           │ 特殊
     │概念│           │
     ├────┤      ┌────┴──────┐    ┌──────────────────────────────┐
     │性质├──────┤ 平行四边形├────┤ 两平行线之间的距离概念及度量 │
     ├────┤      └────┬──────┘    └──────────────────────────────┘
     │判定│           │ 特殊
     └────┘      ┌────┴────┐
             ┌───┴──┐   ┌──┴───┐
             │ 矩形 │   │ 菱形 │
             └───┬──┘   └──┬───┘
                 └────┬────┘ 特殊
                 ┌────┴───┐
                 │ 正方形 │
                 └────────┘


     ┌─────────┐                              ┌────────┐   ┌────────────────┐
     │ 圆的定义├──┐                        ┌──┤ 对称性 ├───┤ 垂径定理及推论 │
     └─────────┘  │  ┌──────────┐          │  └────────┘   └────────────────┘
                  ├──┤ 圆的有关 ├──┐    ┌──┴─────────┐
     ┌─────────┐  │  │   概念   │  ├────┤ 圆的有关性质│
     │弧、弦、直径├─┘ └──────────┘  │    └──┬─────────┘
     │等弧、等圆 │                  │       │              ┌──────────────────┐
     └─────────┘                    │       │  ┌────────┐  │ 弧、弦、圆心角之 │
                                    │       └──┤旋转不变├──┤    间的关系      │
                                 ┌──┴──┐       │  性    │  └──────────────────┘
                                 │ 圆  │       └────────┘
                                 └──┬──┘                     ┌──────────────────┐
                                    │                        │ 圆周角定理及其推论│
                                    │                        └──────────────────┘
          ┌─────────────────────────┴────────────────────────┐
   ┌──────┴────────────┐                              ┌──────┴────────┐
   │ 与圆有关的位置关系│                              │与圆有关的计算 │
   └──┬────────────┬───┘                              └──┬─────┬──────┘
  ┌───┴────────┐ ┌─┴────────────┐               ┌───────┤     │       ┌──────────┐
  │点与圆的位置│ │直线与圆的位置│             ┌─┴──────┐│  ┌──┴─────┐ │扇形面积  │
  │    关系    │ │    关系      │             │正多边形││  │弧长公式│ │  公式    │
  └──┬──┬──┬───┘ └──┬───┬───┬──┘             │ 的计算 ││  └────────┘ └──────────┘
  ┌──┴┐┌┴─┐┌┴────┐┌─┴──┐┌┴──┐┌┴──┐           └────────┘
  │三种││确││三角 ││相交││相切││相离│
  │位置││定││形的 │└────┘└─┬─┘└────┘
  │关系││圆││外接 │       ┌─┴───────┐
  └────┘│的││圆  │   ┌───┴───┐ ┌───┴───┐
        │条││    │   │切线性质│ │切线判定│
        │件││    │   └───┬───┘ └───┬───┘
        └──┘└────┘   ┌────┴────┐┌──┴──────────┐
                     │切线长定理││三角形的内切圆│
                     └─────────┘└─────────────┘
```

第4章 图形的性质

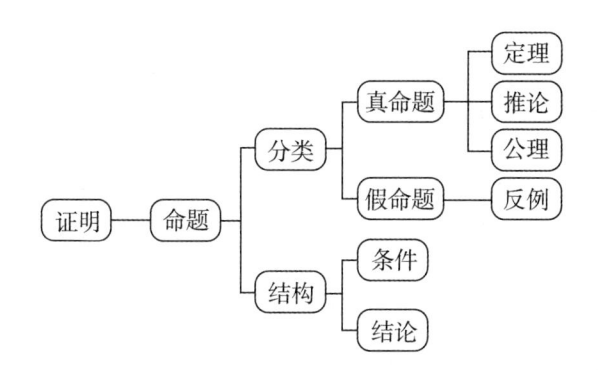

```
证明 — 命题 ┬ 分类 ┬ 真命题 ┬ 定理
            │      │        ├ 推论
            │      │        └ 公理
            │      └ 假命题 — 反例
            └ 结构 ┬ 条件
                   └ 结论
```

二、学习目标

在初中数学的课程中，图形与几何领域包括"图形的性质""图形的变化"和"图形与坐标"三个主题．"图形的性质"强调通过实验探究、直观发现、推理论证来研究图形，在用几何直观理解几何基本事实的基础上，从基本事实出发推导图形的几何性质和定理，理解和掌握尺规作图的基本原理和方法．在学习过程中，学生将进一步学习点、线、面、角、三角形、多边形和圆等几何图形，并研究这些图形的基本性质，能运用几何图形的基本性质进行推理证明．

内容包括：点、线、面、角，相交线与平行线，三角形，四边形，圆，尺规作图，定义、命题、定理．

三、学业评价

了解点、线、面、角的概念，掌握三角形、平行四边形、多边形、圆的概念．知道图形的特征、共性与区别，理解线段长短的度量，探究并理解角度大小的度量，理解两条直线平行或垂直的关系，形成和发展抽象能力；在直观理解和掌握图形与几何基本事实的基础上，经历得到和验证数学结论的过程，感悟具有传递性的数学逻辑，形成几何直观和推理能力；经历尺规作图的过程，增强动手能力，能想象出通过尺规作图的操作所形成的图形，理解尺规作图的基本原理与方法，发展空间观念和空间想象力．

四、质量标准

学习内容	学习要求	评价要求	测评示例
1. 点、线、面、角	(1) 通过实物和模型，了解从物体抽象出来的几何体、平面、直线和点等概念.	水平一：在具体实例中抽象出几何体、平面、直线和点等概念.	401010101 401010102
		水平二：在不同的情境中，能够辨析几何体、平面、直线和点.	401010201 401010202
	(2) 会比较线段的长短，理解线段的和、差，以及线段中点的意义.	水平一：在具体实例中能借助刻度尺、圆规等工具比较线段的长短，理解线段的和（或差）以及线段的中点.	401020101 401020102
		水平二：能够在不同情境中，选择用不同的几何方法比较线段的长短，会用线段的和（或差）以及线段中点解决相关问题.	401020201 401020202
	(3) 掌握基本事实：两点确定一条直线.	水平一：了解"两点确定一条直线"的基本事实.	401030101 401030102
		水平二：能够运用几何事实解释和解决具体情境中的实际问题.	401030201 401030202
	(4) 掌握基本事实：两点之间线段最短.	水平一：在具体情境中了解"两点之间的所有连线中，线段最短"的性质.	401040101 401040102
		水平二：能够运用几何事实解释生活中两点之间线段最短的现象.	401040201 401040202
	(5) 理解两点间距离的意义，能度量和表达两点间的距离.	水平一：在生活情境中，理解两点之间的距离的定义与度量方法.	401050101 401050102
		水平二：在复杂情境中，度量和表达两点间的距离.	401050201 401050202

续表

学习内容	学习要求	评价要求	测评示例
	（6）理解角的概念，能比较角的大小；认识度、分、秒等角的度量单位，能进行简单的单位换算，会计算角的和、差.	水平一：在具体实例中，理解角的有关概念，比较角的大小，认识角的常用度量单位：度、分、秒，并会进行简单的单位换算，会计算角的和、差.	401060101 401060102
		水平二：能够在不同的情境中，选择用不同的几何方法比较角的大小，会用角的和、差解决相关问题.	401060201 401060202
	（7）能用尺规作图：作一个角等于已知角；作一个角的平分线.	水平一：能用尺规作图：作一个角等于已知角；作一个角的平分线.	401070101 401070102
		水平二：能将作一个角等于已知角和作一个角的平分线迁移到不同的情境中，选择恰当的作图方法.	401070201 401070202
2. 相交线和平行线	（1）理解对顶角、余角、补角等概念，探索并掌握对顶角相等、同角（或等角）的余角相等、同角（或等角）的补角相等的性质.	水平一：在具体情境中理解对顶角、余角、补角等概念，掌握对顶角相等、同角（或等角）的余角相等、同角（或等角）的补角相等的性质.	402010101 402010102
		水平二：能够以直观认识为基础进行性质的简单说理，能够用这些性质解决一些相关问题.	402010201 402010202
	（2）理解垂线、垂线段等概念，能用三角板或量角器过一点画已知直线的垂线.	水平一：在具体情境中，理解垂线、垂线段等概念，会用三角尺、量角器画垂线.	402020101 402020102
		水平二：在具体情境中，会用垂线与垂线段的概念解决一些相关问题.	402020201 402020202
	（3）能用尺规作图：作一条线段的垂直平分线.	水平一：能用尺规作图：作一条线段的垂直平分线.	402030101 402030102
		水平二：能将尺规作图迁移到不同的情境中.	402030201 402030202

续表

学习内容	学习要求	评价要求	测评示例
	（4）掌握基本事实：同一平面内，过一点有且只有一条直线与已知直线垂直.	水平一：在具体情境中掌握基本事实"同一平面内，过一点有且只有一条直线与已知直线垂直".	402040101 402040102
		水平二：在不同情境中，能够利用"同一平面内，过一点有且只有一条直线与已知直线垂直"这一基本事实解决一些相关问题.	402040201 402040202
	（5）理解点到直线的距离的意义，能度量点到直线的距离.	水平一：在具体情境中，理解点到直线的距离的意义，能度量点到直线的距离.	402050101 402050102
		水平二：能在复杂的情境中，应用垂线段的长度度量点到直线的距离.	402050201 402050202
	（6）识别同位角、内错角、同旁内角.	水平一：结合图形识别同位角、内错角、同旁内角.	402060101 402060102
		水平二：在不同情境中利用同位角、内错角、同旁内角解决较复杂的数学问题.	402060201 402060202
	（7）理解平行线的概念.	水平一：在具体情境中，了解两条直线的平行关系.	402070101 402070102
		水平二：能够在不同情境中，进一步理解平行线的概念.	402070201 402070202
	（8）掌握平行线基本事实Ⅰ：过直线外一点有且只有一条直线与这条直线平行.	水平一：在具体情境中，掌握平行线基本事实Ⅰ：过直线外一点有且只有一条直线与这条直线平行.	402080101 402080102
		水平二：在不同情境中，利用"过直线外一点有且只有一条直线与这条直线平行"解决一些相关问题.	402080201 402080202

续表

学习内容	学习要求	评价要求	测评示例
	(9) 掌握平行线基本事实Ⅱ：两条直线被第三条直线所截，如果同位角相等，那么这两条直线平行.	水平一：在具体情境中，掌握平行线基本事实Ⅱ：两条直线被第三条直线所截，如果同位角相等，那么这两条直线平行.	402090101 402090102
		水平二：在不同情境中，利用"两条直线被第三条直线所截，如果同位角相等，那么这两条直线平行"解决一些相关问题.	402090201 402090202
	(10) 探索并证明平行线的判定定理：两条直线被第三条直线所截，如果内错角相等（或同旁内角互补），那么这两条直线平行.	水平一：在具体情境中，掌握直线平行线的判定定理：两条直线被第三条直线所截，如果内错角相等（或同旁内角互补），那么这两条直线平行，知道证明平行线的判定定理的基本思路.	402100101 402100102
		水平二：能简单说明定理的证明思路，在不同情境中，用平行线的判定定理解决较简单的证明和计算问题.	402100201 402100202
	(11) 掌握平行线的性质定理Ⅰ：两条平行直线被第三条直线所截，同位角相等. 了解定理的证明.	水平一：在具体情境中，掌握平行线的性质定理Ⅰ：两条平行直线被第三条直线所截，同位角相等. 了解定理的证明.	402110101 402110102
		水平二：在不同情境中，能够利用"两条平行直线被第三条直线所截，同位角相等"解决一些相关问题.	402110201 402110202
	(12) 探索并证明平行线的性质定理Ⅱ：两条平行直线被第三条直线所截，内错角相等（或同旁内角互补）.	水平一：在具体情境中，证明平行线的性质定理Ⅱ：两条平行直线被第三条直线所截，内错角相等（或同旁内角互补）.	402120101 402120102
		水平二：在不同情境中，选择合适的平行线的判定定理或性质定理解决一些相关问题.	402120201 402120202

续表

学习内容	学习要求	评价要求	测评示例
	(13) 能用三角板和直尺过已知直线外一点画这条直线的平行线.	水平一：能用三角板和直尺过已知直线外一点画这条直线的平行线.	402130101 402130102
	(14) 能用尺规作图：过直线外一点作这条直线的平行线.	水平一：能用尺规作图：过直线外一点作这条直线的平行线.	402140101 402140102
		水平二：能将尺规作图迁移到不同的情境中.	402140201 402140202
	(15) 了解平行于同一条直线的两条直线平行.	水平一：了解平行于同一条直线的两条直线平行.	402150101 402150102
		水平二：在不同情境中，利用"平行于同一条直线的两条直线平行"解决一些实际问题.	402150201 402150202
3. 三角形	(1) 理解三角形及其内角、外角、中线、高线、角平分线等概念，了解三角形的稳定性.	水平一：结合具体实例，理解三角形及其内角、外角、中线、高线、角平分线等概念，了解三角形的稳定性.	403010101 403010102
		水平二：能够将三角形及其内角、外角、中线、高线、角平分线迁移到不同的情境中，解决不同情境中的问题.	403010201 403010202
	(2) 探索并证明三角形的内角和定理. 掌握它的推论：三角形的外角等于与它不相邻的两个内角的和.	水平一：理解并证明三角形的内角和定理，掌握推论三角形的外角等于与它不相邻的两个内角的和，能运用这些定理解决简单的数学问题.	403020101 403020102
		水平二：能够将三角形的内角和定理及其推论迁移到不同的情境中，解决不同情境中的问题.	403020201 403020202

续表

学习内容	学习要求	评价要求	测评示例
（3）证明三角形的任意两边之和大于第三边.	水平一：能证明三角形的任意两边之和大于第三边，能运用定理解决简单的数学问题.	403030101 403030102
	水平二：能够将三角形的任意两边之和大于第三边迁移到不同的情境中，解决不同情境中的问题.	403030201 403030202
（4）理解全等三角形的概念，能识别全等三角形中的对应边、对应角.	水平一：能够通过具体实例理解全等三角形的概念，能识别全等三角形中的对应边、对应角.	403040101 403040102
	水平二：能够将全等三角形的概念、全等三角形中的对应边、对应角迁移到不同的情境中，解决不同情境中的问题.	403040201 403040202
（5）掌握基本事实：两边及其夹角分别相等的两个三角形全等.	水平一：掌握基本事实：两边及其夹角分别相等的两个三角形全等，解决简单的数学问题.	403050101 403050102
	水平二：能够将基本事实两边及其夹角分别相等的两个三角形全等迁移到不同的情境中，促进新知识的学习和解决不同情境中的问题.	403050201 403050202
（6）掌握基本事实：两角及其夹边分别相等的两个三角形全等.	水平一：掌握基本事实：两角及其夹边分别相等的两个三角形全等，解决简单的数学问题.	403060101 403060102
	水平二：能够将基本事实两角及其夹边分别相等的两个三角形全等迁移到不同的情境中，促进新知识的学习和解决不同情境中的问题.	403060201 403060202

续表

学习内容	学习要求	评价要求	测评示例
	（7）掌握基本事实：三边分别相等的两个三角形全等.	水平一：掌握基本事实：三边分别相等的两个三角形全等，解决简单的数学问题.	403070101 403070102
		水平二：能够将基本事实三边分别相等的两个三角形全等迁移到不同的情境中，促进新知识的学习和解决不同情境中的问题.	403070201 403070202
	（8）证明定理：两角分别相等且其中一组等角的对边相等的两个三角形全等.	水平一：证明两角分别相等且其中一组等角的对边相等的两个三角形全等，能运用定理解决简单的数学问题.	403080101 403080102
		水平二：能够将两角分别相等且其中一组等角的对边相等的两个三角形全等迁移到不同的情境中，促进新知识的学习和解决不同情境中的问题.	403080201 403080202
	（9）理解角平分线的概念，探索并证明角平分线的性质定理：角平分线上的点到角两边的距离相等；反之，角的内部到角两边距离相等的点在角的平分线上.	水平一：理解角平分线的概念，在具体操作活动中探索并证明角平分线上的点到角两边的距离相等，角的内部到角两边距离相等的点在角的平分线上，能运用定理解决简单的数学问题.	403090101 403090102
		水平二：能够将角平分线上的点到角两边的距离相等，角的内部到角两边距离相等的点在角的平分线上迁移到不同的情境中，促进新知识的学习和解决不同情境中的问题.	403090201 403090202

第 4 章 图形的性质

续表

学习内容	学习要求	评价要求	测评示例
	（10）理解线段垂直平分线的概念，探索并证明线段垂直平分线的性质定理：线段垂直平分线上的点到线段两端的距离相等；反之，到线段两端距离相等的点在线段的垂直平分线上.	水平一：理解线段垂直平分线的概念，在具体操作活动中理解并证明线段垂直平分线上的点到线段两端的距离相等，到线段两端距离相等的点在线段的垂直平分线上，能运用定理解决简单的数学问题.	403100101 403100102
		水平二：能将"线段垂直平分线上的点到线段两端的距离相等""到线段两端距离相等的点在线段的垂直平分线上"等知识迁移运用到不同的情境中，促进新知识的学习，提升运用新知识解决不同情境中的问题的能力.	403100201 403100202
	（11）理解等腰三角形的概念，探索并证明等腰三角形的性质定理. 探索并掌握等腰三角形的判定定理. 探索等边三角形的判定定理.	水平一：理解等腰三角形的概念，在具体操作活动中理解并证明等腰三角形的性质定理和判定定理、等边三角形的性质定理和判定定理，能运用定理解决简单的数学问题.	403110101 403110102
		水平二：能够将等腰三角形的性质定理和判定定理、等边三角形的性质定理和判定定理迁移到不同的情境中，选择恰当的方法解决不同情境中的问题.	403110201 403110202
	（12）理解直角三角形的概念，探索并掌握直角三角形的性质定理. 掌握有两个角互余的三角形是直角三角形.	水平一：理解直角三角形的概念，在活动中理解并掌握"直角三角形的两个锐角互余""直角三角形斜边上的中线等于斜边的一半"，掌握"有两个角互余的三角形是直角三角形"，能运用定理解决简单的数学问题.	403120101 403120102
		水平二：能将"直角三角形的两个锐角互余""直角三角形斜边上的中线等于斜边的一半""有两个角互余的三角形是直角三角形"迁移到不同的情境中，选择恰当的方法解决不同情境中的问题.	403120201 403120202

续表

学习内容	学习要求	评价要求	测评示例
	(13) 探索勾股定理及其逆定理, 并能运用它们解决一些简单的实际问题.	水平一: 在活动中理解勾股定理及其逆定理, 并能运用它们解决一些简单的实际问题.	403130101 403130102
		水平二: 将勾股定理及其逆定理迁移到不同的情境中, 选择恰当的方法解决不同情境中的问题.	403130201 403130202
	(14) 探索并掌握判定直角三角形全等的"斜边、直角边"定理.	水平一: 在活动中理解并掌握判定直角三角形全等的"斜边、直角边"定理, 能运用定理解决简单的数学问题.	403140101 403140102
		水平二: 将判定直角三角形全等的"斜边、直角边"定理迁移到不同的情境中, 选择恰当的方法解决不同情境中的问题.	403140201 403140202
	(15) 了解三角形重心的概念.	水平一: 结合具体实例, 了解三角形重心的概念.	403150101 403150102
		水平二: 能够用三角形重心的概念解决不同情境中的问题.	403150201 403150202
	(16) 能用尺规作图: 已知三边、两边及其夹角、两角及其夹边作三角形; 已知底边及底边上的高线作等腰三角形; 已知一直角边和斜边作直角三角形.	水平一: 能用尺规作图: ①已知三边、两边及其夹角、两角及其夹边作三角形; ②已知底边及底边上的高线作等腰三角形; ③已知一直角边和斜边作直角三角形. 能形成一定的活动经验.	403160101 403160102
		水平二: 能将尺规作图迁移到不同的情境中, 会选择恰当的作图方法.	403160201 403160202

续表

学习内容	学习要求	评价要求	测评示例
4. 四边形	（1）了解"多边形"的概念及多边形的顶点、边、内角、外角与对角线；探索并掌握多边形内角和与外角和公式.	水平一：在具体实例中了解多边形的概念及多边形的顶点、边、内角、外角与对角线；掌握多边形内角和与外角和公式.	404010101 404010102
		水平二：能够将多边形的概念及多边形的顶点、边、内角、外角与对角线、多边形内角和与外角和公式迁移到不同的情境中，解决相关情境中的问题.	404010201 404010202
	（2）理解平行四边形、矩形、菱形、正方形、梯形的概念，以及它们之间的关系；了解四边形的不稳定性.	水平一：在具体实例中理解平行四边形、矩形、菱形、正方形、梯形的概念，以及它们之间的关系；了解四边形的不稳定性.	404020101 404020102
		水平二：能够将平行四边形、矩形、菱形、正方形、梯形的概念迁移到不同情境中学习新知识，解决相关问题；理解平行四边形、矩形、菱形、正方形、梯形的关系.	404020201 404020202
	（3）探索并证明平行四边形的性质定理. 探索并证明平行四边形的判定定理.	水平一：能证明平行四边形的性质定理；能证明平行四边形的判定定理.	404030101 404030102
		水平二：能够将平行四边形的性质定理和判定定理迁移到不同情境中，选择恰当的证明方法解决相关问题.	404030201 404030202
	（4）理解两条平行线之间距离的概念，能度量两条平行线之间的距离.	水平一：在具体实例中理解两条平行线之间距离的概念，能度量两条平行线之间的距离.	404040101 404040102
		水平二：能将两条平行线之间距离的概念迁移到不同情境中，解决相关问题.	404040201 404040202

续表

学习内容	学习要求	评价要求	测评示例
	(5) 探索并证明矩形、菱形的性质定理．探索并证明矩形、菱形的判定定理．正方形既是矩形，又是菱形；理解矩形、菱形、正方形之间的包含关系．	水平一：能证明矩形、菱形的性质定理和判定定理．理解正方形既是矩形，又是菱形；理解矩形、菱形、正方形之间的包含关系．	404050101 404050102
		水平二：能在不同的情境中选择恰当的证明方法解决复杂问题．	404050201 404050202
	(6) 探索并证明三角形的中位线定理．	水平一：能证明三角形的中位线定理．	404060101 404060102
		水平二：能在不同的情境中应用三角形的中位线定理解决相关问题．	404060201 404060202
5. 圆	(1) 理解圆、弧、弦、圆心角、圆周角的概念，了解等圆、等弧的概念；探索并掌握点与圆的位置关系．	水平一：在具体的实例中，理解圆、弧、弦、圆心角、圆周角的概念，了解等圆、等弧的概念，体会它们之间的关系；了解点与圆的位置关系．	405010101 405010102
		水平二：能将圆的相关概念及点与圆的位置关系迁移到不同的情境中，解决不同情境中的问题．	405010201 405010202
	(2) 探索并证明垂径定理：垂直于弦的直径平分弦以及弦所对的两条弧．	水平一：结合具体实例，理解垂径定理，能用垂径定理解决简单的数学问题．	405020101 405020102
		水平二：能将垂径定理迁移到不同情境中，能应用定理解决不同情境中的问题．	405020201 405020202

续表

学习内容	学习要求	评价要求	测评示例
	（3）探索圆周角与圆心角及其所对弧的关系，知道同弧（或等弧）所对的圆周角相等．了解并证明圆周角定理及其推论．	水平一：在具体的实例中，体会圆周角定理及推论，能用圆周角定理及推论解决简单的数学问题．	405030101 405030102
		水平二：能将圆周角定理及推论迁移到不同的情境中，能选择恰当的定理和推论解决不同情境中的问题．	405030201 405030202
	（4）了解三角形的内心与外心．	水平一：在具体实例中了解三角形的内心和外心，能用外心、内心解决简单的数学问题．	405040101 405040102
		水平二：能将三角形的内心和外心迁移到不同的情境中，解决不同情境中的问题．	405040201 405040202
	（5）了解直线与圆的位置关系，掌握切线的概念．	水平一：在具体实例中，体会直线和圆的位置关系，能通过比较"d"与"r"的大小关系来判断直线与圆的位置关系．掌握切线的概念．	405050101 405050102
		水平二：能将切线的概念迁移到不同的情境中，解决不同情境中的问题．	405050201 405050202
	（6）能用尺规作图：过不在同一直线上的三点作圆；作三角形的外接圆、内切圆；作圆的内接正方形和内接正六边形．	水平一：形成一定的活动经验．	405060101 405060102
		水平二：能将尺规作图迁移到不同的情境中，选择恰当的作图方法．	405060201 405060202

续表

学习内容	学习要求	评价要求	测评示例
	(7)* 能用尺规作图：过圆外一点作圆的切线	水平一：形成一定的活动经验.	405070101 405070102
		水平二：能将尺规作图迁移到不同的情境中，选择恰当的作图方法.	405070201 405070202
	(8)* 探索并证明切线长定理：过圆外一点的两条切线长相等.	水平一：能在具体实例中理解切线长定理.	405080101 405080102
		水平二：能够将切线长定理迁移到不同的情境中，运用切线长定理解决不同情境中的问题.	405080201 405080202
	(9) 会计算圆的弧长、扇形的面积.	水平一：能在具体实例中理解弧长计算公式和扇形面积公式，并解决简单的数学问题.	405090101 405090102
		水平二：能把弧长计算公式和扇形面积公式迁移到不同的情境中，能选择合适的公式进行计算.	405090201 405090202
	(10) 了解正多边形的概念及正多边形与圆的关系.	水平一：结合具体实例，体会正多边形与圆的关系，能用几何语言描述正多边形的中心、半径、中心角、边心距等.	405100101 405100102
		水平二：能把正多边形迁移到不同的情境中，并能把正多边形的有关计算转化为解直角三角形进行计算.	405100201 405100202

续表

学习内容	学习要求	评价要求	测评示例
6. 定义、命题、定理	（1）通过具体实例，了解定义、命题、定理、推论的意义．	水平一：在具体实例中体会定义、命题、定理、推论的意义．	406010101 406010102
		水平二：能在不同的情境中体会定义、命题、定理、推论的含义．	406010201 406010202
	（2）结合具体实例，会区分命题的条件和结论，了解原命题及其逆命题的概念．会识别两个互逆的命题，知道原命题成立其逆命题不一定成立．	水平一：在具体实例中区分命题的条件和结论，了解原命题及其逆命题的概念．会识别两个互逆的命题，知道原命题成立其逆命题不一定成立．	406020101 406020102
		水平二：能在不同的情境中体会命题的含义和结构，会对真假命题做出判断，并能写出命题的条件和结论及原命题的逆命题．	406020201 406020202
	（3）知道证明的意义和证明的必要性，知道数学思维要合乎逻辑，知道可以用不同的形式表述证明的过程，会用综合法的证明格式．	水平一：在具体的实例中初步感受证明的必要性，通过实例感受证明的过程与格式．	406030101 406030102
		水平二：在不同的情境中，体会证明的必要性，会用综合法的证明格式．	406030201 406030202
	（4）了解反例的作用，知道利用反例可以判断一个命题是假命题．	水平一：在具体的实例中，了解反例的作用，会用反例判断一个命题是假命题．	406040101 406040102
	（5）通过实例体会反证法的含义．	水平一：能在具体的实例中体会反证法的含义．	406050101 406050102

105

附件：测评示例

401010101 找出下列图片中你熟悉的几何体：

（1）_____；（2）_____；（3）_____；（4）_____．

401010102 下列这些生活中常见的物体：

（1）2B 铅笔笔杆；（2）漏斗；（3）篮球；（4）卷筒卫生纸．请写出它们对应的立体图形．

（1）_____；（2）_____；（3）_____；（4）_____．

401010201 下列各立体图形中，属于五棱柱的是（　　）

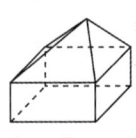

A.　　　B.　　　C.　　　D.

401010202 如图，把左边的图形绕着给定的直线旋转一周后形成的几何体是（　　）

A.　　　B.　　　C.　　　D.

401020101 如图，用圆规比较两条线段的长短，正确的是（　　）

A. $AB>AC$

B. $AB=AC$

C. $AB<AC$

D. 无法确定

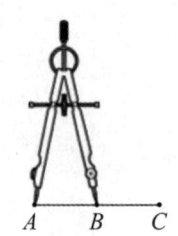

401020102 有不在同一直线上的两条线段 AB 和 CD，李明很难判断出他们的长短，因此他借助于圆规，操作如图所示，由此可得出（　　）

  A．AB＝CD   B．AB＞CD

  C．AB＜CD   D．无法确定

401020201 如图，在△ABC 中，比较线段 AC 和 AB 的长短，科学的方法有_____．

 ①沿点 A 折叠，使 AB 和 AC 重合，观察点 B 的位置；

 ②用直尺度量出 AB 和 AC 的长度；

 ③用圆规将线段 AB 叠放到线段 AC 上，观察点 B 的位置；

 ④凭感觉估计．

401020202 如图，已知 AB＜CD，则 AC 与 BD 的大小关系是（　　）

  A．AC＞BD   B．AC＝BD

  C．AC＜BD   D．不能确定

401030101 过一点可以画_____条直线．

  A．1   B．2   C．3   D．无数

401030102 如果你想将一根细木条固定在墙上，至少需要_____个钉子．

401030201 如图，经过刨平的木板上的两个点，能弹出一条笔直的墨线，而且只能弹出一条墨线，能解释这一实际应用的数学知识是（　　）

  A．两点确定一条直线

  B．两点之间线段最短

  C．垂线段最短

  D．在同一平面内，过一点有且只有一条直线与已知直线垂直

401030202 如图，建筑工人砌墙时，经常在两个墙脚的位置分别插一根木桩，然后拉一条直的参照线，其运用到的数学原理是（　　）

  A．两点之间，线段最短

B. 两点之间线段的长度，叫做这两点之间的距离

C. 垂线段最短

D. 两点确定一条直线

401040101 把一条弯曲的公路改成直道，可以缩短路程．用几何知识解释其中的道理，正确的是（　　）

A. 经过两点有一条直线，并且只有一条直线

B. 两点之间的所有连线中，线段最短

C. 线段有两个端点

D. 线段比曲线短

401040102 如图，小明同学用剪刀沿直线将一片平整的树叶剪掉一部分，发现剩下树叶的周长比原树叶的周长要小，能正确解释这一现象的数学知识是（　　）

A. 垂线段最短

B. 经过一点有无数条直线

C. 经过两点，有且仅有一条直线

D. 两点之间，线段最短

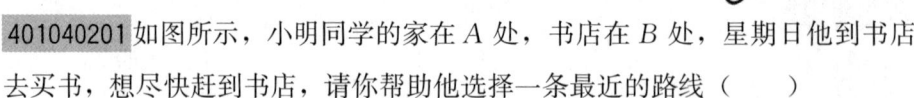

401040201 如图所示，小明同学的家在 A 处，书店在 B 处，星期日他到书店去买书，想尽快赶到书店，请你帮助他选择一条最近的路线（　　）

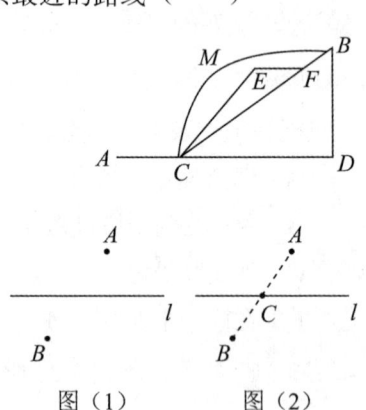

A. $A \to C \to D \to B$

B. $A \to C \to F \to B$

C. $A \to C \to E \to F \to B$

D. $A \to C \to M \to B$

401040202 如图（1）A，B 两个村庄在一条河 l（不计河的宽度）的两侧，现要在河岸旁建一座码头，使它到 A，B 两个村庄的距离之和最小．如图（2），连接 AB，与 l 交于点 C，则点 C 即为所求的码头的位置．这样做的理由是（　　）

108

A. 经过两点有一条直线，并且只有一条直线
B. 两点之间的所有连线中，线段最短
C. 两直线相交只有一个交点
D. 经过一点有无数条直线

401050101 如图所示，表示从甲到乙之间的距离的路线是（　　）

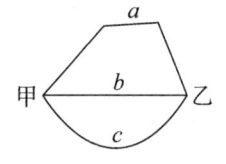

A. a
B. b
C. c
D. 无法确定

401050102 如图，在数轴上表示到 B 点的距离为 2 个单位长度的点是（　　）

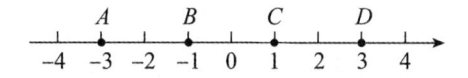

A. C 点
B. A 点
C. A 点和 C 点
D. A 点和 D 点

401050201 某风景区 A，B，C，D 四个景点在一条直线上，图中数据为各景点之间的距离（单位：千米）

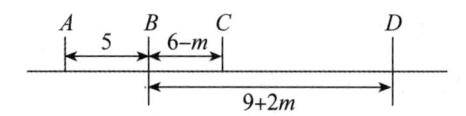

（1）求景点 C，D 之间的距离.（用含 m 的代数式表示）

（2）若景点 C 到景点 A 的距离与景点 C 到景点 D 的距离相等，求景点 B，D 之间的距离.

401050202 如图，把一根绳子对折成线段 AB，从点 P 处把绳子剪断，已知 $PB=2PA$，若剪断后的各段绳子中最长的一段为 40 cm，则绳子的原长为（　　）

A. 30 cm
B. 60 cm
C. 120 cm
D. 60 cm 或 120 cm

109

401060101 下列图形中所标识的角，能同时用∠AOB，∠O，∠1 三种方法表示的是（　　）

A.　　　　B.　　　　C.　　　　D.

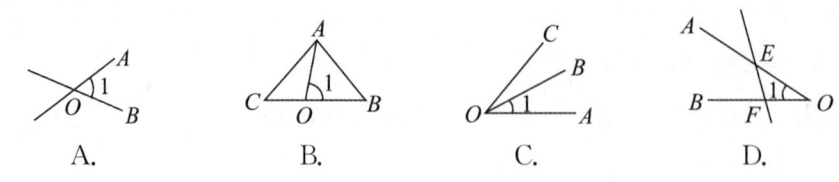

401060102 学习了角的常用度量单位后，乐乐发现度、分、秒之间可以相互换算，乐乐计算出某一时刻闹钟的时针和分针的夹角是 108 000″，此时这个夹角等于（　　）

A. 5°　　　B. 15°　　　C. 30°　　　D. 60°

401060201 如图，用三角板比较∠A 与∠B 的大小，其中正确的是（　　）

A. ∠A>∠B　　　　　　B. ∠A<∠B
C. ∠A=∠B　　　　　　D. 不能确定

401060202 如图，正方形网格中每个小正方形的边长都为 1，则∠α 与∠β 的大小关系为（　　）

A. ∠α<∠β
B. ∠α=∠β
C. ∠α>∠β
D. 无法估测

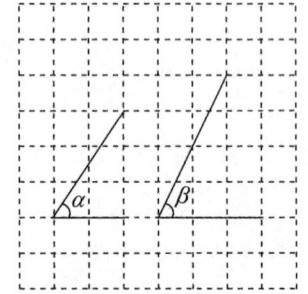

401070101 如图，用直尺和圆规作一个角等于已知角中，判定△O′C′D′≌△OCD 的依据是（　　）

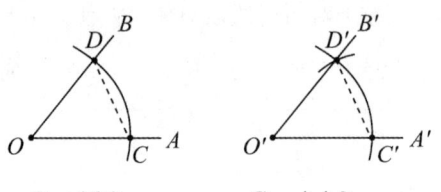

A. SAS　　　B. SSS　　　C. AAS　　　D. ASA

401070102 在如图的三个图形中，根据尺规作图的痕迹，能判断射线 AD 平分∠BAC 的是（   ）

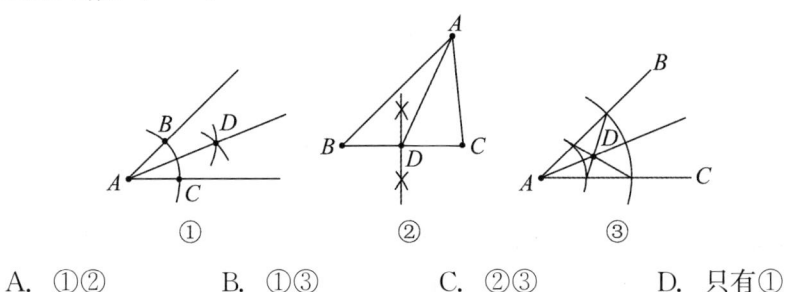

① ② ③

A. ①②   B. ①③   C. ②③   D. 只有①

401070201 小明同学在平行四边形 ABCD 中用尺规作图作等腰三角形 ABE，下列作图不正确的是（   ）

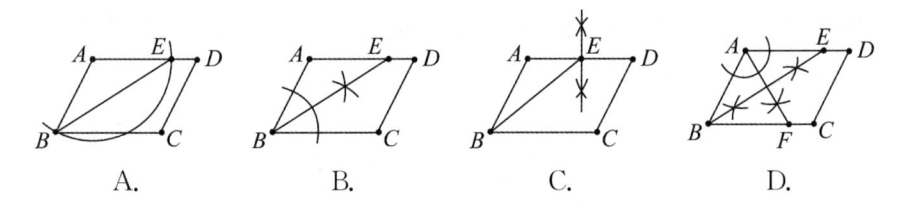

A.   B.   C.   D.

401070202 如图1，用尺规作图的方法"过直线 l 外一点 P 作直线 l 的平行线"，现有如图2中的甲、乙两种方法，下列说法正确的是（   ）

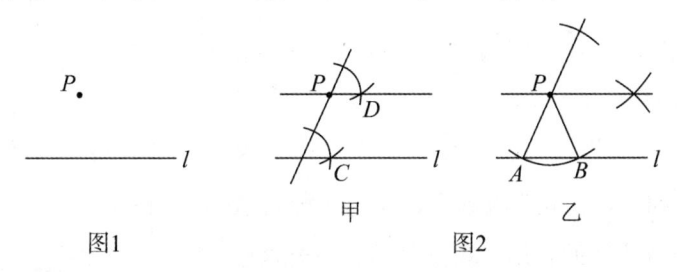

图1   甲   乙

图2

A. 甲错乙对   B. 甲对乙错   C. 甲、乙都对   D. 甲、乙都错

402010101 如图，直线 AB，CD 相交于点 O，因为∠1+∠3=180°，∠2+∠3=180°，所以∠1=∠2，其推理依据是（   ）

A. 同角的余角相等   B. 对顶角相等

C. 同角的补角相等   D. 等角的补角相等

111

402010102 如图，C 是直线 AB 上一点，$CD \perp CE$，图中 $\angle 1$ 和 $\angle 2$ 的关系是（　　）

　　A. 互为余角　　　　B. 互为补角
　　C. 对顶角　　　　　D. 同位角

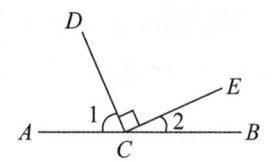

402010201 若 $\angle \alpha = 90° - m°$，$\angle \beta = 90° + m°$，则 $\angle \alpha$ 与 $\angle \beta$ 的关系是（　　）

　　A. 互补　　B. 互余　　C. 和为钝角　　D. 和为周角

402010202 如图所示，射线 OA 的方向是北偏东 $47°$，$\angle AOB = 90°$，则射线 OB 的方向是（　　）

　　A. 南偏东 $53°$　　　　B. 南偏东 $43°$
　　C. 南偏东 $47°$　　　　D. 南偏西 $43°$

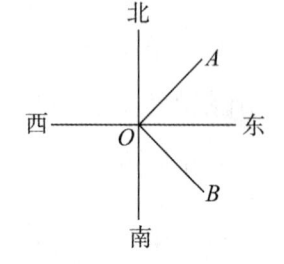

402020101 过点 P 向线段 AB 所在直线画垂线，画图正确的是（　　）

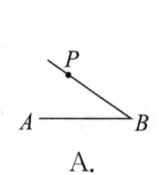

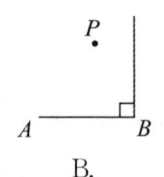

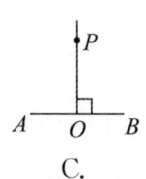

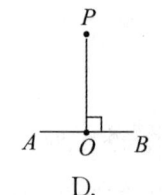

　　A.　　　　B.　　　　C.　　　　D.

402020102 如图，在平面内作已知直线 m 的垂线，可作垂线的条数有（　　）

　　A. 0 条　　　B. 1 条　　　C. 2 条　　　D. 无数条

402020201 如图，在立定跳远中，体育老师是这样测量运动员的成绩的，用一块三角尺的一边紧贴在起跳线上，另一边与拉直的皮尺重合，这样做的理由是（　　）

　　A. 两点之间，线段最短
　　B. 过两点有且只有一条直线
　　C. 过一点有且只有一条直线与已知直线垂直
　　D. 垂线段最短

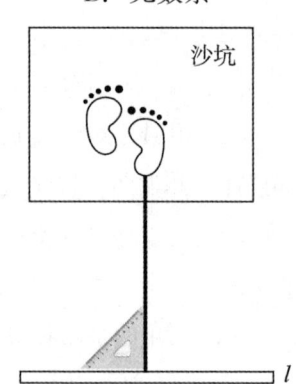

402020202 如图，把水渠中的水引到水池 C，先过 C 点向渠岸 AB 画垂线，垂足为 D，再沿垂线 CD 开沟才能使沟最短，其依据是（　　）

  A. 垂线最短

  B. 过一点确定一条直线与已知直线垂直

  C. 垂线段最短

  D. 以上说法都不对

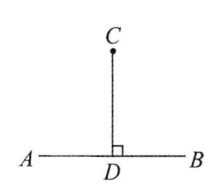

402030101 尺规作图：作线段 AB 的垂直平分线 MN，并证明该作图所得到的 MN 就是线段 AB 的垂直平分线.

402030102 如图所示的作图痕迹是（　　）

  A. 线段的垂直平分线

  B. 作一个角的平分线

  C. 过一点作已知直线的垂线

  D. 作一个角等于已知角

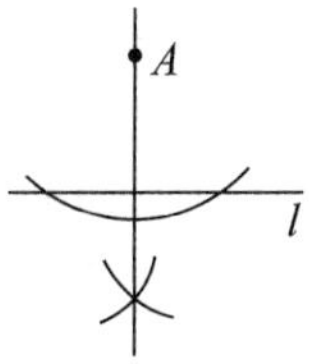

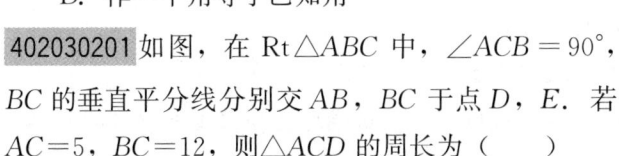

402030201 如图，在 Rt△ABC 中，$\angle ACB=90°$，BC 的垂直平分线分别交 AB，BC 于点 D，E. 若 $AC=5$，$BC=12$，则 △ACD 的周长为（　　）

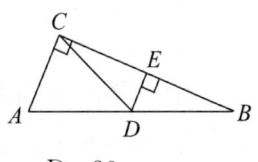

  A. 13 B. 17 C. 18 D. 30

402030202 如图，BD 是矩形 $ABCD$ 的对角线，求作 $\odot A$，使得 $\odot A$ 与 BD 相切（要求：尺规作图，不写作法，保留作图痕迹）.

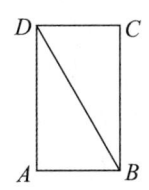

402040101 如图，在同一平面内，$OA \perp l$，$OB \perp l$，垂足为 O，则 OA 与 OB 重合的理由是（　　）

  A. 两点确定一条直线

  B. 垂线段最短

  C. 垂直于同一直线的两条直线平行

  D. 同一平面内，过一点有且只有一条直线与已知直线垂直

402040102 如图所示，王师傅为了检验门框 AB 是否垂直于地面，在门框 AB 的上端 A 处用细线悬挂一铅锤，看门框 AB 是否与铅垂线重合．若门框 AB 垂直于地面，则 AB 会重合于 AE，否则与 AE 不重合．下面哪个数学知识可以说明这个道理？（　　）

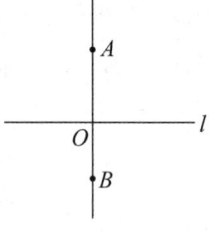

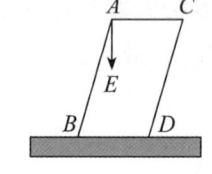

  A. 经过两点有且只有一条直线

  B. 直线外一点与直线上各点连接的所有线段中，垂线段最短

  C. 过直线外一点有且只有 AB 一条直线与这条直线平行

  D. 平面内，过一点有且只有一条直线与已知直线垂直

402040201 判断下列说法是否正确，正确的打"√"，错误的打"×"．

  (1) 一条直线的垂线，有无数条．（　　）

  (2) 过一点的任意一条直线垂直于已知直线．（　　）

  (3) 在同一平面内，过一点有且只有一条直线与已知直线垂直．（　　）

402040202 下列生活实例中，数学原理解释错误的是（　　）

  A. 测量两棵树之间的距离，要拉直皮尺，应用的数学原理是：两点之间，线段最短

  B. 用两颗钉子就可以把一根木条固定在墙上，应用的数学原理是：两点确定一条直线

  C. 测量跳远成绩，应用的数学原理是：连接直线外一点与直线上各点的所有线段中，垂线段最短

  D. 从一条河向一个村庄引一条最短的水渠，应用的数学原理是：在同一平面内，过一点有且只有一条直线与已知直线垂直

402050101 如图，点 C 到直线 AB 的距离是指哪条线段长？（ ）

A. CB 　　　　　　　　B. CD

C. CA 　　　　　　　　D. DE

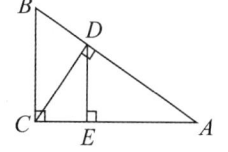

402050102 如图，点 A，B，C 在直线 l 上，PB⊥l，PA=6 cm，PB=5 cm，PC=7 cm，则点 P 到直线 l 的距离是_____．

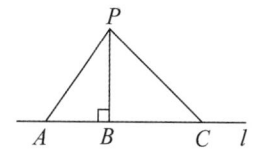

402050201 下列直角三角板中，线段 MN 的长度表示点 M 到直线 l 的距离的是（ ）

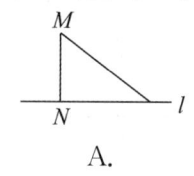

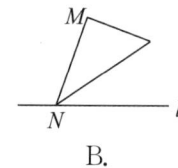

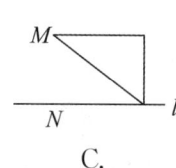

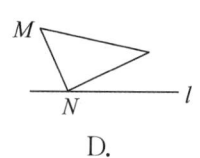

A.　　　　B.　　　　C.　　　　D.

402050202 我们知道，连接直线外一点与直线上各点的所有线段中，垂线段最短，因此，直线外一点到这条直线的垂线段的长度，叫做点到直线的距离．类似地，连接曲线外一点与曲线上各点的所有线段中，最短线段的长度，叫做点到曲线的距离．依此定义，如图，在平面直角坐标系中，点 $A(2, 1)$ 到以原点为圆心，以 1 为半径的圆的距离为_____．

402060101 如图，在用数字标注的角中，∠4 与_____是同位角，与_____是内错角，与_____是同旁内角．

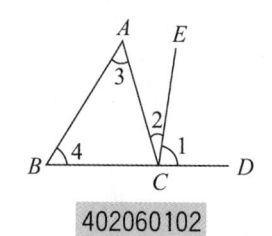

402060102 如图，描述同位角、内错角、同旁内角关系不正确的是（ ）

A. ∠1 与 ∠4 是同位角　　　　B. ∠ACD 与 ∠3 是内错角

C. ∠3 与 ∠4 是内错角　　　　D. ∠BCE 与 ∠4 是同旁内角

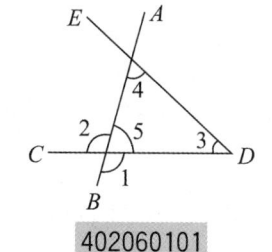

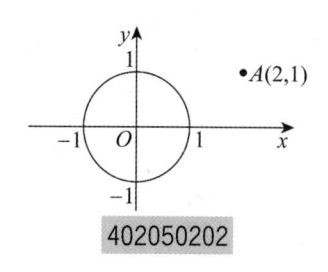

402060201 风筝是中国古代劳动人民发明于东周春秋时期的产物，其材质在不断改进之后，坊间开始用纸做风筝，称为"纸鸢"。如图所示的纸骨架中，与∠3构成同旁内角的是（　　）

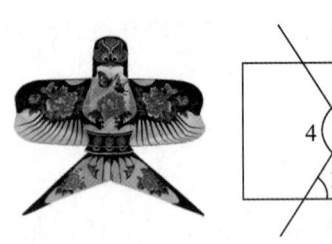

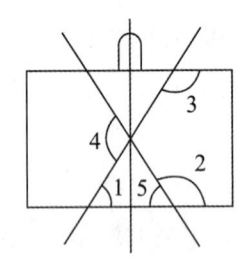

　　A. ∠1　　　　B. ∠2　　　　C. ∠4　　　　D. ∠5

402060202 用一副三角板拼成如图所示的形状，使得两个三角形的直角边互相平行，则∠1与∠2相等的依据是（　　）

　　A. 两直线平行，同位角相等

　　B. 两直线平行，内错角相等

　　C. 两直线平行，同旁内角互补

　　D. 对顶角相等

402070101 下列说法正确的是（　　）

　　A. 不相交的两条线段是平行线

　　B. 不相交的两条直线是平行线

　　C. 不相交的两条射线是平行线

　　D. 在同一平面内，不相交的两条直线是平行线

402070102 下列生活实例中，属于平行线的有＿＿＿＿＿＿．

　　①交通路口的斑马线；②天上的彩虹；③五线谱的横线；④火车的水平铁轨直线．

402070201 观察如图所示的长方体．

　　（1）用符号表示下列两棱的位置关系：AB＿＿＿＿EF，AD＿＿＿＿BC；

　　（2）EF与BC所在的直线是两条不相交的直线，它们＿＿＿＿（填"是"或"不是"）平行线，由此可知＿＿＿＿内，不相交的两条直线才能叫做平行线．

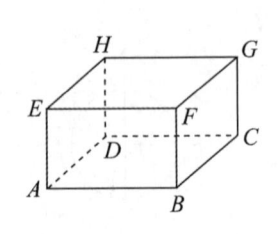

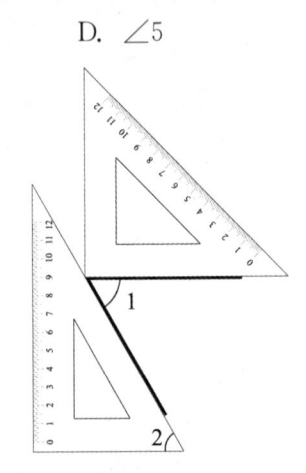

402070202 如图，四条线段 a，b，c，d 中的一条与挡板另一侧的线段 m 平行，请借助直尺，判断该线段是（ ）

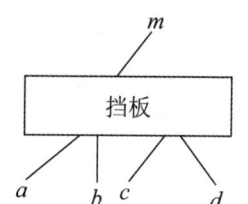

A. a B. b C. c D. d

402080101 如图，过 C 点作线段 AB 的平行线，说法正确的是（ ）

A. 不能作
B. 只能作一条
C. 能作两条
D. 能作无数条

402080102 如图，已知 OM∥a，ON∥a，所以点 O、M、N 三点共线的理由是（ ）

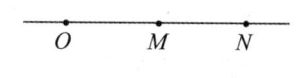

A. 三点确定一条直线
B. 过三点可作一条直线与已知直线平行
C. 经过直线外一点，有且只有一条直线与这条直线平行
D. 如果两条直线都与第三条直线平行，那么这两条直线重合

402080201 已知△ABC，过 AC 的中点 D 作 AB 的平行线，根据语句作图正确的是（ ）

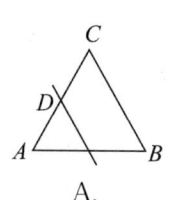

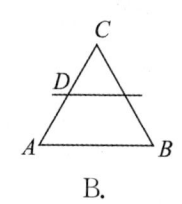

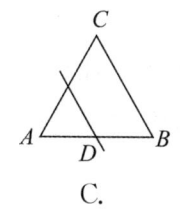

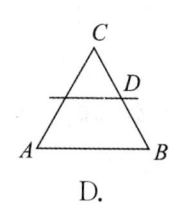

A.   B.   C.   D.

402080202 学习过平行线后，小龙同学想出了"过已知直线 m 外一点 P 画这条直线的平行线的新方法"，他是通过折一张半透明的正方形纸得到的.

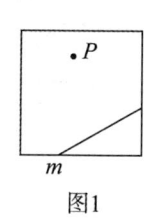

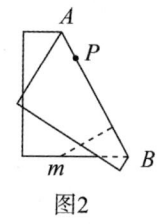

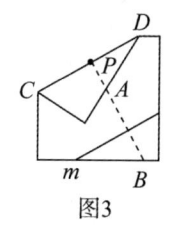

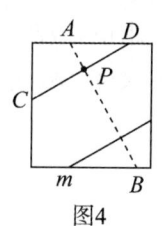

图1   图2   图3   图4

观察图1－图4，经两次折叠展开后折痕 CD 所在的直线即为过点 P 的已知直

117

线 m 的平行线. 从图中可知,小龙画平行线的依据有（　　）

①两直线平行,同位角相等；②过直线外一点有且只有一条直线与已知直线平行；③同位角相等,两直线平行；④内错角相等,两直线平行.

  A. ①②   B. ②③   C. ①④   D. ③④

402090101 如图,给出了过直线外一点作已知直线的平行线的方法,其依据是（　　）

  A. 同位角相等,两直线平行

  B. 内错角相等,两直线平行

  C. 同旁内角互补,两直线平行

  D. 两直线平行,同位角相等

402090102 如图,木工师傅用图中的角尺画平行线,他的数学道理是（　　）

  A. 同位角相等,两直线平行

  B. 内错角相等,两直线平行

  C. 同旁内角互补,两直线平行

  D. 两直线平行,同位角相等

402090201 如图,将木条 a,b 和 c 钉在一起,$\angle 1 = 70°$,$\angle 2 = 40°$,要使木条 a 和 b 平行,木条 a 需要顺时针旋转的最小度数是（　　）

  A. $10°$ B. $20°$

  C. $30°$ D. $40°$

402090202 如图,已知直线 a、直线 b 和直线 c 均为直线 l 所截,$\angle 1 = 68°$,$\angle 2 = 68°$,$\angle 3 = 112°$.

  (1) 求证：$a /\!/ b$；

  (2) 求证：$b /\!/ c$.

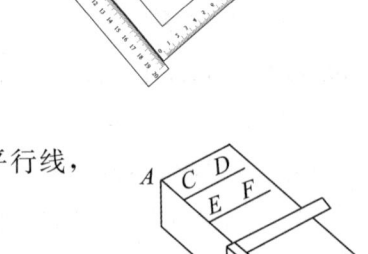

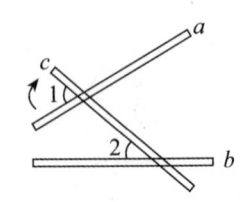

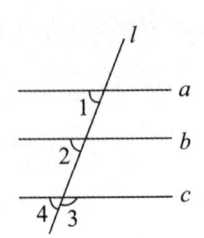

402100101 证明平行线的判定定理：两条直线被第三条直线所截，如果内错角相等，那么两直线平行.

402100102 证明平行线的判定定理：两条直线被第三条直线所截，如果同旁内角互补，则这两直线平行.

402100201 如图，在四边形 ABCD 中，连接 AC，E 是 BC 延长线上的一点，若要 AB∥CD，则所需添加的条件是（　　）

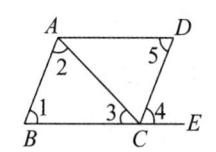

  A. ∠1=∠2   B. ∠3=∠5

  C. ∠1=∠4   D. ∠2=∠4

402100202 如图，下列条件能判定 AB∥CD 的是_____.

①∠1=∠2

②∠BAD+∠ADC=180°

③∠ABC=∠3

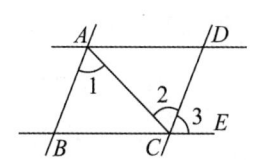

④∠ADC=∠3

402110101 如图，AB∥CD，若∠1=125°，则∠2 的度数是（　　）

  A. 50°   B. 55°

  C. 60°   D. 65°

402110102 如图，下列说理正确的是（　　）

  A. 由 AB∥CD，得∠1=∠D，理由是同位角相等，两直线平行

  B. 由∠3=∠4，得 AB∥CD，理由是同位角

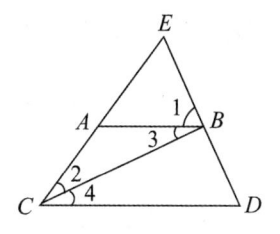

119

相等，两直线平行

  C. 由 $AB /\!/ CD$，得 $\angle 1 = \angle D$，理由是两直线平行，同位角相等

  D. 由 $\angle 1 = \angle 2$，得 $AB /\!/ CD$，理由是同位角相等，两直线平行

402110201 如图，某人从 A 地出发，沿正东方向前进至 B 处后右转 $35°$，再直行至 C 处．此时他想仍按正东方向行走，则他应（　　）

  A. 先左转 $35°$，再直行

  B. 先左转 $145°$，再直行

  C. 先右转 $35°$，再直行

  D. 先右转 $145°$，再直行

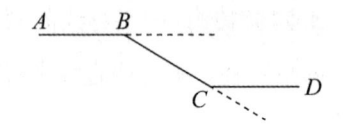

402110202 如图，$AB /\!/ CD$，$\angle \alpha = 45°$，$\angle D = \angle C$，则 $\angle B = $ _____．

402120101 证明：两条平行直线被第三条直线所截，内错角相等．

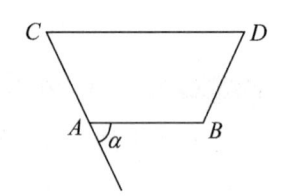

402120102 证明：两条平行直线被第三条直线所截，同旁内角互补．

402120201 如图，已知 $AB /\!/ CD$，$\angle EAB = 70°$，$\angle ECD = 105°$，则 $\angle AEC = $ _____．

402120202 如图，已知 $\angle ABC = \angle ADC$，BF、DE 分别是 $\angle ABC$、$\angle ADC$ 的角平分线，$\angle 1 = \angle 2$，那么 CD 与 AB 平行吗？写出推理过程．

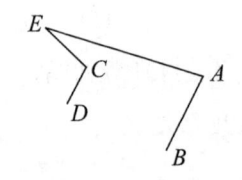

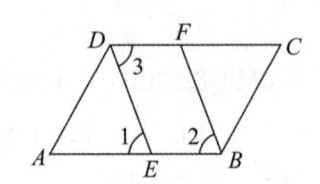

402130101 如图 1，使用尺规经过直线 l 外的点 P 作已知直线 l 的平行线，作图痕迹如图 2.

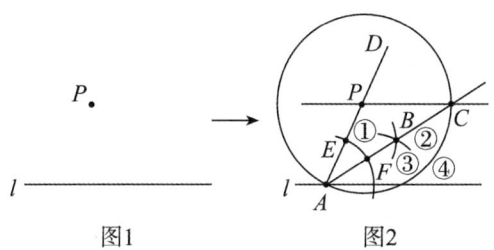

图1　　图2

下列关于图中的四条弧线①、②、③、④的半径长度的说法中，正确的是（　　）

A. 弧②、③的半径长度可以不相等

B. 弧①的半径长度不能大于 AP 的长度

C. 弧④以 PA 的长度为半径

D. 弧③的半径可以是任意长度

402130102 阅读下面材料：

作图：过直线外一点作已知直线的平行线.

已知：直线 l 及其外一点 A.

求作：l 的平行线，使它经过点 A.

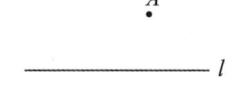

小明同学利用两块形状相同的三角尺进行如下操作，如图所示：

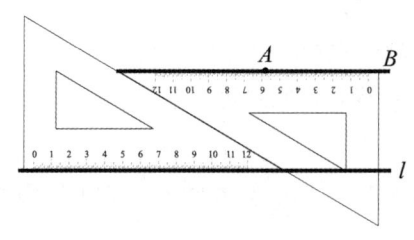

小明的操作的依据是_____.

402140101 如图，过直线 l 外一点 P 作已知直线 l 的平行线，请保留作图痕迹，不写作法.

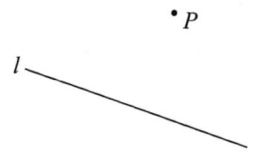

402140102 下面是小东设计的"过直线外一点作这条直线的平行线"的尺规作图过程. 已知：直线 l 和直线外一点 P；求作：直线 m，使得直线 m 经过点 P 且 $l//m$.

作法：

(1) 在直线 l 上任取一点 A；

(2) 连接 AP 并延长；

(3) 以 A 为圆心，以任意长为半径画弧，分别交直线 l 和线段 AP 于点 B、点 C；

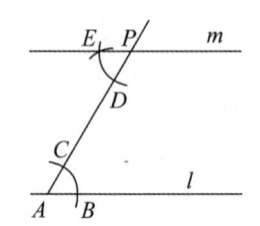

(4) 以 P 为圆心，以 AC 为半径画弧，交线段 AP 于点 D；

(5) 以 D 为圆心，以 BC 为半径画弧，与上一圆弧交于点 E；

(6) 作直线 PE，即为直线 m.

所以，直线 m 即为所求.

这样作图的依据是_____.

402140201 下面是"经过已知直线外一点作这条直线的平行线"的尺规作图过程.

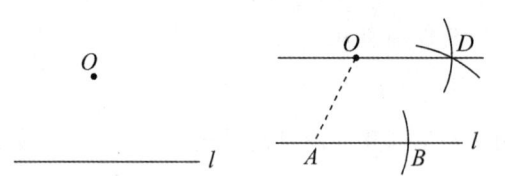

已知：直线 l 和 l 外一点 O.

求作：直线 l 的平行线，使它经过点 O.

作法：如图，

①在 l 上任取一点 A，以点 A 为圆心，AO 长为半径作弧交直线 l 于点 B；

②分别以点 O、B 为圆心，以 AO 长为半径作弧，两弧交于点 F；

请回答：该作图依据是_____.

402140202 小明在学习了平行线的判定方法后，发现如果利用直尺和圆规，可以过直线外一点作已知直线的平行线. 如图，已知直线 a，点 P 为直线 a 外一点，小明利用直尺和圆规过点 P 作直线 PD 平行于直线 a. 以下是小明的作图方法：

①在直线 a 上取一点 A，作直线 PA（PA 与直线 a 不垂直）；

②在 AP 的延长线上取一点 B，以 B 为圆心，BA 长为半径作弧，交直线 a 于点 C；

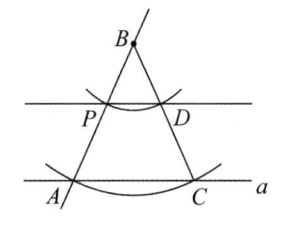

③连接 BC，以 B 为圆心 BP 长为半径作弧，交 BC 于点 D，作直线 PD.

这样，就得到直线 PD∥a. 你能说明 PD∥a 的理由吗？

`402150101` 若直线 a∥b，b∥c，则 a∥c 的依据是（　　）

A. 平行公理　　　　　　B. 等量代换

C. 等式的性质　　　　　D. 平行于同一条直线的两条直线平行

`402150102` 完成下面的证明.

已知：如图，∠1+∠2=180°，∠3+∠4=180°.

求证：AB∥EF.

证明：∵∠1+∠2=180°，

∴AB∥_____（_____）.

∵∠3+∠4=180°，

∴_____∥_____.

∴AB∥EF（_____）.

`402150201` 如图，AF⊥AC，CD⊥AC，点 B，E 分别在 AC，DF 上. 且 BE∥CD，求证：∠F=∠BED.

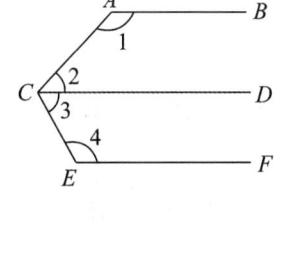

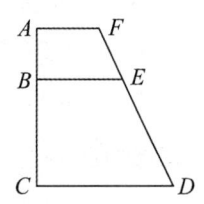

`402150202` 证明：平行于同一条直线的两条直线平行.

403010101 我国建造的港珠澳大桥全长 55 公里，集桥、岛、隧于一体，是世界上最长的跨海大桥．如图，这是港珠澳大桥的斜拉索，它能拉住桥面，并将桥面向下的力通过钢索传给索塔，确保桥面的稳定性和安全性．那么港珠澳大桥斜拉索建设运用的数学原理是（　　）

A．三角形的不稳定性　　　　B．三角形的稳定性

C．四边形的不稳定性　　　　D．四边形的稳定性

403010102 下面四个图形中，线段 BD 是△ABC 的高的是（　　）

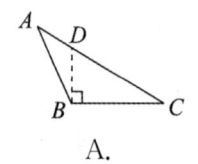

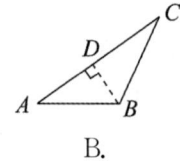

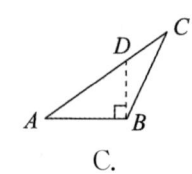

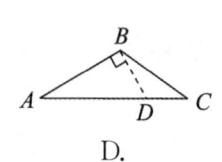

A．　　　　B．　　　　C．　　　　D．

403010201 如图，在△ABC 中，∠$B=80°$，点 D 是 BC 延长线上一点，∠$ACD=150°$，则∠A 的度数为（　　）

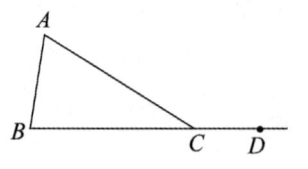

A．$80°$　　B．$70°$　　C．$50°$　　D．$30°$

403010202 如图，在△ABC 中，根据尺规作图痕迹，下列说法不一定正确的是（　　）

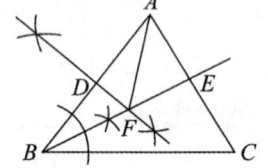

A．$AF=BF$

B．$AE=EC$

C．∠$DBF+$∠$DFB=90°$

D．∠$BAF=$∠EBC

403020101 在△ABC 中，∠$A=100°$，∠$B=40°$，则∠C 的度数为（　　）

A．$35°$　　　　B．$40°$　　　　C．$45°$　　　　D．$50°$

403020102 证明：三角形内角和定理．

403020201 将一副三角尺按如图所示的方式摆放，则∠α 的大小为 _____．

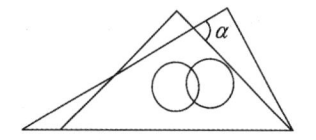

403020202 如图，把三角形纸片 ABC 折叠，使得点 B，点 C 都与点 A 重合，折痕分别为 DE，MN，若∠BAC=110°，则∠DAM 的度数为（　　）

A. 40°
B. 60°
C. 70°
D. 80°

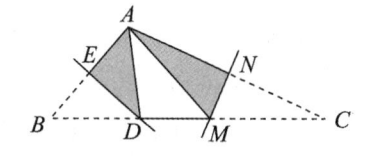

403030101 证明：三角形任意两边之和大于第三边．

403030102 小芳有两根长度为 6 cm 和 11 cm 的木条，她想钉一个三角形木框，桌上有下列长度的几根木条，她应该选择的木条长度为（　　）

A. 3 cm　　B. 5 cm　　C. 12 cm　　D. 17 cm

403030201 如图，为估计湖岸边 A、B 两点之间的距离，小华在湖的一侧选取一点 O，测得 OA=150 m，OB=100 m，则 A、B 间的距离可能是（　　）

A. 50 m　　B. 150 m　　C. 250 m　　D. 300 m

403030202 有长度分别是 4 cm、5 cm、8 cm 和 9 cm 的小棒各一根，任选其中三根首尾相接围成三角形，可以围成不同形状的三角形的个数为 _____．

403040101 如图，△AOC≌△DOB，C，B 是对应点，下列结论错误的是（　　）

A. ∠C 和∠B 是对应角
B. ∠AOC 和∠DOB 是对应角
C. OA 与 OB 是对应边
D. AC 和 DB 是对应边

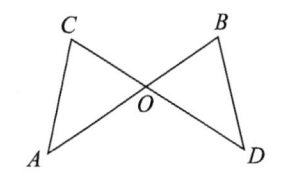

125

403040102 已知图中的两个三角形全等，则∠α 等于_____．

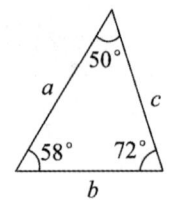

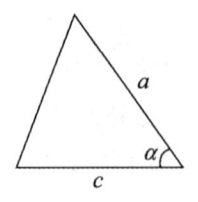

403040201 如图，在 $6×6$ 的正方形网格中，每个小正方形的边长均为1，△ABC 的顶点均在格点上，在图中，以 BC 为边，画出△BCD，使△BCD 和△ABC 全等，D 为格点，请在图中画出满足条件的所有△BCD．（要求仅用无刻度的直尺，且保留必要的画图痕迹）

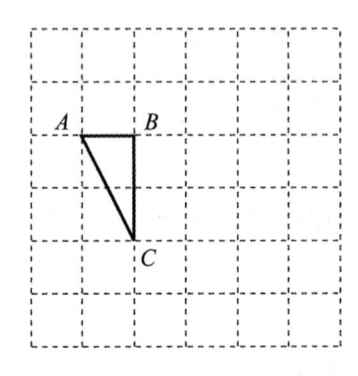

403040202 全等三角形也叫做合同三角形，平面内的合同三角形分为真正合同三角形和镜面合同三角形．假如△ABC 和△A′B′C′是全等三角形，且点 A 与点 A′对应，点 B 与点 B′对应，点 C 与点 C′对应．如下图，当沿 A→B→C→A 及 A′→B′→C′→A′环绕时，若运动方向相同，则称它们是真正合同三角形；若运动方向相反，则称它们是镜面合同三角形．

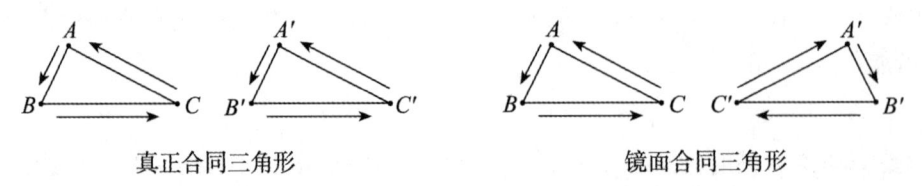

真正合同三角形　　　　镜面合同三角形

下列各组合同三角形中，属于镜面合同三角形的有_____．

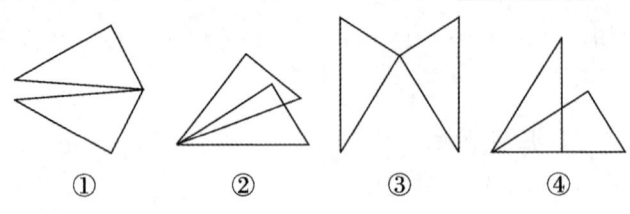

①　　②　　③　　④

403050101 如图，已知∠1＝∠2，若用"SAS"证明△BDA≌△ACB，还需加上条件（ ）

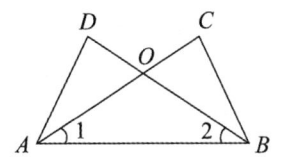

  A．AD＝BC   B．∠D＝∠C

  C．BD＝AC   D．OA＝OB

403050102 已知，如图，∠A＝∠FDE，AC＝DF，AD＝BE．求证：△ABC≌△DEF．

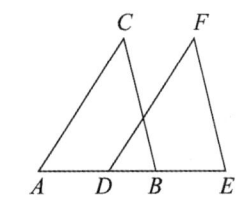

403050201 如图，要测池塘两端 A，B 的距离，小明先在地上取一个可以直接到达 A 和 B 的点 C，连接 AC 并延长到 D，使 CD＝CA；连接 BC 并延长到 E，使 CE＝CB，由△ABC 和△DEC 全等得到 DE＝AB．那么判定其全等的依据是_____（用三个字母表示）．

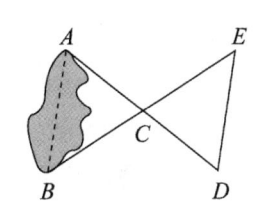

403050202 如图，△ABC 是等边三角形，点 D、E 分别是 BC、AC 上的点，CD＝AE，AD 与 BE 交于点 P．求∠APB 的度数．

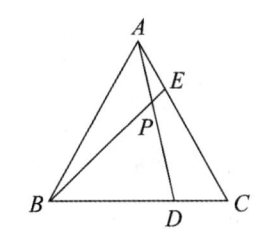

403060101 如图，∠CAD＝∠BAD，若依据"ASA"证明△ACD≌△ABD，则需添加的一个条件是（ ）

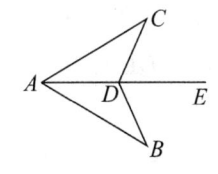

  A．∠B＝∠C   B．∠ADC＝∠ADB

  C．AB＝AC   D．BD＝CD

403060102 如图，点 D 在 AB 上，点 E 在 AC 上，AB＝AC，∠B＝∠C，求证：AD＝AE．

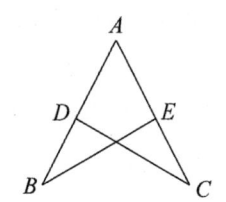

403060201 如图，小明不慎将一块三角形的玻璃打碎为三块，他想只带其中一块碎片到商店去配一块与原来一样的三角形玻璃，那么他应该带去的一块是（ ）

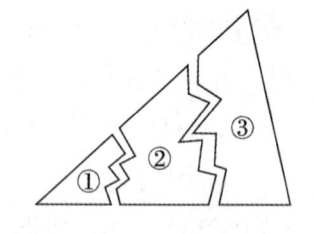

　　A. ①　　　　　　　　　B. ②
　　C. ③　　　　　　　　　D. 都可以

403060202 如图，某段河流的两岸是平行的，数学兴趣小组在老师的带领下不用涉水过河就测得河的宽度．他们是这么做的：①在河流的一条岸边点 B 处，选对岸正对的树 A；②沿河岸直走 30 m 有树 C，继续前行 30 m 到达点 D 处；③从点 D 处沿河岸垂直的方向行走，当到达树 A 正好被树 C 遮挡住的点 E 处停止行走；④测得 DE 的长为 19 m．

　　(1) 河的宽度是_____m；
　　(2) 请你说明数学兴趣小组做法的正确性．

403070101 如图，在 $\triangle ABC$ 和 $\triangle DCB$ 中，$AB=DC$，$AC=DB$，则 $\triangle ABC \cong \triangle DCB$ 的依据是_____．

403070102 如图，已知点 C，F 在直线 AD 上，$AB=DE$，$CD=AF$，$BC=EF$．求证：$\triangle ABC \cong \triangle DEF$．

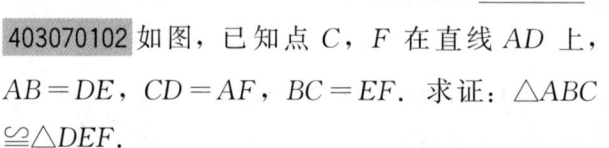

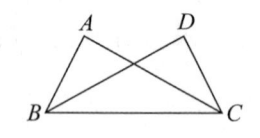

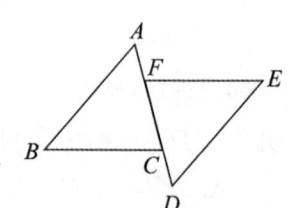

403070201 右图是一个平分角的简单仪器，其中 $AD=AB$，$BC=DC$．将 A 放在角的顶点，AB 和 AD 沿着角的两边放下，沿 AC 画一条射线 AE，AE 就是 $\angle DAB$ 的平分线．在这个过程中 $\triangle ADC \cong \triangle ABC$ 的根据是_____．

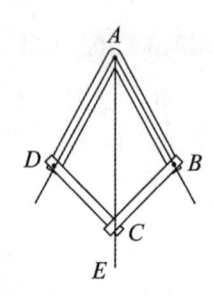

403070202 如图，用直尺和圆规作已知角的平分线的示意图，则说明△AFD≌△AED 的根据是（　　）

  A．SAS   B．ASA   C．AAS   D．SSS

403080101 如图，已知 AD∥BC，$∠B=∠D$，则可以判定△ABC≌△CDA 依据是（　　）

  A．AAS   B．ASA   C．SAS   D．SSS

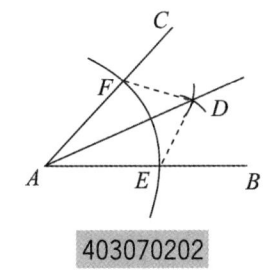

403070202 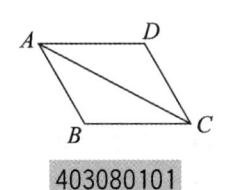   403080101

403080102 如图，点 E，C 在 BF 上，$∠ACB=∠DEF$，$BE=FC$，$∠A=∠D$．求证：△ABC≌△DFE．

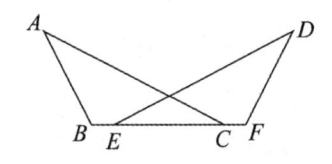

403080201 如图，已知 $∠B=∠C$，补充下列条件后，不能判定△ABE≌△ACD 的是（　　）

 A．$AD=AE$

 B．$BE=CD$

 C．$∠AEB=∠ADC$

 D．$AB=AC$

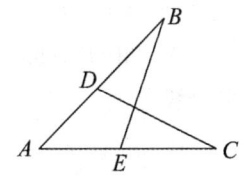

403080202 如图，在△ABC 中，$AB=AC$，$∠BAC=90°$，分别过 B、C 向过 A 点的直线作垂线，垂足分别为 E、F．求证：△ABE≌△CAF．

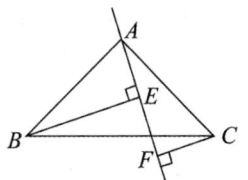

129

403090101 如图，在 Rt△ABC 中，∠C＝90°，AD 平分∠CAB，CD＝3，AB＝12，则△ABD 的面积为_____．

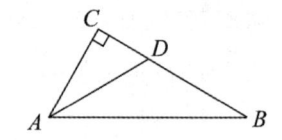

403090102 已知△ABC，两个完全一样的三角板如图摆放，它们的一组对应直角边分别在 AB，AC 上，且这组对应边所对的顶点重合于点 M，点 M 一定在（ ）

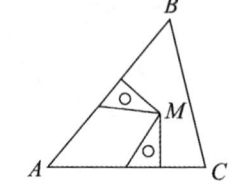

  A．∠A 的平分线上

  B．BC 边的垂直平分线上

  C．AC 边的高上

  D．AB 边的中线上

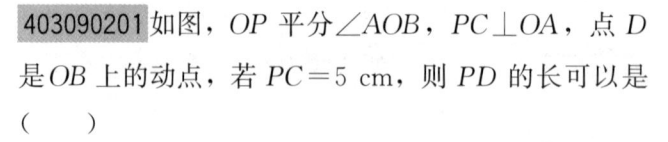

403090201 如图，OP 平分∠AOB，PC⊥OA，点 D 是 OB 上的动点，若 PC＝5 cm，则 PD 的长可以是（ ）

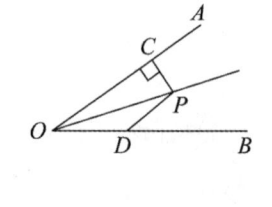

  A．2 cm   B．3 cm

  C．4 cm   D．6 cm

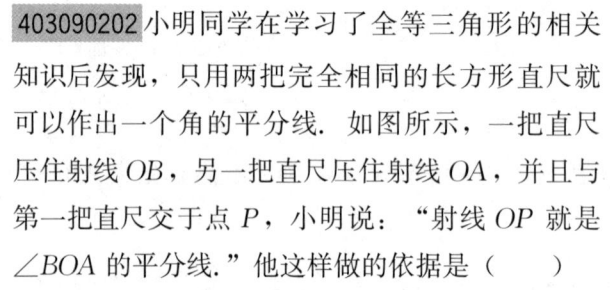

403090202 小明同学在学习了全等三角形的相关知识后发现，只用两把完全相同的长方形直尺就可以作出一个角的平分线．如图所示，一把直尺压住射线 OB，另一把直尺压住射线 OA，并且与第一把直尺交于点 P，小明说："射线 OP 就是∠BOA 的平分线．"他这样做的依据是（ ）

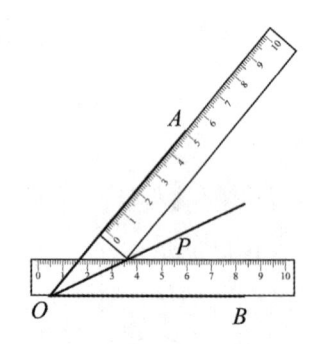

  A．角的内部到角的两边距离相等的点在角的平分线上

  B．角平分线上的点到这个角两边的距离相等

  C．三角形三条角平分线的交点到三条边的距离相等

  D．以上均不正确

403100101 如图，在河岸 m 上建一个水厂，向两个村庄 P，Q 供水，若水厂到两个村庄 P，Q 的距离相等，则水厂应建在（　　）

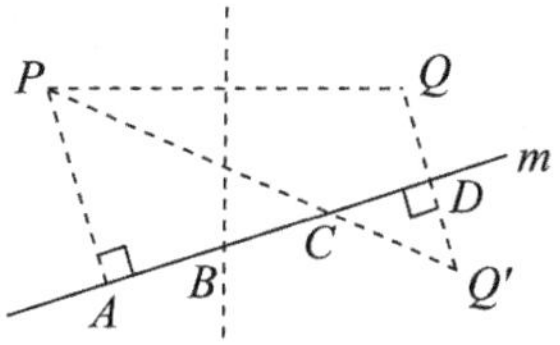

A. A 点 B. B 点
C. C 点 D. D 点

403100102 如图，已知△ABC，D 为边 AB 上一点，请用尺规作图，在边 AC 上求作一点 P，使 $AP+DP=AC$（保留作图痕迹，不写作法）.

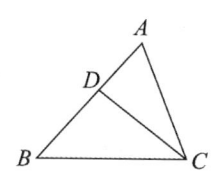

403100201 如图，直线 l 经过线段 AB 的中点 O，点 P 在直线 l 上，且 $PA=PB$，则下列结论：
①$\angle PAO=\angle PBO$；②$\angle A=30°$；③PO 平分 $\angle APB$；④PO 垂直平分线段 AB. 其中正确的有_____. 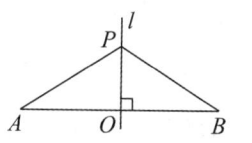

403100202 如图，在 Rt△ABC 中，$\angle ACB=90°$，根据尺规作图的痕迹，判断以下结论错误的是（　　）

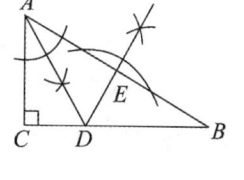

A. $AE=AC$ B. $\angle BAD=\angle B$
C. $DE=DC$ D. $\angle BDE=\angle BAC$

403110101 如图，屋顶钢架外枢是等腰三角形，其中 $AB=AC$，工人师傅在焊接立柱时，只用找到 BC 的中点 D．这就可以说明竖梁 AD 垂直于横梁 BC 了，工人师傅这种操作方法的依据是（　　）

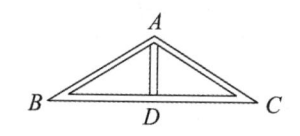

A. 等边对等角 B. 等角对等边
C. 三角形具有稳定性 D. 等腰三角形三线合一

403110102 一个等腰三角形的两个内角的度数之比为 2∶5，则这个等腰三角形的顶角的度数为_____.

403110201 如图，点 P 是等边 $\triangle ABC$ 内一点，$\angle ACP = \angle PBC$，则 $\angle BPC$ 的度数为_____.

403110202 如图，在 $\triangle ABC$ 中，$AB = AC = 2$，$\angle B = 60°$，AD 平分 $\angle BAC$，则 AD 等于_____.

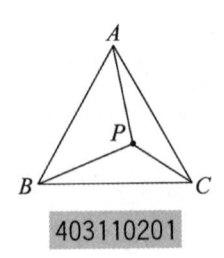

403110201

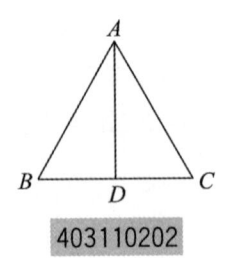

403110202

403120101 在 $Rt\triangle ABC$ 中，若一个锐角等于 $40°$，则另一个锐角的度数为_____.

403120102 如图，两条公路 AC，BC 互相垂直，公路 AB 的中点 M 与点 C 被湖隔开，若测得 AB 的长为 4 km，则 M，C 两点间的距离为_____.

403120201 如图，在 $\triangle ABC$ 中，$AB = AC$，$\angle B = 52°$，以点 C 为圆心，CA 长为半径作弧交 AB 于点 D，以 A、D 为圆心，大于 $\frac{1}{2}AD$ 的长为半径作弧交于点 E，作直线 CE 交 AB 于点 F，则 $\angle ACF$ 的度数是（　　）

A. $24°$　　　　B. $26°$　　　　C. $14°$　　　　D. $18°$

403120202 如图，在 $\triangle ABC$ 中，$\angle ACB = 90°$，CH 和 CM 分别是边 AB 上的高和中线，则下列结论中正确的有_____.

①$\angle AHC = 90°$　②$\angle ACH = \angle B$　③$AM = BM$　④$AM = BC$

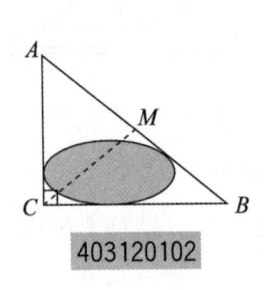

403120102

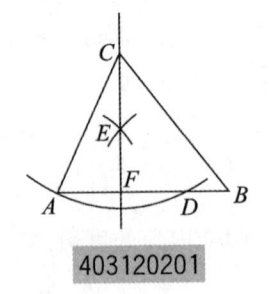

403120201

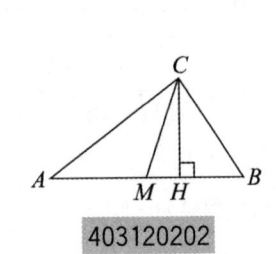

403120202

403130101 如图，在△ABC中，∠C=90°，若AC=1，AB=2，则BC的长是（　　）

A. 1　　　　B. $\sqrt{3}$　　　　C. 2　　　　D. $\sqrt{5}$

403130102 如图是一株美丽的勾股树，所有四边形都是正方形，所有三角形是直角三角形，若正方形A、B、C面积分别为2、8、5，则正方形D的面积为_____．

403130101

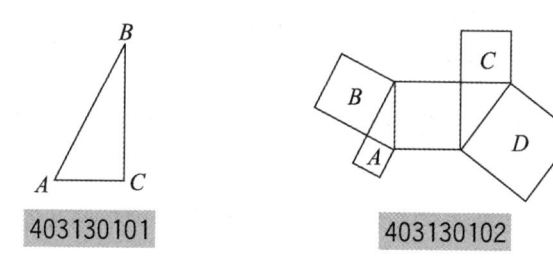

403130102

403130201 《九章算术》中有一问题，译文如下：现有一竖立着的木柱，木柱上端系有绳索，绳索从木柱上端顺木柱下垂后，堆在地面的部分尚有4尺，若牵着绳索退行，在离木柱根部8尺处时绳索用尽，请问绳索有多长？若设木柱长度为x尺，根据题意，可列方程为（　　）

A. $8^2+x^2=(x-4)^2$　　　　B. $8^2+(x+4)^2=x^2$

C. $8^2+(x-4)^2=x^2$　　　　D. $x^2+8^2=(x+4)^2$

403130202 政府计划将如图所示的四边形闲置地修建成市民休闲区．已知∠C=90°，AB=200 m，AD=150 m，BC=70 m，CD=240 m．政府计划投入240万元进行打造，预计每平方米的费用为100元．通过计算说明政府投入的费用是否够用．

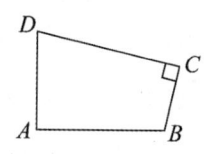

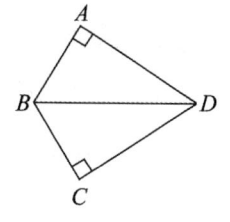

403140101 如图，∠BAD=∠BCD=90°，AB=CB，可以证明△BAD≌△BCD的理由是_____．

403140102 如图，已知 $AC \perp BC$，$BD \perp AD$，AC 与 BD 交于 O，$AC=BD$. 求证：$BC=AD$.

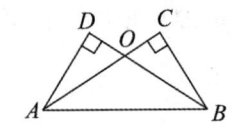

403140201 老师在画 $\angle AOB$ 的平分线 OP 时，在边 OA，OB 上分别取 $OM=ON$，再分别过点 M，N，作 OA，OB 的垂线，交点为 P，画射线 OP，得到 $\triangle OMP \cong \triangle ONP$ 的依据是_____.

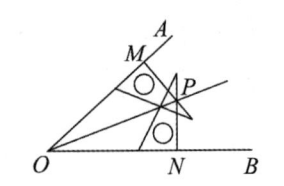

403140202 如图 1，在四边形 $ABCD$ 中，$AB=AD$，$CB=CD$，称四边形 $ABCD$ 是筝形，如图 2，在四边形 $ABCD$ 中，$AB=AD$，$\angle B=\angle D=90°$，小明同学分析思考后发现：这时四边形 $ABCD$ 是筝形. 请你帮助小明同学证明他发现的结论.

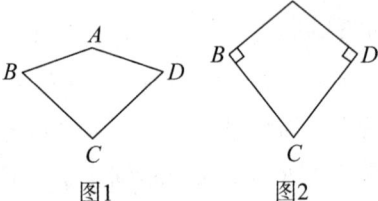

图1　　图2

403150101 如图，小明用铅笔可以支起一张质地均匀的三角形卡片，则他支起的这个点应是三角形三条_____的交点.

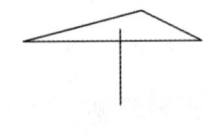

403150102 如图所示的网格由边长相同的小正方形组成，点 A，B，C，D，E，F，G 均在小正方形的顶点上，则 $\triangle ABC$ 的重心是（　　）

A．点 D　　B．点 E
C．点 F　　D．点 G

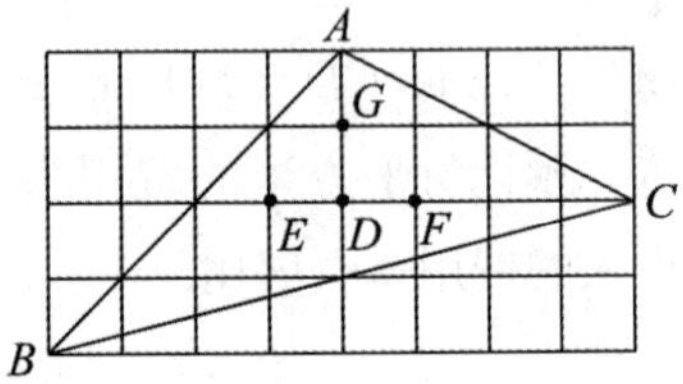

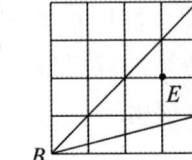

403150201 如图，点 G 是 $\triangle ABC$ 的重心，$GE \parallel AC$ 交 BC 于点 E. 如果 $AC=12$，那么 GE 的长为（　　）

A．3　　B．4
C．6　　D．8

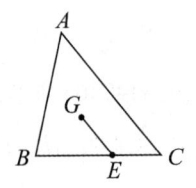

第4章 图形的性质

403150202 如图,点 F 为 $\triangle ABC$ 的重心,连接 BF 并延长,交 AC 于点 D,连接 CF 并延长,交 AB 于点 E. 若 $S_{\triangle ABC}=15$,则四边形 $ADFE$ 的面积为 _____.

403160101 如图,已知线段 a,b,$\angle\alpha=90°$,用尺规作一个直角三角形,使其两条直角边分别等于已知线段 a,b.(不写作法,保留作图痕迹)

403160102 如图所示,已知 $\angle\alpha$ 和线段 a,用尺规作一个 $\triangle ABC$,使 $\angle A=\angle\alpha$,$AB=2a$,$AC=a$.(保留作图痕迹,不写作法)

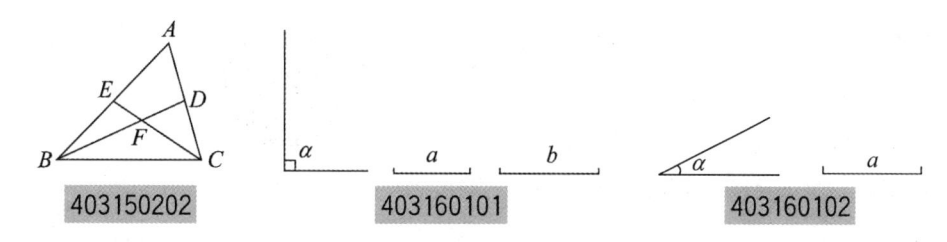

403150202   403160101   403160102

403160201 如图,给出了尺规作等腰三角形的三种作法,

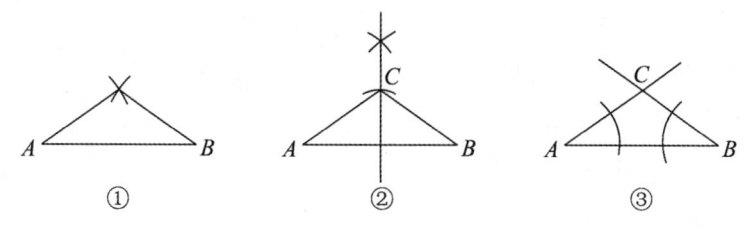

①   ②   ③

认真观察作图痕迹,下面的已知分别对应作图顺序正确的是( )

Ⅰ. 已知等腰三角形的底边和底边上的高;

Ⅱ. 已知等腰三角形的底边和腰;

Ⅲ. 已知等腰三角形的底边和一底角.

A. ①②③   B. ②①③   C. ③①②   D. ②③①

403160202 小明发现,任意一个直角三角形都可以分割成两个等腰三角形.

已知:在 $\triangle ABC$ 中,$\angle ACB=90°$.

求作:线段 CD,使得线段 CD 将 $\triangle ABC$ 分割成两个等腰三角形.

请你利用直尺和圆规帮小明完成作图(保留作图痕迹).

135

404010101 在如图所示的图形中，属于多边形的有（　　）

A. 2 个　　B. 3 个　　C. 4 个　　D. 5 个

404010102 从一个多边形的顶点出发作对角线，可将这个多边形分割成五个三角形，则这个多边形边数是（　　）

A. 8　　B. 7　　C. 6　　D. 5

404010201 如图 1 是我国古建筑墙上采用的八角形空窗，其轮廓是一个正八边形，窗外之境如同镶嵌于一个画框之中．如图 2 是八角形空窗的示意图，它的一个外角 ∠1 的度数为（　　）

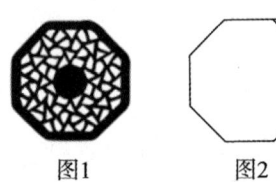

A. 45°　　B. 60°　　C. 110°　　D. 135°

404010202 如图 1 所示的是一把木工台锯时使用的六角尺，它能提供常用的几种测量角度．在图 2 的六角尺示意图中，x 的值为（　　）

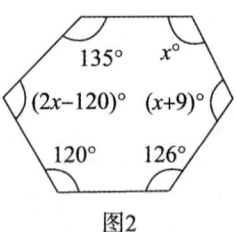

A. 135　　B. 120　　C. 112.5　　D. 112

404020101 如图，为了体验四边形的不稳定性，将四根木条用钉子钉成一个矩形框架 ABCD，然后向右拉动框架，给出如下的判断：

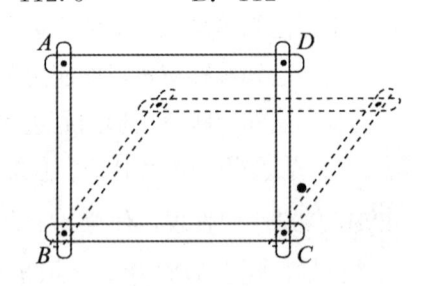

①四边形 ABCD 为平行四边形；

②对角线 BD 的长度不变；

③四边形 ABCD 的面积不变；

④四边形 ABCD 的周长不变．

其中所有正确的结论是_____．

404020102 请列举一条菱形、矩形、正方形都有的一条性质：_____．

404020201 你在学习平行四边形、矩形、菱形、正方形等特殊四边形的过程中，一定积累了不少学习经验，请你利用自己的数学活动经验解决下面的问题：

小明发现在四边形中还有一种特殊的四边形——"两组邻边分别相等且任意一组对边不相等的四边形"，小明把这种四边形叫做"筝形".

（1）请你先在图中的方格纸中画出一个这种四边形；

（2）请你用文字语言写出这种四边形的四种性质：

① _____ ；

② _____ ；

③ _____ ；

④ _____ ．

404020202 如图甲，我们把对角线相互垂直的四边形叫做垂美四边形.

（1）【概念理解】我们已经学习了①平行四边形、②菱形、③矩形、④正方形，在这四种图形中是垂美四边形的是_____（填序号）.

（2）【性质探究】小美同学猜想"垂美四边形两组对边的平方和相等"，即，如图甲，在四边形 $ABCD$ 中，若 $AC \perp BD$，则 $AB^2 + CD^2 = AD^2 + BC^2$．请判断小美同学的猜想是否正确，并说明理由．

（3）【问题解决】如图乙，在 $\triangle ABC$ 中，$BC=3$，$AC=4$，D，E 分别是 AC，BC 的中点，连接 AE，BD，有 $AE \perp BD$，求 AB.

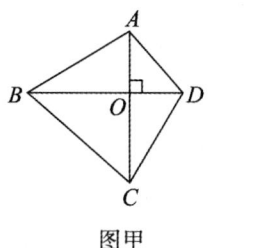

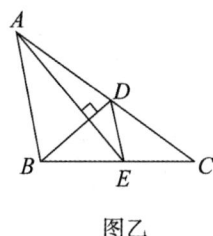

图甲　　　图乙

404030101 证明：平行四边形的对角线互相平分．（提示：画出图形并写出已知、求证及证明过程）

404030102 在四边形 $ABCD$ 中，对角线 AC 与 BD 交于点 O．下列条件中，不能判定四边形 $ABCD$ 是平行四边形的是（　　）

    A. $AB/\!/CD$，$AB=CD$ B. $OA=OC$，$OB=OD$

    C. $AB/\!/CD$，$AD=BC$ D. $AB=CD$，$AD=BC$

404030201 如图，现有一把直尺和一块三角尺，其中 $\angle ABC=90°$，$\angle CAB=60°$，$AB=8$，点 A 对应直尺的刻度为 12．将该三角尺沿着直尺边缘平移，使得△ABC 移动到△$A'B'C'$，点 A' 对应直尺的刻度为 0，则四边形 $ACC'A'$ 的面积是_____．

404030202 如图，平行四边形 $ABCD$ 的对角线 AC，BD 相交于点 O，点 E，F 在对角线 BD 上，且 $BE=EF=FD$，连接 AE，EC，CF，FA．求证：四边形 $AECF$ 是平行四边形．

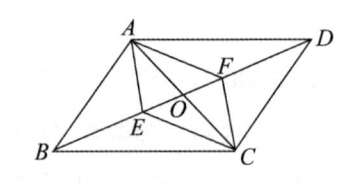

404040101 如图，直线 $a/\!/b$，则它们之间的距离是（　　）

    A. 线段 PA 的长度   B. 线段 PB 的长度

    C. 线段 PC 的长度   D. 线段 PD 的长度

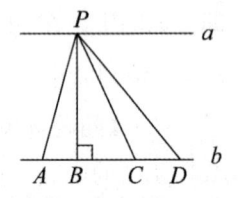

404040102 在同一平面内，已知 $a/\!/b/\!/c$．若直线 a，b 间的距离为 3 cm，直线 a，c 间的距离为 5 cm，则直线 b，c 间的距离是_____．

404040201 如图，$AD/\!/BC$，$\angle ABC$ 的角平分线 BP 与 $\angle BAD$ 的角平分线 AP 相交于点 P，作 $PE\perp AB$ 于点 E，若两平行线 AD 与 BC 间的距离为 4，则 $PE=$（　　）

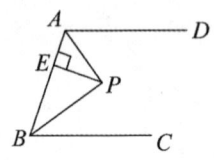

    A. 4   B. 2   C. 8   D. 6

404040202 如图是 4×4 正方形网格，请仅用无刻度的直尺按下列要求作图.

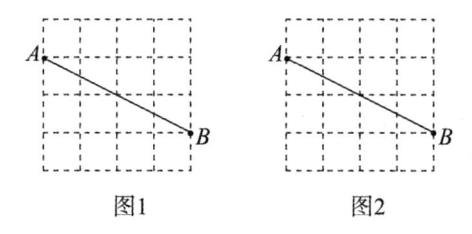

图1　　　　图2

（1）在图 1 中，作 AB 的垂直平分线；

（2）在图 2 中，作直线 $CD/\!/AB$，使两平行线间的距离为 $\dfrac{\sqrt{5}}{2}$.

404050101 如图，已知平行四边形 $ABCD$ 的对角线 AC，BD 相交于点 O，下列选项能使平行四边形 $ABCD$ 成为矩形的条件是（　　）

A. $AB=AD$
B. $\angle AOB=60°$
C. $AC=BD$
D. $AC\perp BD$

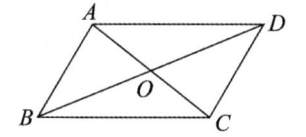

404050102 学习了四边形之后，小颖同学用如下图所示的方式表示了四边形与特殊四边形的关系，则图中的"M"和"N"分别表示（　　）

A. 平行四边形，正方形
B. 正方形，菱形
C. 正方形，矩形
D. 矩形，菱形

404050201 【教材呈现】人教八年级下册数学教材第 59 页的部分内容.

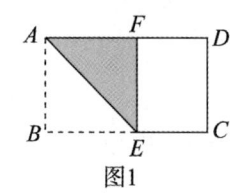

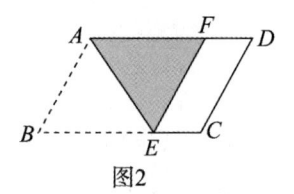

图1　　　　图2

如图 1，把一张矩形纸片按图中的方式折一下，就可以裁出正方形纸片，为什么？

(1)【问题解决】如图 1,已知矩形纸片 $ABCD(AD>AB)$,将矩形纸片沿过点 A 的直线折叠,使点 B 落在边 AD 上,点 B 的对应点为 F,折痕为 AE,点 E 在 BC 上.

求证:四边形 $ABEF$ 是正方形.(请完成以下填空)

证明:∵四边形 $ABCD$ 是矩形,

∴$\angle BAD=\angle B=90°$,

∵折叠,$\angle AFE=\angle B=90°$,

∴四边形 $ABEF$ 是矩形(　　　　　　).

∵折叠,∴$AB=AF$,

∴四边形 $ABEF$ 是正方形(　　　　　　).

(2)【问题拓展】如图 2,已知平行四边形纸片 $ABCD(AD>AB)$,将平行四边形纸片沿过点 A 的直线折叠,使点 B 落在边 AD 上,点 B 的对应点为 F,折痕为 AE,点 E 在 BC 上.

求证:四边形 $ABEF$ 是菱形.

404050202 如图,在 $\triangle ABC$ 中,$AB=AC$,$AD\perp BC$,垂足为点 D,AN 是 $\triangle ABC$ 外角 $\angle CAM$ 的平分线,$CE\perp AN$,垂足为点 E.

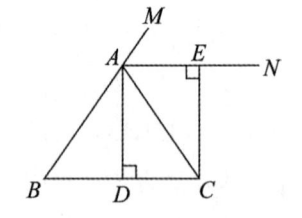

(1)求证:四边形 $ADCE$ 为矩形;

(2)当 $\triangle ABC$ 满足什么条件时,四边形 $ADCE$ 为正方形?并给出证明.

404060101 如图,在 $\triangle ABC$ 中,DE 是 $\triangle ABC$ 的中位线,若 $DE=3$,则 AC 的长为(　　)

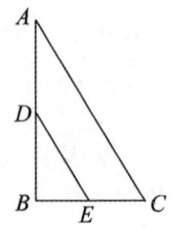

A. 6　　　　　　　　B. 5

C. 4　　　　　　　　D. 3

`404060102` 证明三角形中位线定理：三角形中位线平行于三角形第三边，并且等于第三边的一半.（提示：画出图形，并写出已知、求证及证明过程）

`404060201` 本学期我们研究了三角形的中位线的性质，回顾研究的过程，请回答以下问题：

梯形是有一组对边平行，另一组对边不平行的四边形，连接梯形两腰的中点，得到的线段叫做梯形的中位线. 如图1，EF 就是梯形 $ABCD$ 的中位线，梯形的中位线具有什么性质呢？

小明思考之后给出了如下的证明思路：如图2，连接 AF 并延长，交 BC 的延长线于点 G. 先证 $\triangle ADF$ 和 $\triangle GCF$ 全等，再说明 EF 是 $\triangle ABG$ 的中位线. 经过你的分析，请写出梯形的中位线 EF 和两底 AD、BC 之间的关系并证明.

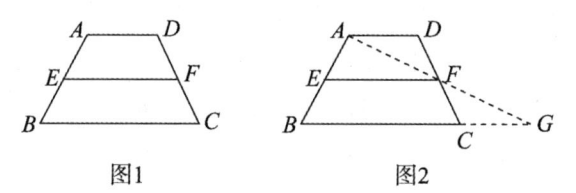

图1　　　图2

`404060202` 阅读下列材料，并完成相应任务.

镜子里的几何问题：

用一面镜子照自己，如果镜子太小，你就看不到自己的整张面孔，换大一点的镜子，你就可以看到整个头部了，如果想看到全身，镜子还得再大一些. 那么，到底要多大的镜子才可以呢？可以用数学的思维思考这个问题. 如图1，AB 表示人的高度，$A'B'$ 表示镜子里人像的高度，PQ 表示与人相平行的镜面，由平面镜成像原理可知像到镜面的距离等于人到镜面的距离. 人与像与镜面都是平行的，E 表示人眼睛的位置，易知 P 是 EA' 的中点，Q 是 EB' 的中点. PQ 是 $\triangle EA'B$ 的中位线，$PQ=\dfrac{1}{2}A'B'$，要想看到人的全身像，

141

镜子大小最少是人身高的一半.

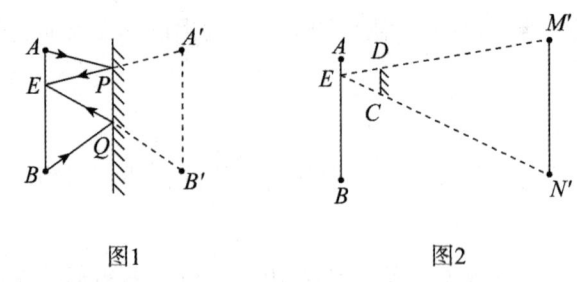

图1　　　　　　图2

如图2，在（1）的条件下已知小亮身高 $MN=1.7$ 米，小亮与镜子 CD 间的距离2米，小明的身高 $AB=1.6$ 米，小明与镜子 CD 间的距离为0.5米，点 E 为小明眼睛的位置，若小明通过镜子可以看到小亮的全身像，求出此时平面镜的最小高度.

405010101 如图，AB 是 ⊙O 的直径，点 C，D 在 ⊙O 上，$BD=CD$，OD∥AC，下列结论错误的是（　　）

　A. $\angle C=\angle D$　　　　B. $\angle BOD=\angle COD$
　C. $\angle BAD=\angle CAD$　　D. $\angle BOD=\angle BAC$

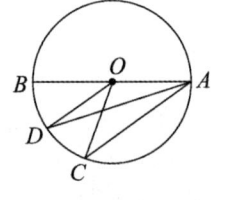

405010102 ⊙O 的半径为 5 cm，点 A 到圆心 O 的距离 $OA=3$ cm，则点 A 与 ⊙O 的位置关系为（　　）

　A. 点 A 在 ⊙O 上　　　　B. 点 A 在 ⊙O 内
　C. 点 A 在 ⊙O 外　　　　D. 无法确定

405010201 如图，点 A，B，C，D 均在 ⊙O 上，且 BD 是直径，点 C 为优弧 BDA 的中点，连接 AB，AC，BC. 若 $\angle ABD=60°$，则 $\angle CBD$ 的度数为（　　）

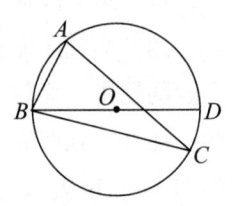

　A. $20°$　　B. $15°$　　C. $25°$　　D. $30°$

405010202 在数轴上，点 A 所表示的实数为3，点 B 所表示的实数为 a，⊙A 的半径为 2. 那么下列说法中不正确的是（　　）

　A. 当 $a<1$ 时，点 B 在 ⊙A 外　　B. 当 $1<a<5$ 时，点 B 在 ⊙A 内
　C. 当 $a<5$ 时，点 B 在 ⊙A 内　　D. 当 $a>5$ 时，点 B 在 ⊙A 外

405020101 求证：垂直于弦的直径平分弦，并且平分弦所对的两条弧．

405020102 如图，AB 是 $\odot O$ 的直径，弦 $CD \perp AB$ 于点 E，$OC = 5$ cm，$CD = 6$ cm，则 $AE =$ ＿＿＿＿．

405020201 如图，"圆材埋壁"是我国古代著名数学著作《九章算术》中的问题："今有圆材，埋在壁中，不知大小，以锯锯之，深一寸，锯道长一尺，问径几何"．用几何语言可表述为：CD 为 $\odot O$ 的直径，弦 $AB \perp CD$ 于点 E，$CE = 1$ 寸，$AB = 10$ 寸，则直径 CD 的长为（　　）

A．12.5 寸　　　B．13 寸　　　C．25 寸　　　D．26 寸

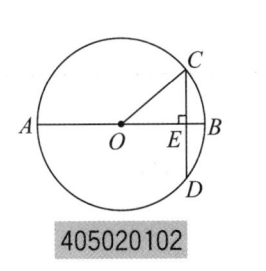

405020102 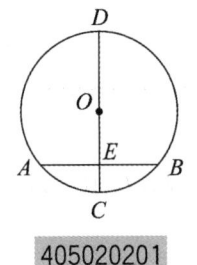　　　　　405020201

405020202 石拱桥是我国古代人民勤劳和智慧的结晶（如图 1），如图 2 是根据某石拱桥的实物图画出的几何图形，桥的主桥拱是圆弧形，表示为 $\overset{\frown}{AB}$．桥的跨度（弧所对的弦长）$AB = 20$ m，设 AB 所在圆的圆心为 O，半径 $OC \perp AB$，垂足为 D，拱高（弧的中点到弦的距离）$CD = 4$ m，则这座石拱桥主桥拱的半径是＿＿＿＿．

图1 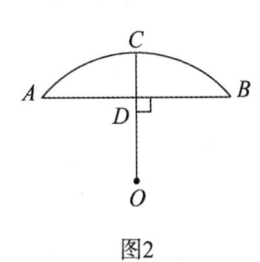　　　　　图2

405030101 我们在课上证明圆周角定理时，需要讨论圆心与圆周角的三种不同位置分别证明，下面给出了情形（1）的证明过程，请你在情形（2）和情形（3）中选择其一证明即可.

圆周角定理：一条弧所对的圆周角等于它所对的圆心角的一半.

已知：如图，在⊙O 中，弧 AB 所对的圆周角是∠ACB，圆心角是∠AOB.

求证：$\angle ACB = \frac{1}{2} \angle AOB$.

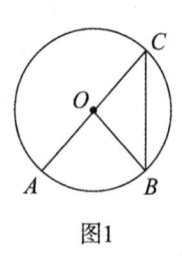

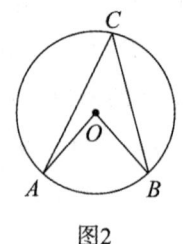

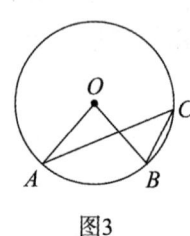

图1　　　　图2　　　　图3

情形 1

证明：如图 1，当圆心 O 在∠ACB 的边上时，

∵ OC＝OB，

∴ ∠C＝∠B.

∵ ∠AOB 是△OBC 中∠COB 的外角，

∴ ∠AOB＝∠C＋∠B.

∴ ∠AOB＝2∠C.

即 $\angle C = \frac{1}{2} \angle AOB$.

请你选择情形 2 或情形 3，并证明.

405030102 如图，△ABC 的顶点在⊙O 上，CD 是⊙O 的直径，连接 BD，∠DCA＝42°，则∠ABC 的度数是（　　）

A．42°　　B．45°　　C．48°　　D．58°

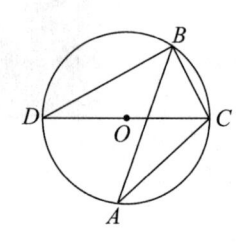

405030201 小宏用直角三角板检查某些工件的弧形凹面是否是半圆，下列工件的弧形凹面一定是半圆的是（   ）

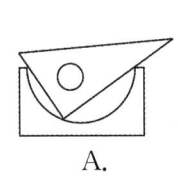

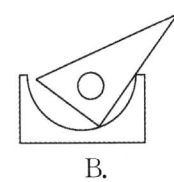

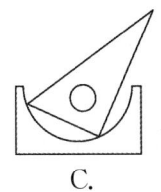

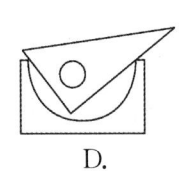

A.　　　　B.　　　　C.　　　　D.

405030202 如图，已知△ABC 内接于⊙O，BC 是⊙O 的直径，AD 平分∠BAC，交⊙O 于点 D，若 BC＝4，则 CD 的长为_____．

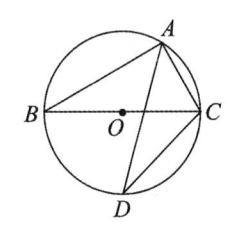

405040101 如图，三个居民小区分别坐落在地图中的 △ABC 三个顶点 A，B，C 处，现要建一个牛奶供应站 P，且该供奶站 P 到三小区 A，B，C 的距离相等，则该供奶站 P 的位置应选在（   ）

　　A．△ABC 三边的垂直平分线的交点

　　B．△ABC 三条中线的交点

　　C．△ABC 三个内角平分线的交点

　　D．△ABC 三条高所在直线的交点

405040102 如图，将△ABC 折叠，使 AC 边落在 AB 边上，展开后得到折痕 AD，再将△ABC 折叠，使 BC 边落在 AB 边上，展开后得到折痕 BE，若 AD 与 BE 的交点为 O，则点 O 是（   ）

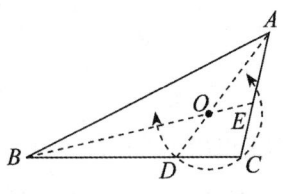

　　A．△ABC 的外心　　　　B．△ABC 的内心

　　C．△ABC 的重心　　　　D．以上都不对

405040201 如图，在平面直角坐标系 xOy 中，A(3，6)，B(1，4)，C(1，0)，则△ABC 外接圆的圆心坐标是（   ）

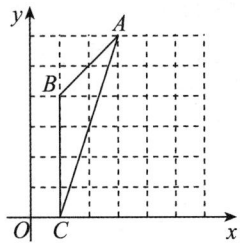

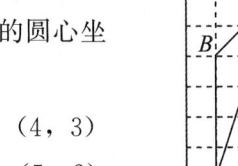

　　A．(4，2)　　　　B．(4，3)

　　C．(5，3)　　　　D．(5，2)

145

`405040202` 如图，点 O 是 $\triangle ABC$ 的内切圆的圆心，若 $\angle A = 80°$，则 $\angle BOC$ 的度数为（　　）

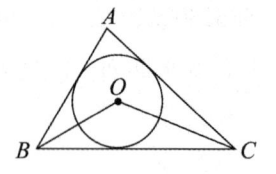

  A. $130°$ B. $120°$

  C. $100°$ D. $90°$

`405050101` $\odot O$ 的半径为 3，点 O 到直线 l 的距离为 4，则能反映直线 l 与 $\odot O$ 位置关系的图形为（　　）

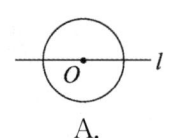

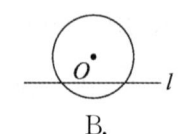

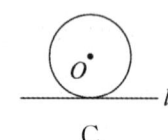

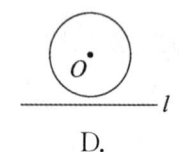

  A.   B.   C.   D.

`405050102` Rt$\triangle ABC$ 中，$\angle C = 90°$，$AC = 3$，$BC = 4$，以点 C 为圆心，r 为半径作 $\odot C$，则正确的是（　　）

  A. 当 $r = 2$ 时，直线 AB 与 $\odot C$ 相交

  B. 当 $r = 3$ 时，直线 AB 与 $\odot C$ 相离

  C. 当 $r = 2.4$ 时，直线 AB 与 $\odot C$ 相切

  D. 当 $r = 4$ 时，直线 AB 与 $\odot C$ 相切

`405050201` 已知 $\odot O$ 的半径是一元二次方程 $x^2 - 7x + 12 = 0$ 的一个根，圆心 O 到直线 l 的距离 $d = 3$，则直线 l 与 $\odot O$ 的位置关系是（　　）

  A. 相交   B. 相切

  C. 相离或相切   D. 相交或相切

`405050202` 如图，PA，PB 分别切 $\odot O$ 于点 A，B，点 E 是 $\odot O$ 上一点，且 $\angle P = 100°$，则 $\angle E$ 的度数为 _____．

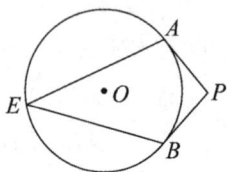

`405060101` 已知：在 $\triangle ABC$ 中，$AB = AC$，求作 $\triangle ABC$ 外接圆．（要求：尺规作图，保留作图痕迹，不写作法）

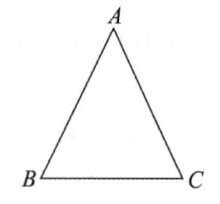

405060102 如图所示，已知⊙O，求作⊙O 的内接正方形.（要求：尺规作图，保留作图痕迹，不写作法）

405060201 如图，点 A，B，C，D 均在直线 l 上，点 P 在直线 l 外，则经过其中任意三个点，最多可画出圆的个数为（　　）

A. 3 个

B. 4 个

C. 5 个

D. 6 个

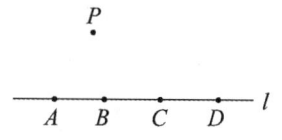

405060202 已知点 A，B，且 $AB<6$，画经过 A，B 两点且半径为 3 的圆有（　　）

A. 0 个　　　　B. 1 个　　　　C. 2 个　　　　D. 无数个

405070101 下面是小东设计的"过圆外一点作这个圆的两条切线"的尺规作图过程.

已知：⊙O 及⊙O 外一点 P.

求作：直线 PA 和直线 PB，使 PA 切⊙O 于点 A，PB 切⊙O 于点 B.

作法：如图，

①连接 OP，分别以点 O 和点 P 为圆心，两段大于 $\frac{1}{2}OP$ 的同样长为半径作弧，两弧分别交于点 M，N；

②连接 MN，交 OP 于点 Q，再以点 Q 为圆心，OQ 的长为半径作弧，交⊙O 于点 A 和点 B；

③作直线 PA 和直线 PB.

所以直线 PA 和 PB 就是所求作的直线.

根据小东设计的尺规作图过程，

(1) 使用直尺和圆规，补全图形；（保留作图痕迹）

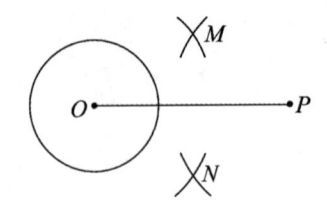

(2) 完成下面的证明.

证明：∵ OP 是 ⊙O 的直径，

∴ ∠OAP = ∠OBP = _____ °（_____）（填推理的依据）.

∴ PA⊥OA，PB⊥OB.

∵ OA，OB 为 ⊙O 的半径，

∴ PA，PB 是 ⊙O 的切线.

405070102 已知 ⊙O 的半径为 3 cm，点 P 和圆心 O 的距离为 6 cm. 过点 P 画 ⊙O 的两条切线，求这两条切线的切线长.

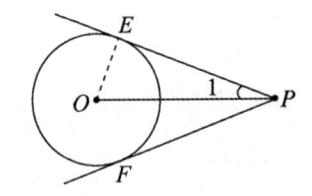

405070201 已知：如图，PA 是 ⊙O 的切线，A 为切点.

(1) 求作：⊙O 的另一条切线 PB，B 为切点.

(2) 求证：PB 是 ⊙O 的切线.

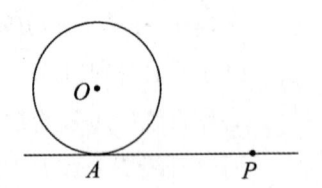

405070202 如图，是用尺规过圆外一点 P 作已知圆 O 的切线的三种作法，请你任选一种证明．

作法一	作法二	作法三
作 PO 中垂线交 PO 于点 D，再以 D 为圆心，DP 为半径，作圆 D 交圆 O 于点 A，连接 PA．	以 O 为圆心，OP 为半径作圆弧交 PO 延长线于 D，再以 D 为圆心，BC 为半径作弧，两弧交于点 A，连接 PA．	先用尺规过点 D 作 PD 垂线，再以 O 为圆心，OP 为半径画弧交垂线 DM 于 B，再以 P 为圆心，BD 为半径画弧交圆 O 于点 A，连接 PA．

405080101 证明：过圆外一点所画的圆的两条切线长相等．

405080102 如图，已知 PA，PB 是 $\odot O$ 的两条切线，A，B 为切点，线段 OP 交 $\odot O$ 于点 M．给出下列四种说法：

①$PA=PB$；

②$OP \perp AB$；

③四边形 $OAPB$ 有外接圆；

④M 是 $\triangle AOP$ 外接圆的圆心．

其中正确说法的是_____．

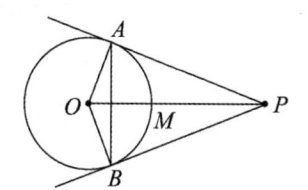

405080201 如图，四边形 $ABCD$ 是 $\odot O$ 的外切四边形，且 $AB=10$，$CD=12$，则四边形 $ABCD$ 的周长为_____.

405080202 如图，$\triangle ABC$ 是一张三角形的纸片，$\odot O$ 是它的内切圆，点 D 是其中的一个切点，已知 $AD=10$ cm，小明准备用剪刀沿着与 $\odot O$ 相切的任意一条直线 MN 剪下一块三角形（$\triangle AMN$），则剪下的 $\triangle AMN$ 的周长为（ ）

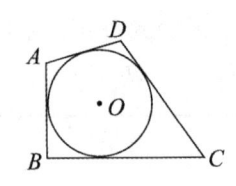

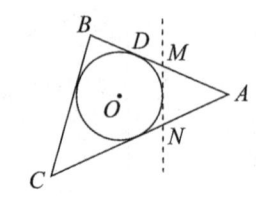

  A. 20 cm   B. 15 cm

  C. 10 cm   D. 随直线 MN 的变化而变化

405090101 一个扇形的圆心角为 $60°$，它所对的弧长为 2π cm，则这个扇形的半径为（ ）

  A. 6 cm   B. 12 cm   C. $2\sqrt{3}$ cm   D. $\sqrt{6}$ cm

405090102 已知一个扇形的圆心角为 $100°$，半径是 6，则这个扇形的面积是（ ）

  A. 15π B. 10π C. 5π D. 2.5π

405090201 图 1 是欢乐谷游乐园门口遮阳伞落地支架，图 2 是其示意图. 支架主体部分是一段圆弧，弧长占所在圆周长的三分之一，且所在圆的圆心恰好在支架顶端 B 的正下方. 若点 B 离地高度为 2.7 m，则制作支架所需的钢管长度（即弧长）为_____m.（结果保留 π）

图1   图2

405090202 如图，某数学兴趣小组将边长为 5 的正方形铁丝框 $ABCD$ 变形为以点 A 为圆心，AB 长为半径的扇形（忽

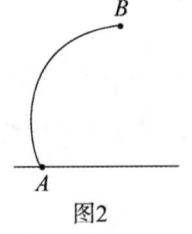

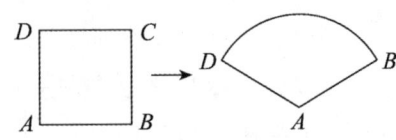

略铁丝的粗细），则所得扇形 DAB 的面积为（　　）

A．22　　　　　B．23　　　　　C．24　　　　　D．25

405100101 如图，正六边形 ABCDEF 内接于⊙O，正六边形的周长是 12，则 ⊙O 的半径是_____．

405100102 如图，⊙O 是等边三角形 ABC 的外接圆，⊙O 的半径为 3，则等边三角形 ABC 的边长为（　　）

A．$\sqrt{3}$　　　B．$\sqrt{2}$　　　C．$3\sqrt{3}$　　　D．$3\sqrt{2}$

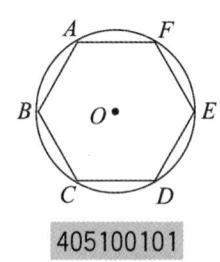

405100101

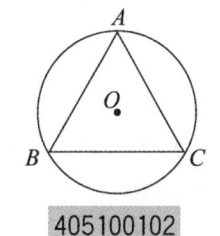

405100102

405100201 如图，⊙O 是正五边形 ABCDE 的外接圆，这个正五边形的边长为 a，半径为 R，边心距为 r，则下列关系式错误的是（　　）

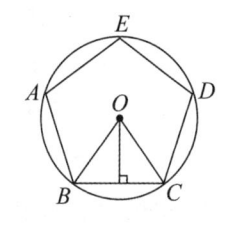

A．$R^2-r^2=a^2$　　　　B．$a=2R\sin 36°$
C．$a=2r\tan 36°$　　　　D．$r=2R\cos 36°$

405100202 我们都知道蜂巢是很多个正六边形组合来的．正六边形蜂巢的建筑结构密合度最高、用材最少、空间最大、也最为坚固．如图，某蜂巢的房孔是边长为 6 的正六边形 ABCDEF，若⊙O 的内接正六边形为正六边形 ABCDEF，则 BF 的长为（　　）

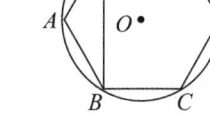

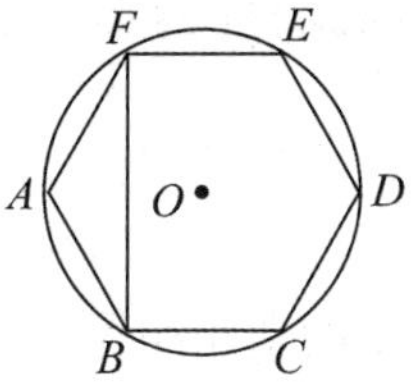

A．12　　　　B．$6\sqrt{2}$　　　　C．$6\sqrt{3}$　　　　D．$12\sqrt{3}$

151

406010101 下列语句是命题的是（　　）

    A. 画一条直线　B. 正数都大于零　C. 多彩的青春　D. 明天晴天吗？

406010102 下列语句中，属于定义的是（　　）

    A. 两点确定一条直线

    B. 平行线的同位角相等

    C. 两点之间线段最短

    D. 直线外一点到直线的垂线段的长度，叫做点到直线的距离

406010201 下列语句中，属于定理的是（　　）

    A. 在直线 AB 上取一点 E

    B. 同位角相等

    C. 如果两个角相等，那么这两个角是对顶角

    D. 同角的补角相等

406010202 下面关于公理和定理的联系说法不正确的是（　　）

    A. 公理和定理都是真命题

    B. 公理就是定理，定理也是公理

    C. 公理和定理都可以作为推理论证的依据

    D. 公理的正确性不需证明，定理的正确性需证明

406020101 命题"平行于同一条直线的两条直线互相平行"的条件是（　　）

    A. 平行　　　　　　　　　　B. 两条直线

    C. 同一条直线　　　　　　　D. 两条直线平行于同一条直线

406020102 将命题"对顶角相等"的题设和结论互换，得到的新命题是____命题.（填"真"或"假"）

406020201 下列命题为真命题的是_____.

    ①如果 $a>b>0$，那么 $\sqrt{a}>\sqrt{b}$　　②全等三角形的对应角相等

    ③对顶角相等　　　　　　　　　　④如果 $a^2=b^2$，那么 $a=b$

406020202 "同角的余角相等"，这个命题改写成如果……那么……形式应该为_____；它的逆命题是_____.

406030101 试说明若"$\angle A+\angle B=180°$,$\angle C+\angle D=180°$,$\angle A=\angle C$,则 $\angle B=\angle D$"是真命题. 以下是排乱的推理过程:

①因为$\angle A=\angle C$(已知);

②因为$\angle A+\angle B=180°$,$\angle C+\angle D=180°$(已知);

③所以$\angle B=180°-\angle A$,$\angle D=180°-\angle C$(等式的性质);

④所以$\angle B=\angle D$(等量代换);

⑤所以$\angle B=180°-\angle C$(等量代换).

正确的顺序是( )

A. ①→③→②→⑤→④　　　　B. ②→③→⑤→①→④

C. ②→③→①→⑤→④　　　　D. ②→⑤→①→③→④

406030102 某学习小组发现,当$n=0$,1,2,3,4时,代数式n^2-3n+7的值都是质数,于是得到结论:对于所有自然数n,代数式n^2-3n+7的值都是质数. 你认为这个结论正确吗?说明理由.

n	0	1	2	3	4
n^2-3n+7	7	5	5	7	11
是否为质数	是	是	是	是	是

406040101 判断命题"如果$n<1$,那么$n^2-2<0$"是假命题,只需举出一个反例. 反例中的n可以为( )

A. $\dfrac{1}{2}$　　　　B. 0　　　　C. -1　　　　D. -2

406040102 下列可以作为命题"若$x>y$,则$x^2>y^2$"是假命题的反例是( )

A. $x=-2$,$y=-1$　　　　B. $x=2$,$y=-1$

C. $x=-1$,$y=-2$　　　　D. $x=2$,$y=1$

406050101 利用反证法证明"一个三角形中,至少有一个内角小于或等于60°"时,应假设_____.

406050102 已知实数 a，b，c，m，n 满足 $3m+n=\dfrac{b}{a}$，$mn=\dfrac{c}{a}$.

(1) 求证：b^2-12ac 为非负数；

(2) 若 a，b，c 均为奇数，m，n 是否可以都为整数？说明你的理由.

五、单元评价

A 卷

一、选择题：本题共 10 小题，每小题 5 分，共 50 分.

1. 下列各组数中，能作为一个三角形三边边长的是（　　）

   A. 1，1，2   B. 1，2，4

   C. 2，3，4   D. 2，3，5

2. 如图，直线 AB 与 CD 相交于点 O，则 $\angle BOD=$（　　）

   A. $40°$ B. $50°$

   C. $55°$ D. $60°$

3. 下列图形是棱锥侧面展开图的是（　　）

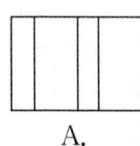

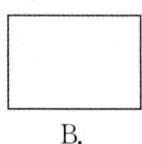

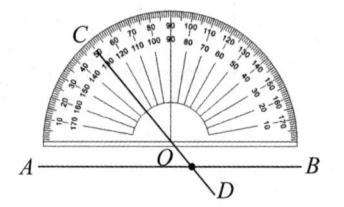

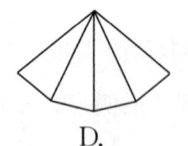

   A.   B.   C.   D.

4. 已知正多边形的一个外角为 $36°$，则该正多边形的边数为（　　）

   A. 12   B. 10

   C. 8   D. 6

5. 如图，某研究性学习小组为测量学校 A 与河对岸工厂 B 之间的距离，在学校附近选一点 C，利用测量仪器测得 $\angle A=60°$，$\angle C=90°$，$AC=2$ km，据此，

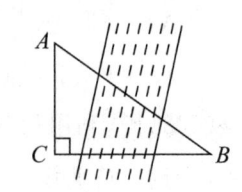

可求得学校与工厂之间的距离 AB 等于（ ）

A. 2 km　　　　　　　　B. 3 km

C. $2\sqrt{3}$ km　　　　　　D. 4 km

6. 如图，面积为 1 的等边三角形 ABC 中，D，E，F 分别是 AB，BC，CA 的中点，则△DEF 的面积是（ ）

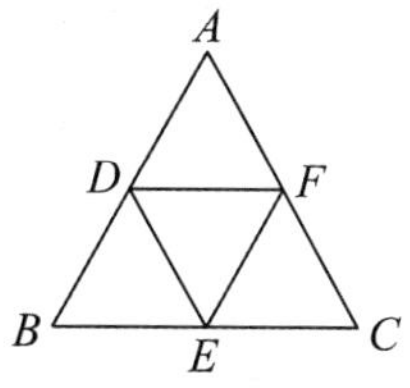

A. 1　　　　　　　　B. $\dfrac{1}{2}$

C. $\dfrac{1}{3}$　　　　　　　D. $\dfrac{1}{4}$

7. 如图，AD 是等腰三角形 ABC 的顶角平分线，BD＝5，则 CD 等于（ ）

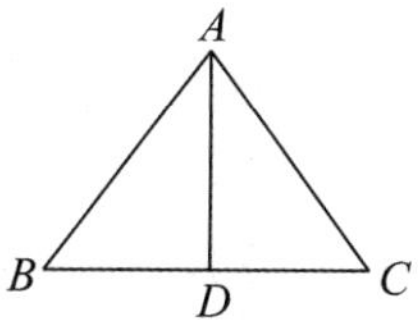

A. 10　　　　　　　B. 5

C. 4　　　　　　　D. 3

8. 如图，AB 是⊙O 的直径，C，D 是⊙O 上位于 AB 异侧的两点．下列四个角中，一定与∠ACD 互余的角是（ ）

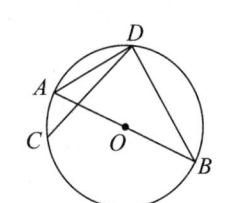

A. ∠ADC　　　　　B. ∠ABD

C. ∠BAC　　　　　D. ∠BAD

9. 如图，四边形 ABCD 内接于⊙O，AB＝CD，A 为劣弧 $\overset{\frown}{BD}$ 的中点，∠BDC＝60°，则∠ADB 等于（ ）

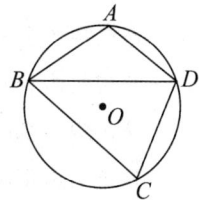

A. 40°　　　　　　B. 50°

C. 60°　　　　　　D. 70°

10. 如图，矩形 ABCD 的对角线 AC，BD 相交于点 O．若∠AOB＝60°，则 $\dfrac{AB}{BC}$ ＝（ ）

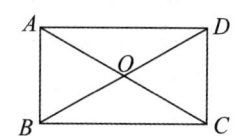

A. $\dfrac{1}{2}$　　　　　　　B. $\dfrac{\sqrt{3}-1}{2}$

C. $\dfrac{\sqrt{3}}{2}$　　　　　　D. $\dfrac{\sqrt{3}}{3}$

二、填空题：本题共 6 小题，每小题 5 分，共 30 分.

11. 如图，在 △ABC 中，D，E 分别是 AB，AC 的中点. 若 BC＝12，则 DE 的长为＿＿＿＿＿．

12. 如图，AD 是 △ABC 的角平分线，若 ∠B＝90°，BD＝$\sqrt{3}$，则点 D 到 AC 的距离是＿＿＿＿＿．

第 11 题　　第 12 题

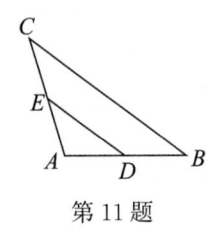

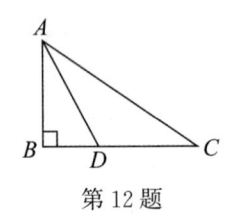

13. 一个扇形的圆心角是 90°，半径为 4，则这个扇形的面积为＿＿＿＿＿．（结果保留 π）

14. 如图，在 □ABCD 中，O 为 BD 的中点，EF 过点 O 且分别交 AB，CD 于点 E，F. 若 AE＝10，则 CF 的长为＿＿＿＿＿．

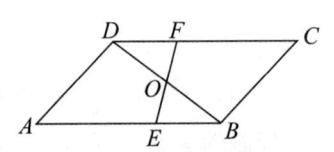

15. 推理是数学的基本思维方式. 若推理过程不严谨，则推理结果可能产生错误. 例如，有人声称可以证明"任意一个实数都等于 0"，并证明如下：

    设任意一个实数为 x，令 $x＝m$，

    等式两边都乘以 x，得 $x^2＝mx$. ①

    等式两边都减 m^2，得 $x^2－m^2＝mx－m^2$. ②

    等式两边分别分解因式，得 $(x＋m)(x－m)＝m(x－m)$. ③

    等式两边都除以 $(x－m)$，得 $x＋m＝m$. ④

    等式两边都减 m，得 $x＝0$. ⑤

    所以任意一个实数都等于 0.

    以上推理过程中，开始出现错误的那一步对应的序号是＿＿＿＿＿．

16. 如图，在平面直角坐标系中，已知点 A(1, 0)，点 B(0，－3)，点 C 在 x 轴上，且点 C 在点 A 右方，连接 AB，BC，若 $\tan\angle ABC＝\dfrac{1}{3}$，则点 C 的坐标为＿＿＿＿＿．

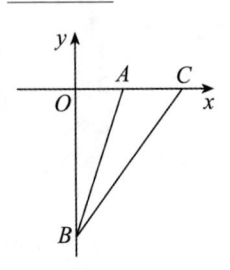

三、解答题：本题共 2 小题，共 20 分.

17. 如图，$OA=OC$，$OB=OD$，$\angle AOD=\angle COB$. 求证：$AB=CD$.

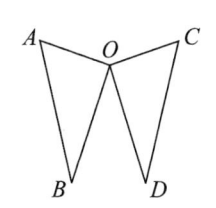

18. 如图，已知 $\triangle ABC$ 内接于 $\odot O$，CO 的延长线交 AB 于点 D，交 $\odot O$ 于点 E，交 $\odot O$ 的切线 AF 于点 F，且 $AF/\!/BC$.

    (1) 求证：$AO/\!/BE$；

    (2) 求证：AO 平分 $\angle BAC$.

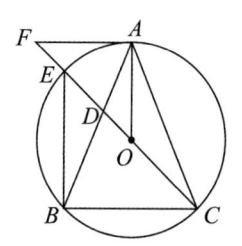

B 卷

一、选择题：本题共 10 小题，每小题 5 分，共 50 分.

1. 若某三角形的三边长分别为 3，4，m，则 m 的值可以是（　　）

    A. 1　　　　　B. 5　　　　　C. 7　　　　　D. 9

2. 如图，直线 c 与直线 a，b 都相交. 若 $a/\!/b$，$\angle 1=35°$，则 $\angle 2=$（　　）

    A. 145°　　　　　　　　B. 65°

    C. 55°　　　　　　　　D. 35°

3. 在 $\triangle ABC$ 中，$\angle B=60°$，$AB=4$，若 $\triangle ABC$ 是锐角三角形，则满足条件的 BC 长可以是（　　）

    A. 1　　　　　B. 2　　　　　C. 6　　　　　D. 8

4. 如图，点 E、点 F 在 BC 上，$BE=CF$，$\angle B=\angle C$，添加一个条件，不能证明 $\triangle ABF \cong \triangle DCE$ 的是（　　）

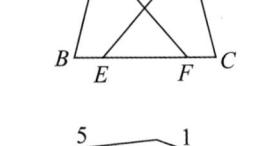

   A. $\angle A=\angle D$

   B. $\angle AFB=\angle DEC$

   C. $AB=DC$

   D. $AF=DE$

5. 平面内，将长分别为 1，5，1，1，d 的线段，顺次首尾相接组成凸五边形，则 d 可能是（　　）

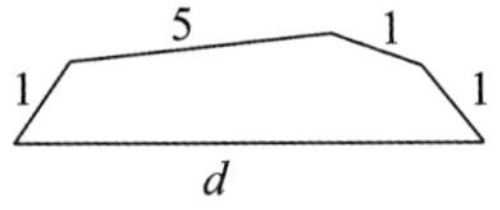

   A. 1　　B. 2　　C. 7　　D. 8

6. 如图，点 F 在正五边形 $ABCDE$ 的内部，$\triangle ABF$ 为等边三角形，则 $\angle AFC$ 等于（　　）

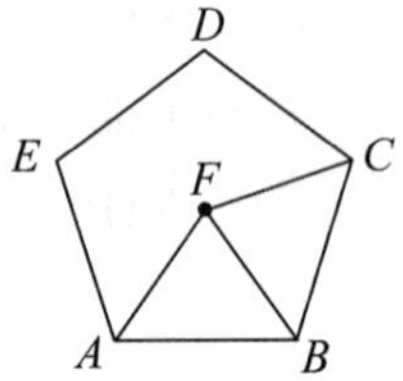

   A. $108°$　　　　　　　　B. $120°$

   C. $126°$　　　　　　　　D. $132°$

7. 如图，将三角形纸片剪掉一角得四边形，设 $\triangle ABC$ 与四边形 $BCDE$ 的外角和的度数分别为 α，β，则正确的是（　　）

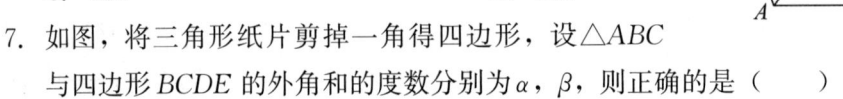

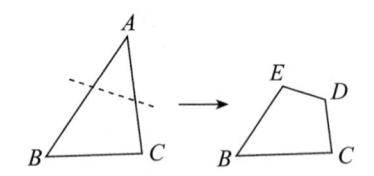

   A. $\alpha-\beta=0$

   B. $\alpha-\beta<0$

   C. $\alpha-\beta>0$

   D. 无法比较 α 与 β 的大小

8. 如图，AB 为 $\odot O$ 的直径，点 P 在 AB 的延长线上，PC、PD 与 $\odot O$ 相切，切点分别为 C、D。若 $AB=6$，$PC=4$，则 $\sin\angle CAD$ 等于（　　）

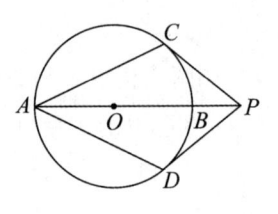

   A. $\dfrac{3}{5}$　　　　　　　　B. $\dfrac{2}{3}$

   C. $\dfrac{3}{4}$　　　　　　　　D. $\dfrac{4}{5}$

9. 阅读以下作图步骤：

   ①在 OA 和 OB 上分别截取 OC，OD，使 $OC=OD$；

   ②分别以 C，D 为圆心，以大于 $\dfrac{1}{2}CD$ 的长为半径作弧，两弧在 $\angle AOB$ 内交于点 M；

③作射线 OM，连接 CM，DM，根据以上作图，一定可以推得的结论是（ ）

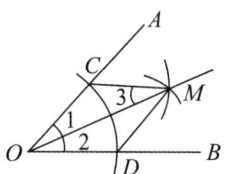

A. $\angle 1 = \angle 2$ 且 $CM = DM$
B. $\angle 1 = \angle 3$ 且 $CM = DM$
C. $\angle 1 = \angle 2$ 且 $OD = DM$
D. $\angle 2 = \angle 3$ 且 $OD = DM$

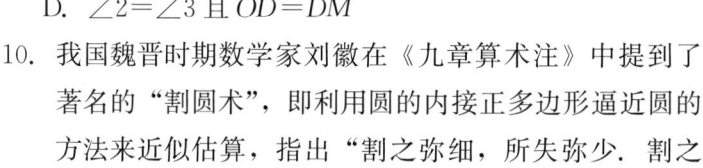

10. 我国魏晋时期数学家刘徽在《九章算术注》中提到了著名的"割圆术"，即利用圆的内接正多边形逼近圆的方法来近似估算，指出"割之弥细，所失弥少．割之又割，以至于不可割，则与圆周合体，而无所失矣"．"割圆术"孕育了微积分思想，他用这种思想得到了圆周率 π 的近似值为 3.1416．如图，⊙O 的半径为 1，运用"割圆术"，以圆内接正六边形面积近似估计⊙O 的面积，可得 π 的估计值为 $\dfrac{3\sqrt{3}}{2}$，若用圆内接正十二边形作近似估计，可得 π 的估计值为（ ）

A. $\sqrt{3}$ B. $2\sqrt{2}$ C. 3   D. $\sqrt{2}$

二、填空题：本题共 6 小题，每小题 5 分，共 30 分．

11. 如图所示的六边形花环是用六个全等的直角三角形拼成的，则 $\angle ABC =$ _____ 度．

12. 如图，在菱形 $ABCD$ 中，$AB = 10$，$\angle B = 60°$，则 AC 的长为 _____．

13. 把两个同样大小的含 45° 角的三角尺按如图所示的方式放置，其中一个三角尺的锐角顶点与另一个的直角顶点重合于点 A，且另三个锐角顶点 B，C，D 在同一直线上．若 $AB = \sqrt{2}$，则 $CD =$ _____．

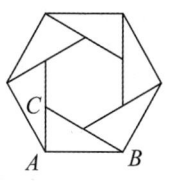

第 11 题 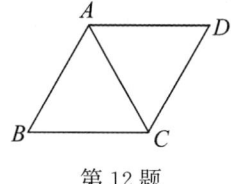　　　第 12 题 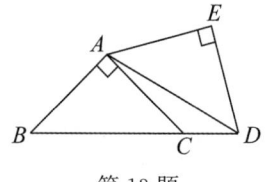　　　第 13 题

14. 如图，边长为 2 的正方形 ABCD 中心与半径为 2 的 ⊙O 的圆心重合，E，F 分别是 AD，BA 的延长线与 ⊙O 的交点，则图中阴影部分的面积是 _____．（结果保留 π）

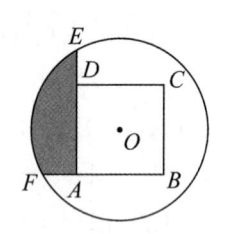

15. 如图，在△ABC 中，以点 C 为圆心，任意长为半径作弧，分别交 AC，BC 于点 D，E；分别以点 D，E 为圆心，大于 $\frac{1}{2}$DE 的长为半径作弧，两弧交于点 F；作射线 CF 交 AB 于点 G，若 AC＝9，BC＝6，△BCG 的面积为 8，则△ACG 的面积为 _____．

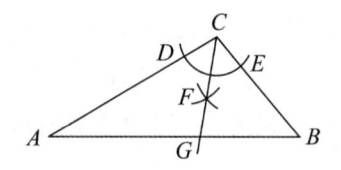

16. 如图，在矩形 ABCD 中，AB＝4，AD＝5，点 E，F 分别是边 AB，BC 上的动点，点 E 不与 A，B 重合，且 EF＝AB，G 是五边形 AEFCD 内满足 GE＝GF 且∠EGF＝90°的点．现给出以下结论：

①∠GEB 和∠GFB 一定互补；

②点 G 到边 AB、BC 的距离一定相等；

③点 G 到边 AD、DC 的距离可能相等；

④点 G 到边 AB 的距离的最大值为 $2\sqrt{2}$．

其中正确的是 _____．（写出所有正确结论的序号）

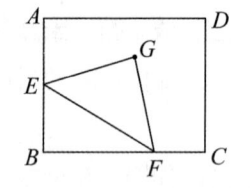

三、解答题：本题共 2 小题，共 20 分．

17. 如图，点 B，F，C，E 在同一条直线上，BF＝EC，AB＝DE，∠B＝∠E．求证：∠A＝∠D．

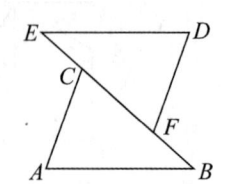

18. 如图，△ABC 内接于⊙O，AD∥BC 交⊙O 于点 D，DF∥AB 交 BC 于点 E，交⊙O 于点 F，连接 AF，CF.

(1) 求证：$AC=AF$；

(2) 若⊙O 的半径为 3，$\angle CAF=30°$，求 $\overset{\frown}{AC}$ 的长（结果保留 π）.

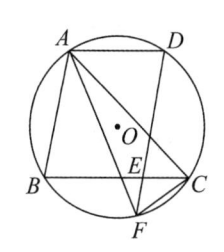

参考答案

附件：测评示例

401010101 （1）圆柱；（2）长方体（四棱柱）；（3）球体；（4）圆锥.

401010102 （1）六棱柱；（2）圆锥；（3）球体；（4）圆柱.

401010201 A	401010202 D
401020101 C	401020102 B
401020201 ①②③	401020202 C
401030101 D	401030102 2
401030201 A	401030202 D
401040101 B	401040102 D
401040201 B	401040202 B
401050101 B	401050102 C

161

401050201 (1)（3＋3m)千米. (2) 13 千米.	
401050202 D	401060101 D
401060102 C	401060201 B
401060202 A	401070101 B
401070102 B	401070201 C
401070202 C	402010101 C
402010102 A	402010201 A
402010202 B	402020101 C
402020102 D	402020201 D
402020202 C	402030101 略
402030102 C	402030201 C
402030202 略	402040101 D
402040102 D	
402040201 (1) √ (2) × (3) √	402040202 D
402050101 B	402050102 5 cm
402050201 A	402050202 $\sqrt{5}-1$
402060101 ∠1 ∠2 ∠3 和∠5	402060102 C
402060201 A	402060202 B
402070101 D	402070102 ①③④
402070201 (1) //; // (2) 不是；同一平面	
402070202 C	402080101 B
402080102 C	402080201 B
402080202 D	402090101 A
402090102 A	402090201 C

第 4 章 图形的性质

402090202 略

402100101 略

402100102 略

402100201 C

402100202 ①②③

402110101 B

402110102 C

402110201 A

402110202 $135°$

402120101 略

402120102 略

402120201 $35°$

402120202 $CD//AB$．理由：略．

402130101 C

402130102 内错角相等，两直线平行

402140101 略

402140102 内错角相等，两直线平行

402140201 四边相等的四边形是菱形，菱形对边平行

402140202 略

402150101 D

402150102 CD；同旁内角互补，两直线平行；CD；EF；平行于同一条直线的两条直线平行

402150201 略

402150202 略

403010101 B

403010102 B

403010201 B

403010202 B

403020101 B

403020102 略

403020201 $75°$

403020202 A

403030101 略

403030102 C

403030201 B

403030202 3

403040101 C

403040102 $50°$

403040201 略

403040202 ①③

403050101 C

403050102 略

403050201 SAS

403050202 $\angle APB=120°$．

403060101 B

403060102 略

163

403060201 C

403070101 SSS

403070201 SSS

403080101 A

403080201 C

403090101 18

403090201 D

403100101 B

403100201 ①③④

403110101 D

403110201 120°

403120101 50°

403120201 C

403130101 B

403130201 D

403140101 HL

403140201 HL

403150101 中线

403150201 B

403160101 略

403160201 B

404010101 B

404010201 A

404020101 ①④

403060202 （1）19；（2）略.

403070102 略

403070202 D

403080102 略

403080202 略

403090102 A

403090202 A

403100102 略

403100202 B

403110102 30°或100°

403110202 $\sqrt{3}$

403120102 2 km

403120202 ①②③

403130102 15

403130202 投入的费用够用.

403140102 略

403140202 略

403150102 A

403150202 5

403160102 略

403160202 略

404010102 B

404010202 C

404020102 略

第4章　图形的性质

404020201 （1）略；（2）①筝形的两组邻边分别相等且任意一组对边不相等；②筝形只有一组对角相等；③筝形的对角线互相垂直；④筝形是轴对称图形.

404020202 （1）②④；（2）猜想正确，理由略；（3）$AB=\sqrt{5}$.

404030101 略

404030102 C

404030201 $96\sqrt{3}$

404030202 略

404040101 B

404040102 2 cm 或 8 cm

404040201 B

404040202 略

404050101 C

404050102 B

404050201 （1）有三个角是直角的四边形为矩形；有一组邻边相等的矩形是正方形.（2）略.

404050202 （1）略；（2）当△ABC 满足∠BAC＝90°时，四边形 ADCE 是一个正方形. 理由：略.

404060101 A

404060102 略

404060201 解：$EF // AD // BC$；$EF=\frac{1}{2}(AD+BC)$. 证明：略.

404060202 平面镜 CD 的最小高度为 0.34 米.

405010101 A

405010102 B

405010201 B

405010202 C

405020101 略

405020102 9 cm

405020201 D

405020202 14.5 m

405030101 略

405030102 C

405030201 A

405030202 $2\sqrt{2}$

405040101 A

405040102 B

405040201 D

405040202 A

165

405050101 D	405050102 C
405050201 D	405050202 40°
405060101 略	405060102 略
405060201 D	405060202 C

405070101 （1）略；（2）90，直径所对的圆周角是直角

405070102 $3\sqrt{3}$ cm.	405070201 略
405070202 略	405080101 略
405080102 ①②③	405080201 44
405080202 A	405090101 A
405090102 B	405090201 1.2π
405090202 D	405100101 2
405100102 C	405100201 A
405100202 C	406010101 B
406010102 D	406010201 D
406010202 B	406020101 D
406020102 假	406020201 ①②③

406020202 如果两个角是同一个角的余角，那么这两个角相等；如果两个角相等，那么这两个角是同一个角的余角

406030101 C	406030102 错误，理由略.
406040101 D	406040102 C

406050101 三角形中每一个内角都大于 60°

406050102 （1）略；（2）m，n 不可能都为整数．理由略．

A 卷

一、选择题：本题共 10 小题，每小题 5 分，共 50 分.

1. C 2. B 3. D 4. B 5. D 6. D 7. B 8. D 9. A 10. D

二、填空题：本题共 6 小题，每小题 5 分，共 30 分.

11. 6 12. $\sqrt{3}$ 13. 4π 14. 10 15. ④ 16. $\left(\dfrac{9}{4}, 0\right)$

三、解答题：本题共 2 小题，共 20 分.

17. 证明：略.   18. 证明：略.

B 卷

一、选择题：本题共 10 小题，每小题 5 分，共 50 分.

1. B 2. D 3. C 4. D 5. C 6. C 7. A 8. D 9. A 10. C

二、填空题：本题共 6 小题，每小题 5 分，共 30 分.

11. 30 12. 10 13. $\sqrt{3}-1$ 14. $\pi-1$ 15. 12 16. ①②④

三、解答题：本题共 2 小题，共 20 分.

17. 证明略

18. (1) 证明略.   (2) $\overset{\frown}{AC}$ 的长为 $\dfrac{5\pi}{2}$.

第 5 章　图形的变化

一、知识结构

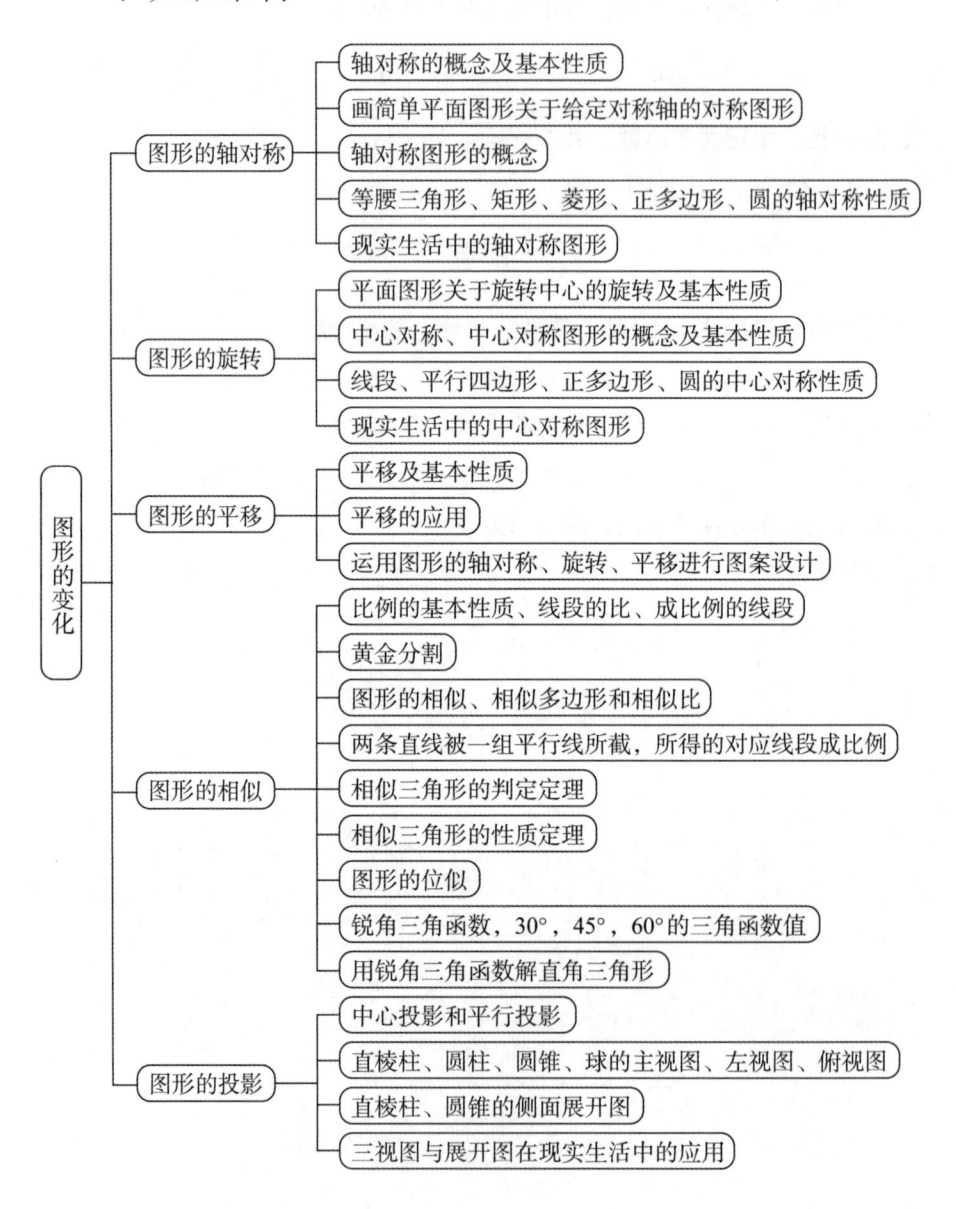

图形的变化
- 图形的轴对称
  - 轴对称的概念及基本性质
  - 画简单平面图形关于给定对称轴的对称图形
  - 轴对称图形的概念
  - 等腰三角形、矩形、菱形、正多边形、圆的轴对称性质
  - 现实生活中的轴对称图形
- 图形的旋转
  - 平面图形关于旋转中心的旋转及基本性质
  - 中心对称、中心对称图形的概念及基本性质
  - 线段、平行四边形、正多边形、圆的中心对称性质
  - 现实生活中的中心对称图形
- 图形的平移
  - 平移及基本性质
  - 平移的应用
  - 运用图形的轴对称、旋转、平移进行图案设计
- 图形的相似
  - 比例的基本性质、线段的比、成比例的线段
  - 黄金分割
  - 图形的相似、相似多边形和相似比
  - 两条直线被一组平行线所截，所得的对应线段成比例
  - 相似三角形的判定定理
  - 相似三角形的性质定理
  - 图形的位似
  - 锐角三角函数，30°，45°，60°的三角函数值
  - 用锐角三角函数解直角三角形
- 图形的投影
  - 中心投影和平行投影
  - 直棱柱、圆柱、圆锥、球的主视图、左视图、俯视图
  - 直棱柱、圆锥的侧面展开图
  - 三视图与展开图在现实生活中的应用

二、学习目标

在初中数学课程中，初中阶段图形与几何领域包括"图形的性质""图形的变化"和"图形与坐标"三个主题．学生将进一步学习点、线、面、角、三角形、多边形和圆等几何图形，从演绎证明、运动变化、量化分析三个方面研究这些图形的基本性质和相互关系．"图形的变化"强调从运动变化的观点来研究图形，理解图形在轴对称、旋转和平移时的变化规律和变化中的不变量．这样的学习过程，有助于学生在空间观念的基础上进一步建立几何直观，提升抽象能力和推理能力．

在初中数学课程中，"图形的变化"要求理解轴对称、旋转、平移这三类基本的图形运动，知道三类运动的基本特征，会用图形的运动认识、理解和表达现实世界中相应的现象；理解几何图形的对称性，感悟现实世界中的对称美，知道可以用数学的语言表达对称；知道直角三角形的边角关系，理解锐角三角函数，能用锐角三角函数解决简单的实际问题；了解图形相似的意义，会判断简单的相似三角形；经历从不同角度观察立体图形的过程，知道简单立体图形的侧面展开图．在这样的过程中，发展几何直观和空间观念．在这样的学习过程中，使学生形成数形结合的思想，培养学生用几何方法解决问题的能力．

内容包括：图形与轴对称、图形与旋转、图形的平移、图形的相似、图形的投影．

三、学业评价

理解轴对称、旋转、平移这三类基本的图形运动，知道三类运动的基本特征，会用图形的运动认识、理解和表达现实世界中相应的现象；理解几何图形的对称性，感悟现实世界中的对称美，知道可以用数学的语言表达对称；知道变化的感知是需要参照物的，可以借助参照物述说变化的基本特征；知道这三类变化有一个基本性质，即图形中任意两点间的距离保持不变，夹角也保持不变．

在这样的过程中，理解几何学的本质，发现自然界中的对称之美，感悟图形有规律变化产生的美,会用几何知识表达物体简单的运动规律,增强对数学学习的兴趣,发展几何直观和空间观念.

理解相似的意义,会判断相似三角形,理解锐角三角函数,会用三角函数解决简单的实际问题;经历从不同角度观察立体图形的过程,知道简单立体图形的侧面展开图.在这样的学习过程中,培养学生的几何直观和空间观念.

关于图形的相似,学生需要理解相似多边形的性质,并能进行简单的计算和应用.学生需要探索并掌握相似三角形的性质,能解决一些简单的实际问题.此外,学生还需要探索并了解位似图形变换的性质,能在方格纸上按要求画出简单图形,能在实际背景中识别位似图形,并了解其性质.关于图形的投影,学生需要了解投影的概念,能认识投影的特性,能根据投影分析物体的形状.此外,学生还需要通过实例了解中心投影和平行投影的区别,并能在方格纸上画出一个简单图形的平行投影.

知识技能方面可以评价学生对相似多边形、相似三角形、位似图形变换等知识的理解和掌握程度;数学思考方面可以评价学生运用数学思维解决问题的能力;问题解决方面可以评价学生运用所学知识解决实际问题的能力;情感态度方面可以评价学生对数学学习的兴趣和态度等.总的来说,应该注重全面性、过程性和发展性,以提高学生的数学素养和综合能力为目标.

四、质量标准

学习内容	学习要求	评价要求	测评示例
1. 图形的轴对称	(1)通过具体实例理解轴对称的概念,探索它的基本性质;成轴对称的两个图形中对应点的连线被对称轴垂直平分.	水平一:能通过具体实例,理解轴对称的概念和基本性质.	501010101 501010102
		水平二:能够将轴对称的概念和基本性质迁移到不同情境中,解决相关问题.	501010201 501010202

第5章 图形的变化

续表

学习内容	学习要求	评价要求	测评示例
	(2) 能画出简单平面图形（点、线段、直线、三角形等）关于给定对称轴的对称图形.	水平一：能画出简单平面图形关于给定对称轴的对称图形.	501020101 501020102
		水平二：能够在不同的情境中，解决简单平面图形关于给定对称轴的对称图形的相关问题.	501020201 501020202
	(3) 理解轴对称图形的概念；探索等腰三角形、矩形、菱形、正多边形、圆的轴对称性质.	水平一：理解轴对称图形的概念，理解等腰三角形、矩形、菱形、正多边形、圆的轴对称性质.	501030101 501030102
		水平二：能够将轴对称图形的概念和特殊轴对称图形的性质迁移到不同情境中，解决相关问题.	501030201 501030202
	(4) 认识并欣赏自然界和现实生活中的轴对称图形.	水平一：能在实际情境中，辨认出生活中的轴对称图形，直观感知轴对称的特征.	501040101 501040102
		水平二：体会轴对称在不同情境中的广泛应用和丰富的文化价值.	501040201 501040202
2. 图形的旋转	(1) 通过具体实例认识平面图形关于旋转中心的旋转，探索它的基本性质：一个图形和旋转得到的图形中，对应点到旋转中心距离相等，两组对应点分别与旋转中心连线所成的角相等.	水平一：能通过具体实例认识平面图形关于旋转中心的旋转，并理解其基本性质.	502010101 502010102
		水平二：能够将旋转的定义和基本性质迁移到不同的情境中，解决相关问题.	502010201 502010202

续表

学习内容	学习要求	评价要求	测评示例
	(2) 了解中心对称、中心对称图形的概念,探索它们的基本性质;成中心对称的两个图形中,对应点的连线经过对称中心,且被对称中心平分.	水平一:能通过具体情境了解中心对称、中心对称图形的概念,并理解其基本性质.	502020101 502020102
		水平二:能够将中心对称、中心对称图形的概念和其基本性质迁移到不同情境中,解决不同的问题.	502020201 502020202
	(3) 探索线段、平行四边形、正多边形、圆的中心对称性质.	水平一:能在具体情境中探索线段、平行四边形、正多边形、圆的中心对称性质.	502030101 502030102
		水平二:能够将线段,平行四边形、正多边形、圆的中心对称性质迁移到不同情境中,解决相关问题.	502030201 502030202
	(4) 认识并欣赏自然界和现实生活中的中心对称图形.	水平一:能在实际情境中,辨认出生活中的中心对称图形,直观感知中心对称图形的特征.	502040101 502040102
		水平二:体会中心对称在不同情境中的广泛应用和丰富的文化价值.	502040201 502040202
3. 图形的平移	(1) 通过具体实例认识平移,探索它的基本性质:一个图形和它经过平移所得的图形中,两组对应点的连线平行(或在同一条直线上)且相等.	水平一:能通过具体实例认识平面图形的平移,理解它的基本性质.	503010101 503010102
		水平二:能将平移的概念和其基本性质应用到不同情境中,解决相关问题.	503010201 503010202

续表

学习内容	学习要求	评价要求	测评示例
	（2）认识并欣赏平移在自然界和现实生活中的应用．	水平一：能在实际情境中，辨认出生活中的平移现象，直观感知平移图形的特征．	503020101 503020102
		水平二：体会平移在不同情境中的广泛应用和丰富的文化价值．	503020201 503020202
	（3）运用图形的轴对称、旋转、平移进行图案设计．	水平一：能运用简单的轴对称、旋转、平移的组合进行一定的图案设计．	503030101 503030102
		水平二：通过具体的情境认识图形之间的变化关系，解决相关问题．	503030201 503030202
4．图形的相似	（1）了解比例的基本性质、线段的比、成比例的线段；通过建筑、艺术上的实例了解黄金分割．	水平一：在具体实例中了解比例的基本性质、线段的比、成比例的线段、黄金分割的概念．	504010101 504010102
		水平二：能够将比例的基本性质、线段的比、成比例的线段迁移到不同情境中，解决相关问题，能够将黄金分割应用到其他领域．	504010201 504010202
	（2）通过具体实例认识图形的相似．了解相似多边形和相似比．	水平一：能够通过具体实例了解图形相似的概念．了解相似多边形和相似比的定义，能够判断两个多边形的相似性．	504020101 504020102
		水平二：能够将相似多边形和相似比迁移到不同情境中，解决相关问题．	504020201 504020202

173

续表

学习内容	学习要求	评价要求	测评示例
	（3）掌握基本事实：两条直线被一组平行线所截，所得的对应线段成比例.	水平一：掌握基本事实"两条直线被一组平行线所截，所得的对应线段成比例"的含义，能够在具体实例中运用这个基本事实解决一些简单的几何问题.	504030101 504030102
		水平二：理解基本事实"两条直线被一组平行线所截，所得的对应线段成比例"．能够将基本事实迁移到不同情境中，解决相关问题.	504030201
	（4）了解相似三角形的判定定理：两角分别相等的两个三角形相似；两边成比例且夹角相等的两个三角形相似；三边成比例的两个三角形相似.＊了解相似三角形判定定理的证明.	水平一：了解相似三角形的判定定理：两角分别相等的两个三角形相似；两边成比例且夹角相等的两个三角形相似；三边成比例的两个三角形相似．能够判断两个三角形相似．了解相似三角形判定定理的证明.	504040101 504040102
		水平二：能够将相似三角形的判定定理迁移到不同情境中，运用判定定理解决简单的问题.	504040201 504040202
	（5）了解相似三角形的性质定理（这些定理不要求学生证明）；相似三角形对应线段的比等于相似比；面积比等于相似比的平方.	水平一：了解相似三角形的性质定理：相似三角形对应高的比、对应角平分线的比、对应中线的比都等于相似比；相似三角形的周长比等于相似比，面积比等于相似比的平方.	504050101 504050102
		水平二：能够将相似三角形的性质定理推广到更一般的情况；相似三角形对应线段的比等于相似比，运用性质定理解决相关问题.	504050201 504050202

续表

学习内容	学习要求	评价要求	测评示例
	(6) 了解图形的位似，知道利用位似可以将一个图形放大或缩小.	水平一：了解图形的位似概念，知道位似可以将一个图形放大或缩小.	504060101 504060102
		水平二：能够将图形的位似迁移到不同情境中，解决不同的问题.	504060201 504060202
	(7) 会利用图形的相似解决一些简单的实际问题.	水平一：能够运用图形的相似解决一些简单的实际问题.	504070101 504070102
		水平二：能够将图形的相似迁移到不同情境中，解决不同问题.	504070201 504070202
	(8) 利用相似的直角三角形，探索并认识锐角三角函数（$\sin A$，$\cos A$，$\tan A$），知道 30°，45°，60° 角的三角函数值.	水平一：理解锐角三角函数（$\sin A$，$\cos A$，$\tan A$）的概念，了解 30°，45°，60° 角的三角函数值，体会三角函数的意义.	504080101 504080102
		水平二：能够将锐角三角函数迁移到不同情境中，解决相关实际问题.	504080201 504080202
	(9) 会使用计算器由已知锐角求它的三角函数值，由已知三角函数值求它的对应锐角.	水平一：能使用计算器计算：由已知锐角求它的三角函数值；由三角函数值求相应的锐角．能够运用计算器进行有关三角函数值的计算并解决相关实际问题.	504090101 504090102
	(10) 能用锐角三角函数解直角三角形，能用相关知识解决一些简单的实际问题.	水平一：能用锐角三角函数解直角三角形，掌握解直角三角形的方法.	504100101 504100102
		水平二：能够将解直角三角形迁移到不同情境中，解决相关实际问题.	504100201 504100202

续表

学习内容	学习要求	评价要求	测评示例
5. 图形的投影	(1) 通过丰富的实例，了解中心投影和平行投影的概念.	水平一：在具体情境中了解中心投影和平行投影的概念. 能区别中心投影与平行投影.	505010101 505010102
		水平二：能够将投影迁移到不同情境中，解决相关问题.	505010201 505010202
	(2) 会画直棱柱、圆柱、圆锥、球的主视图、左视图、俯视图，能判断简单物体的视图，并会根据视图描述简单的几何体.	水平一：能够画出直棱柱、圆柱、圆锥、球及其简单组合体的主视图、左视图和俯视图. 能够根据主视图、左视图和俯视图描述出简单的几何体.	505020101 505020102
		水平二：能够将三视图迁移到不同情境中，解决相关问题.	505020201 505020202
	(3) 了解直棱柱、圆锥的侧面展开图，能根据展开图想象和制作模型.	水平一：了解直棱柱和圆锥的侧面展开图. 能够根据展开图判断和制作简单的立体模型.	505030101 505030102
	(4) 通过实例，了解上述视图与展开图在现实生活中的应用.	水平一：在具体实例中了解直棱柱、圆柱、圆锥和球的视图与展开图的应用.	505040101 505040102
		水平二：在不同情境中选择合适的视图或展开图进行设计和分析，解决不同的问题.	505040201 505040202

附件：测评示例

501010101 如图，直线 m 是多边形 $ABCDE$ 的对称轴，若 $\angle B = 110°$，则 $\angle D$ 等于（　　）

  A. $110°$ B. $70°$ C. $90°$ D. $30°$

501010102 如图，点 P 关于 OA，OB 的对称点分别是 P_1，P_2，P_1P_2 分别交 OA，OB 于点 C，D，$P_1P_2 = 6$ cm，则 $\triangle PCD$ 的周长为 _____．

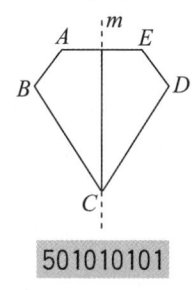

501010101 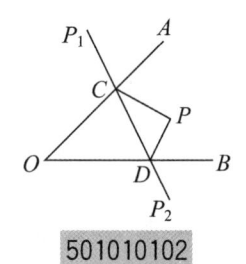　　　　501010102

501010201 如图，小军任意剪了一张钝角三角形纸片（$\angle A$ 是钝角），他打算用折叠的方法折出 $\angle C$ 的角平分线、AB 边上的中线和高线，他能成功折出的是（　　）

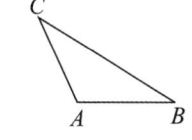

  A. $\angle C$ 的角平分线和 AB 边上的中线

  B. $\angle C$ 的角平分线和 AB 边上的高线

  C. AB 边上的中线和高线

  D. $\angle C$ 的角平分线、AB 边上的中线和高线

501010202 将一张长方形纸片按如图所示的方式折叠，BD，BE 为折痕，若 $\angle ABE = 30°$，则 $\angle DBC$ 为（　　）

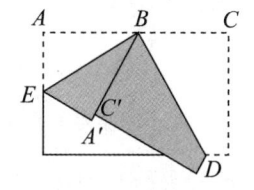

  A. $45°$ B. $60°$ C. $50°$ D. $55°$

501020101 作点 A 关于直线 l 的对称点 B，下列作图中正确的是（　　）

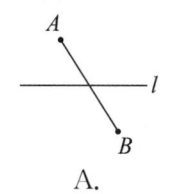

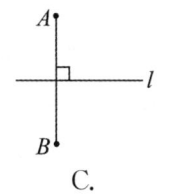

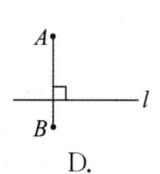

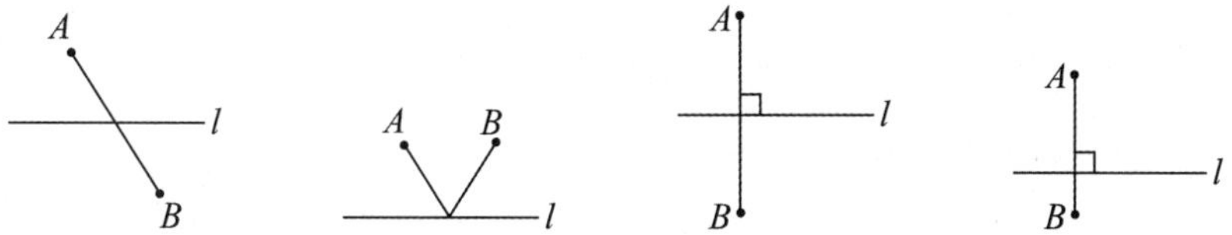

  A.   B.   C.   D.

501020102 在边长为1个单位长度的小正方形网格中，给出了△ABC（顶点是网格线的交点）．画出△ABC关于直线l对称的图形△$A_1B_1C_1$．

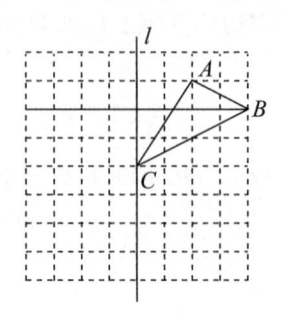

501020201 如图，正方形网格中，每个小正方形的边长都是一个单位长度，在平面直角坐标系内，△ABC的三个顶点坐标分别为$A(1,4)$，$B(1,1)$，$C(3,1)$．

(1) 画出△ABC关于x轴对称的△$A_1B_1C_1$；

(2) 画出△ABC绕点O逆时针旋转90°后的△$A_2B_2C_2$；

(3) 在（2）的条件下，求线段BC扫过的面积（结果保留π）．

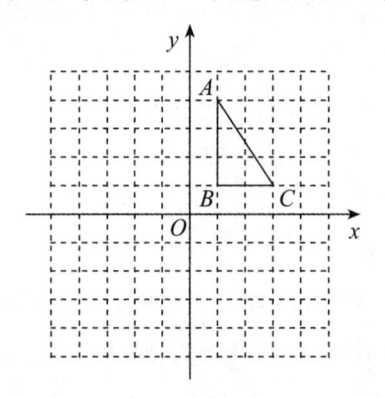

501020202 如图，在平面直角坐标系中，已知$A(1,2)$，$B(3,1)$，$C(-2,-1)$．

(1) 在图中作出△ABC关于y轴对称的△$A_1B_1C_1$；

(2) 直接写出A_1，B_1，C_1的坐标：A_1_____，B_1_____，C_1_____；

(3) 在x轴上求作一点P，使$PA+PB$的值最小（保留作图痕迹，不写作法）．

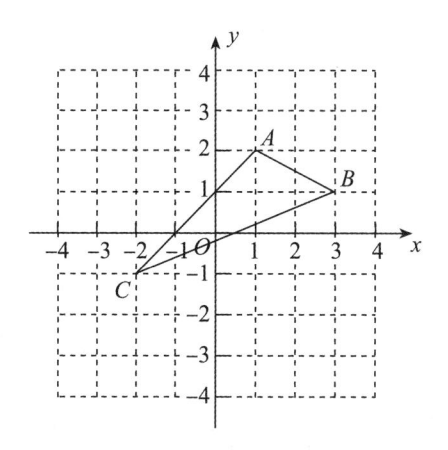

501030101 由于木质衣架没有柔性，在挂置衣服的时候不太方便操作，小敏设计了一种衣架，在使用时能轻易收拢，然后套进衣服后松开即可．如图1，衣架杆$OA=OB=15$ cm，当衣架收拢时，$\angle AOB=60°$，如图2，此时A、B两点之间的距离是_____cm.

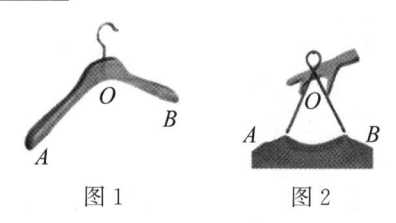

501030102 下列正方形网格图中，部分方格涂上了阴影，请按照不同要求作图．

(1) 如图1，整个图形是轴对称图形，画出它的对称轴．

(2) 如图2，将某一个方格涂上阴影，使整个图形有两条对称轴．

(3) 如图3，将某一个方格涂上阴影，使整个图形有四条对称轴．

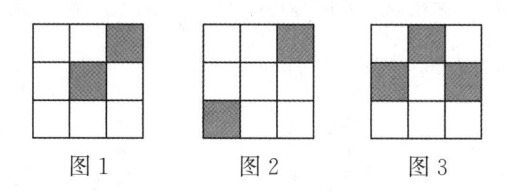

501030201 如图，将矩形纸片 $ABCD$ 对折，使边 AB 与 DC，BC 与 AD 分别重合，展开后得到四边形 $EFGH$. 若 $AB=2$，$BC=4$，则四边形 $EFGH$ 的面积为（　　）

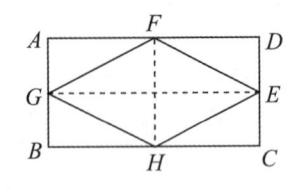

A. 2　　　　B. 4　　　　C. 5　　　　D. 6

501030202 （1）如图1，在所给正方形网格图中完成下题：

①画出格点△ABC（顶点均在格点上）关于直线 DE 对称的△$A'B'C'$；

②在 DE 上画出点 Q，使 $QA+QC$ 最小；

（2）如图2，要把一块三角形的地分给甲、乙、丙三家农户去种植，已知 $\angle C=90°$，$\angle B=30°$，要使这三家农户所得土地的大小、形状都相同，请你试着分一分.（尺规作图，要求保留痕迹）

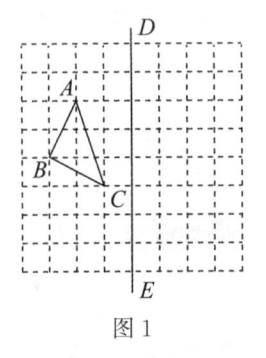

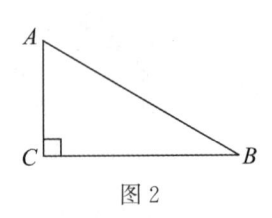

图1　　　　图2

501040101 中国的汉字既象形又表意，不但其形美观，而且寓意深刻. 观察下列汉字，其中是轴对称图形的是（　　）

A. 爱　　　　B. 我　　　　C. 中　　　　D. 华

501040102 如图，七巧板起源于我国先秦时期，古算书《周髀算经》中有关于正方形的分割术，经历代演变而成七巧板. 下列由七巧板拼成的表情图中，是轴对称图形的为（　　）

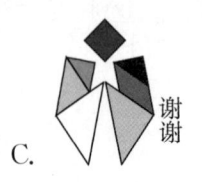

A. 欢迎　　B. 您好　　C. 谢谢　　D. 一帆风顺

第 5 章　图形的变化

501040201 以下是北京 2022 年冬奥会会徽参选的一部分图形，其中是轴对称图形的是（　　）

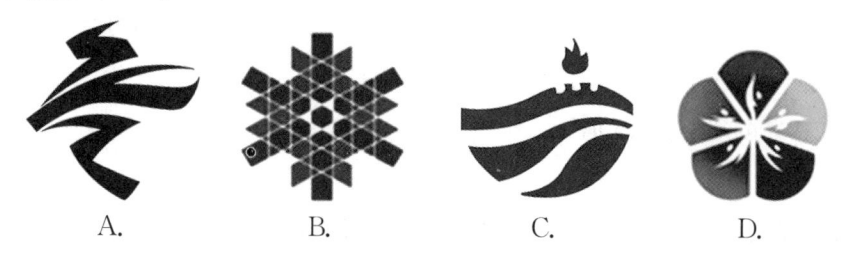

A.　　　　　B.　　　　　C.　　　　　D.

501040202 如图，高速公路的同一侧有 A，B 两城镇，$AC=2$ km，$BD=4$ km，$CD=8$ km。要在高速公路上找一点 P，使 A，B 两城镇到 P 的距离之和最小为（　　）

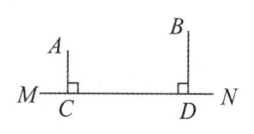

A. 8 km　　　B. 10 km　　　C. 12 km　　　D. 14 km

502010101 如图的组合图案可以看作是由一个正方形和正方形内通过一个"基本图案"半圆进行图形的"运动"变换而组成的，这个半圆的变换方式是_____.

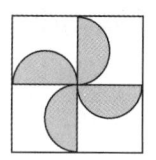

502010102 下列运动属于旋转的是（　　）

A. 足球在草地上滚动　　　B. 钟表的钟摆的摆动
C. 气球升空的运动　　　　D. 运动员掷出的标枪

502010201 如图，在 △ABC 中，$AB=3$，$AC=2$，∠$BAC=30°$，将 △ABC 绕点 A 按逆时针方向旋转 $60°$ 得到 △$A_1B_1C_1$，连接 BC_1，则 BC_1 的长为（　　）

A. $\sqrt{5}$　　　B. $\sqrt{13}$　　　C. 4　　　D. 6

502010202 如图，在 △OAB 中，顶点 $O(0,0)$，$A(-3,4)$，$B(3,4)$，将 △OAB 与正方形 $ABCD$ 组成的图形绕点 O 顺时针旋转，每次旋转 $90°$，则第 2020 次旋转结束时，点 D 的坐标为（　　）

A. $(10,3)$　　　B. $(-3,10)$
C. $(10,-3)$　　D. $(3,-10)$

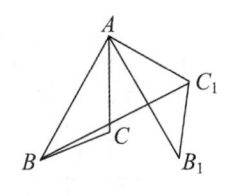

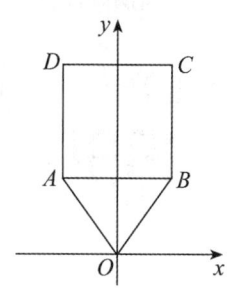

181

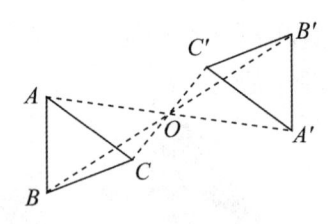

502020101 如图，△ABC 与 △A′B′C′ 关于点 O 成中心对称，则下列结论不成立的是（　　）

  A. 点 A 与点 A′ 是对称点

  B. $BO=B'O$

  C. $\angle AOB = \angle A'OB'$

  D. $\angle ACB = \angle C'A'B'$

502020102 如下图的方格纸中，若选择一个标有序号的小正方形涂黑，使其与图中阴影部分组成中心对称图形，则该小正方形的序号是_____．

502020201 如图，在平面直角坐标系中，若△ABC 与 △$A_1B_1C_1$ 关于 E 点成中心对称，则对称中心 E 点的坐标是（　　）

  A.（3，－1） B.（0，0） C.（2，－1） D.（－1，3）

502020202 图中的阴影旋转一个角度后，能互相重合，这个角度可以是（　　）

  A. 30° B. 45° C. 120° D. 90°

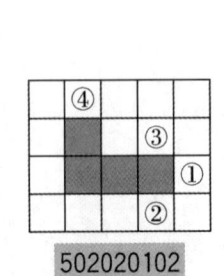

502020102 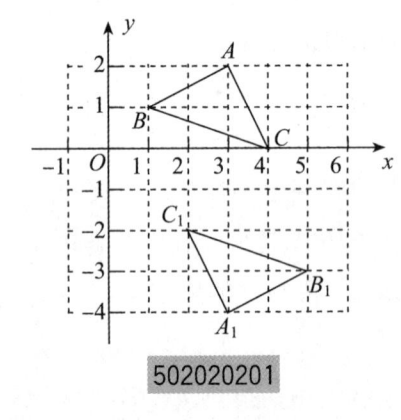 502020201  502020202

502030101 下列由年份组成的各项图形中，是中心对称图形的是（　　）

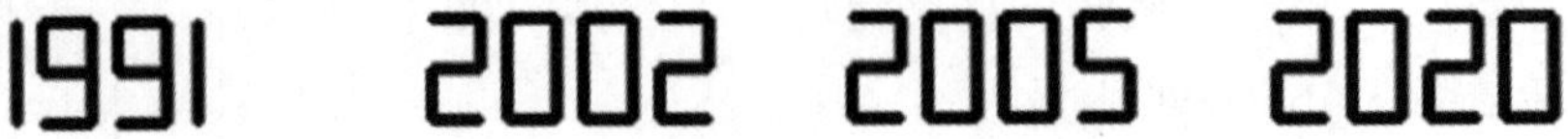

  1991 2002 2005 2020

  A.   B.   C.   D.

第 5 章　图形的变化

502030102 下列各图中，四边形 ABCD 是正方形，其中阴影部分两个三角形成中心对称的是（　　）

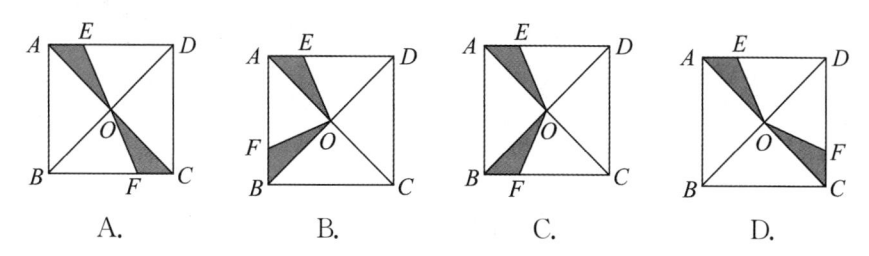

A.　　　　B.　　　　C.　　　　D.

502030201 我国古代数学的许多创新与发明都曾在世界上有重要影响．下列图形"杨辉三角""中国七巧板""刘徽割圆术""赵爽弦图"中，中心对称图形是（　　）

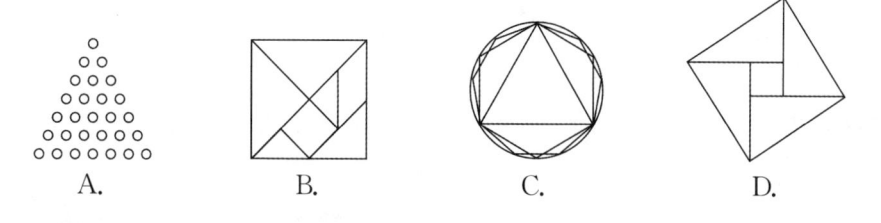

A.　　　　B.　　　　C.　　　　D.

502030202 如图，边长为 2 的正方形 ABCD 中心与半径为 2 的 ⊙O 的圆心重合，E、F 分别是 AD、BA 的延长线与 ⊙O 的交点，则图中阴影部分的面积是_____．（结果保留 π）

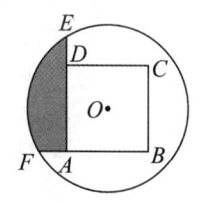

502040101 北京时间 2023 年 10 月 26 日 11 时 14 分，搭载神舟十七号载人飞船的长征二号 F 遥十七运载火箭在酒泉卫星发射中心发射升空，航天员乘组状态良好，发射取得圆满成功．下列航天图标，其文字上方的图案是中心对称图形的是（　　）

中国火箭　　中国探火　　航天神舟　　中国行星探测
A.　　　　B.　　　　C.　　　　D.

183

502040102 下列图案中,既是轴对称图形又是中心对称图形的是(　　)

A.　　　　B.　　　　C.　　　　D.

502040201 下列四个图形分别是四届国际数学家大会的会标,其中属于中心对称图形的有(　　)

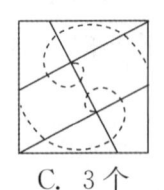

A. 1个　　　B. 2个　　　C. 3个　　　D. 4个

502040202 剪纸是中国民间艺术的瑰宝,下列剪纸作品中既是轴对称图形,又是中心对称图形的是(　　)

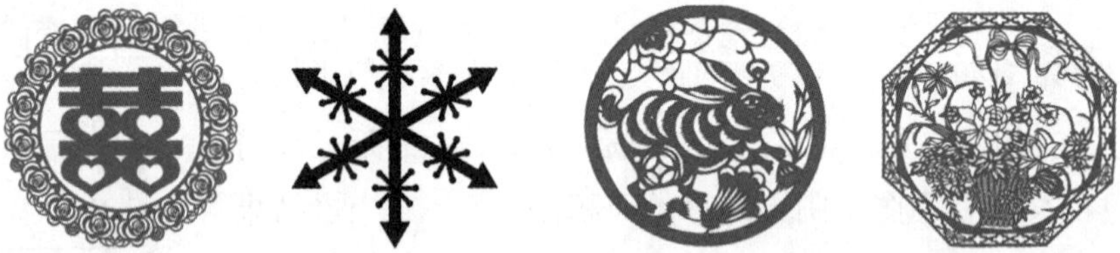

A.　　　　B.　　　　C.　　　　D.

503010101 2022年第二十四届冬季奥林匹克运动会在中国举办,吉祥物"冰墩墩"深受大家喜爱,由图1平移得到的图形是(　　)

A.　　　B.　　　C.　　　D.　　　图1

184

503010102 画图并填空：如图，△ABC 的顶点都在方格纸的格点上，每个格子的边长为 1 个单位长度，将 △ABC 向上平移 3 个单位长度，得到 △A′B′C′.

（1）在图中作出 △ABC 边 AB 上的高 CD；

（2）在图中画出平移后的 △A′B′C′；

（3）△ABC 的面积为_____；

（4）若连接 AA′，CC′，则这两条线段的数量关系是_____.

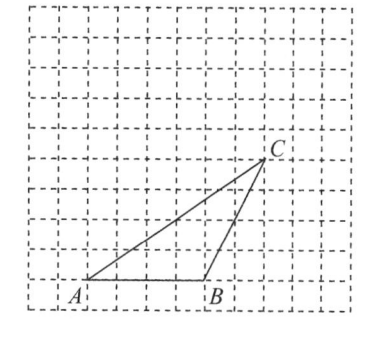

503010201 如图，△ABC 经过平移得到 △DEF，DE 分别交 BC，AC 于点 G，H，若 ∠B＝97°，∠C＝40°，则 ∠GHC 的度数为（　　）

A．147°　　　　　　　　B．40°

C．97°　　　　　　　　D．43°

503010202 如图所示的是中国古代妇女的一种发饰——"方胜"图案，其图案由两个全等正方形相叠而成，寓意是同心吉祥，将正方形 ABCD 沿对角线 BD 的方向平移 2 cm 得到正方形 A′B′C′D′ 形成一个"方胜"图案，若 BD′＝8 cm，则图中阴影部分的面积为_____cm².

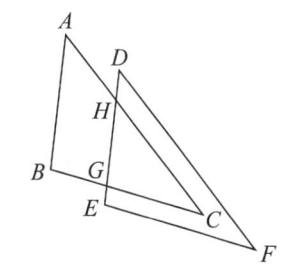

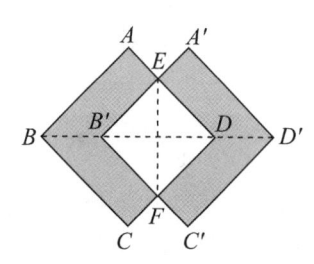

503020101 下列现象属于平移的是（　　）

A．战机缠斗　　　　　　B．仰卧起坐

C．树叶飘落　　　　　　D．拉开抽屉

503020102 在下列实例中，属于平移过程的有（　　）

①时针运行的过程；②电梯上升的过程；③地球自转的过程；④小汽车在平直的公路行驶.

A．1个　　　B．2个　　　C．3个　　　D．4个

503020201 在下列汽车标志的图案中，能用图形的平移来分析其形成过程的是（　　）

A.　　　　B. 　　　　C. 　　　　D.

503020202 小明和小智在游戏中把五个相同的曲别针环环相扣，每个曲别针的长度为 15 毫米，厚度为 1 毫米，如果把这个曲别针环拉直（如图所示），则这个曲别针环拉直后长为多少呢？两位同学思考后分别给出了思路：

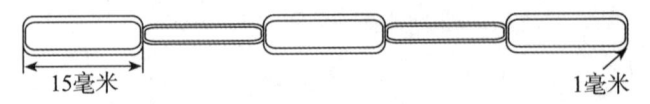

小明：如图，我只要分别把后面的每段长度算出来，相加就可以；

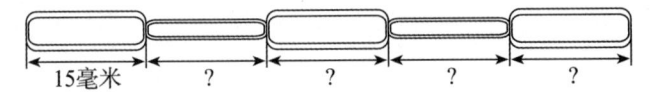

小智：我采用的是平移的思想，先假设五个曲别针不是环环相扣，而是紧密排列成如图.

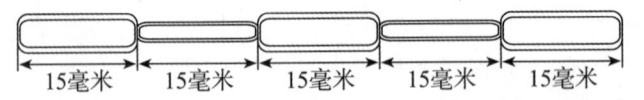

此时总长为 75 毫米，每两个曲别针环环相扣，相当于把右边的曲别针向左平移了一定的长度，然后用 75 减去所有的平移长度就可以算出来了.

请完成下面的问题：

(1) 这个曲别针环长为＿＿＿＿＿毫米；

(2) 请根据小智的思路列出相应的算式：＿＿＿＿＿．

503030101 下列 A、B、C、D 四幅图案中，不能通过平移图案得到的是（　　）

A.　　　　B. 　　　　C. 　　　　D.

503030102 我们认识了图形的三种基本变换：轴对称、平移和旋转，利用图形的这三种基本变换，可以设计出各种各样的漂亮图案.

现有如图 1 所示的瓷砖若干块.

（1）请用 4 块如图 1 所示的瓷砖，在图 2 所示方格纸上设计出一个美丽的图案.

（2）利用你在（1）中设计的图案，通过轴对称、平移或旋转，在图 3 所示方格纸上设计出更大更美丽的图案.

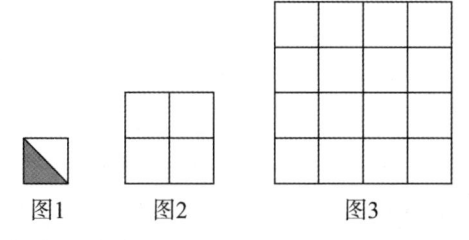

图1　　图2　　图3

503030201 下列图形均可由"基本图案"通过变换得到：（只填序号）

① ② ③ ④ ⑤

（1）可以平移但不能旋转的是_____；

（2）可以旋转但不能平移的是_____；

（3）既可以平移，也可以旋转的是_____.

503030202 在手工制作课上，老师提供了如图 1 所示的矩形卡纸 ABCD，要求大家利用它制作一个底面为正方形的礼品盒. 小明按照图 2 的方式裁剪（其中 $AE=FB$），恰好得到纸盒的展开图，并利用该展开图折成一个礼品盒，如图 3 所示.

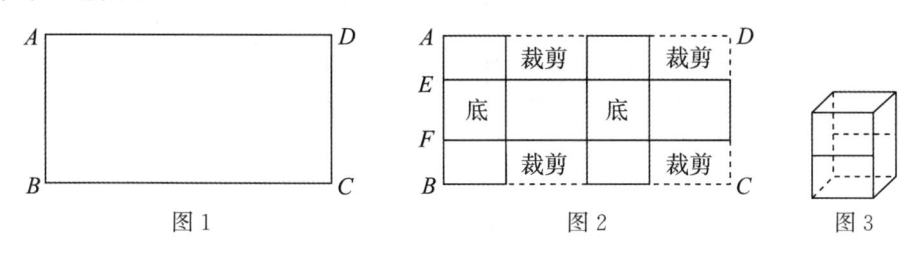

图 1　　图 2　　图 3

(1) 直接写出 $\dfrac{AD}{AB}$ 的值；

(2) 如果要求折成的礼品盒的两个相对的面上分别印有"吉祥"和"如意"，如图 4 所示，那么应选择的纸盒展开图图样是（   ）

图 4

A.　　　　B.　　　　C.　　　　D.

(3) 今有三种不同型号的矩形卡纸、其规格、单价如表所示：

卡纸型号	型号Ⅰ	型号Ⅱ	型号Ⅲ
规格（单位：m）	30×40	20×80	80×80
单价（单位：元）	3	5	20

现以小明设计的纸盒展开图（图 2）为基本样式，适当调整 AE，EF 的比例，制作棱长为 10 cm 的正方体礼品盒，如果要制作 27 个这样的礼品盒，请你合理选择上述卡纸（包括卡纸的型号及相应型号卡纸的张数），并在卡纸上画出设计示意图（包括一张卡纸可制作几个礼品盒，其展开图在卡纸上的分布情况），给出所用卡纸的总费用.

（要求：①同一型号的卡纸如果需要不止一张，只要在一张卡纸上画出设计方案；②没有用到的卡纸，不要在该型号的卡纸上作任何设计；③所用卡纸的数量及总费用直接填在答题卡的表格上；④本题将综合考虑"利用卡纸的合理性"和"所用卡纸的总费用"给分，总费用最低的才能得满分.）

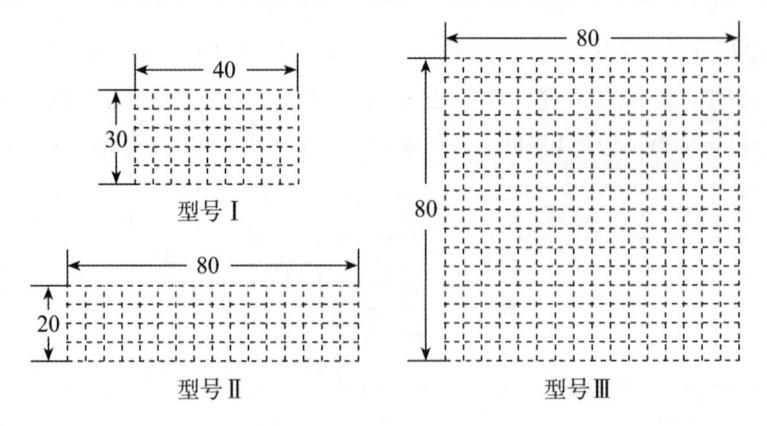

型号Ⅰ

型号Ⅱ

型号Ⅲ

504010101 已知 $\dfrac{a}{b}=\dfrac{3}{4}$，则 $\dfrac{a}{a+b}=$（　　）

A. $\dfrac{3}{7}$ B. $\dfrac{4}{7}$ C. $\dfrac{7}{3}$ D. $\dfrac{7}{4}$

504010102 已知 C 是线段 AB 的黄金分割点（$AC>BC$），则 $AC:AB=$（　　）

A. $(\sqrt{5}+1):2$　　　B. $(3+\sqrt{5}):2$

C. $(\sqrt{5}-1):2$　　　D. $(3+\sqrt{5}):2$

504010201 2023 年第 19 届杭州亚运会的会徽"潮涌"将自然奇观与人文精神进行巧妙融合，其中浪潮设计借助了黄金分割比以给人协调的美感．如图，若点 C 可看做是线段 AB 的黄金分割点（$AC<CB$），$AB=10$ cm，则 $BC=$ ＿＿＿＿ cm.（结果保留根号）

504010202 小明用地理中所学的等高线的知识在某地进行野外考察，他根据当地地形画出了"等高线示意图"，如图所示（注：若某地在等高线上，则其海拔就是其所在等高线的数值；若不在等高线上，则其海拔在相邻两条等高线的数值范围内），若点 A，B，C 三点均在相应的等高线上，且三点在同一直线上，则 $\dfrac{AB}{AC}$ 的值为（　　）

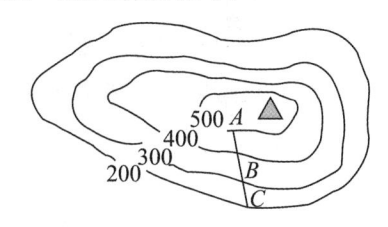

A. $\dfrac{1}{2}$ B. $\dfrac{2}{3}$ C. $\dfrac{3}{5}$ D. 2

504020101 下面图形中，相似的一组是（　　）

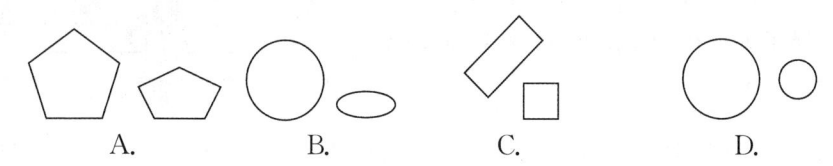

504020102 如果两个相似三角形的相似比是 $1:7$，则它们的面积比等于（　　）

A. $1:\sqrt{7}$　　B. $1:3.5$　　C. $1:7$　　D. $1:49$

504020201 书画经装裱后更便于收藏. 如图, 画芯 $ABCD$ 为长 90 cm、宽 30 cm 的矩形, 装裱后整幅画为矩形 $A'B'C'D'$, 两矩形的对应边互相平行, 且 AB 与 $A'B'$ 的距离、CD 与 $C'D'$ 的距离都等于 4 cm. 当 AD 与 $A'D'$ 的距离、BC 与 $B'C'$ 距离都等于 a cm, 且矩形 $ABCD$ ∽ 矩形 $A'B'C'D'$ 时, 整幅书画比较美观, 此时 a 的值为 (   )

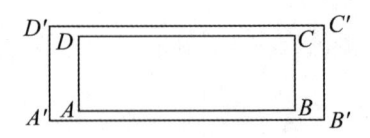

A. 4　　　　B. 6　　　　C. 12　　　　D. 24

504020202 如图, 我们规定菱形与正方形, 矩形与正方形的接近程度称为"接近度", 在研究"接近度"时, 应保证相似图形的"接近度"相等.

(1) 设菱形相邻两个内角的度数分别为 $\alpha°, \beta°$, 将菱形的"接近度"定义为 $|\alpha-\beta|$, 于是 $|\alpha-\beta|$ 越小, 菱形越接近正方形.

①若菱形的一个内角为 80°, 则该菱形的"接近度"为＿＿＿＿；

②当菱形的"接近度"等于＿＿＿＿时, 菱形是正方形；

(2) 设矩形的长和宽分别为 $m, n(m \leqslant n)$, 试写出矩形的"接近度"的合理定义.

504030101 如图, 五线谱是由等距离、等长度的五条平行横线组成的, 同一条直线上的三个点 A, B, C 都在横线上. 若线段 $AB=3$, 则线段 BC 的长是 (   )

A. $\dfrac{2}{3}$　　　B. 1　　　C. $\dfrac{3}{2}$　　　D. 2

504030102 如下图, $DE \mathbin{/\mkern-6mu/} BC$, $BD:CE=3:2$, $AD=9$, 则 AE 的长为 (   )

A. 3　　　　B. 4　　　　C. 6　　　　D. 9

504030201 如下图，AD 与 BC 相交于点 O，如果 $\dfrac{AO}{AD}=\dfrac{1}{3}$，那么当 $AB/\!/CD$ 时，$\dfrac{BO}{CO}$ 的值是_____.

504030202 尺规作图：作出已知线段 AB 的三等分点；

（1）以 A 为端点作射线，并在射线上依次截取线段 $AA_1=A_1A_2=A_2A_3$.

（2）连接 A_3B，并分别过点 A_1，A_2 作 A_3B 的平行线，依次交 AB 于 B_1、B_2. 点 B_1、B_2 就是所求作的线段 AB 的三等分点；

理由是_____.

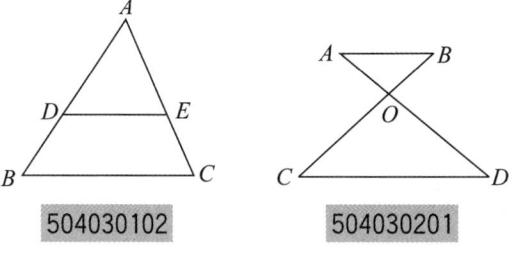

504030102　　　　504030201　　　　504030202

504040101 如图，已知：$\angle BAC=\angle EAD$，$AB=20.4$，$AC=48$，$AE=17$，$AD=40$. 求证：$\triangle ABC \backsim \triangle AED$.

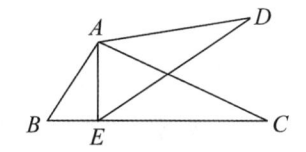

504040102 如图，已知 $\angle 1=\angle 2$，那么添加下列一个条件后，仍无法判定 $\triangle ABC \backsim \triangle ADE$ 的是（　　）

A. $\angle B=\angle D$　　B. $\dfrac{AB}{AD}=\dfrac{AC}{AE}$

C. $\angle C=\angle AED$　　D. $\dfrac{AB}{AD}=\dfrac{BC}{DE}$

504040201 如图，小正方形的边长均为 1，则下列图中的三角形阴影部分与 $\triangle ABC$ 相似的是（　　）

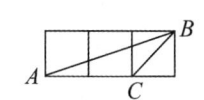

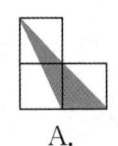

A.   B.   C. 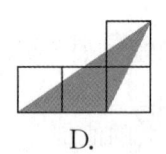   D.

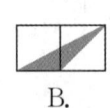

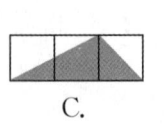

504040202 如图，点 P 在 $\triangle ABC$ 的边 AC 上，添加如下一个条件后，仍不能得到 $\triangle ABP \backsim \triangle ACB$ 的是（　　）

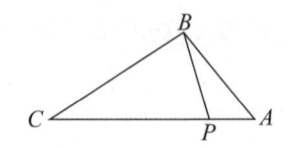

A. $\dfrac{AB}{BP} = \dfrac{AC}{CB}$ B. $\angle APB = \angle ABC$

C. $\dfrac{AP}{AB} = \dfrac{AB}{AC}$ D. $\angle ABP = \angle C$

504050101 如图，$\triangle ABO \backsim \triangle CDO$，若 $BO=8$，$DO=4$，$CD=3$，则 AB 的长是（　　）

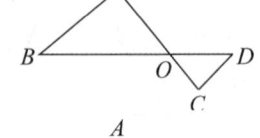

A. 2   B. 3   C. 4   D. 6

504050102 如图，$\triangle ABC \backsim \triangle ADE$，且 $BC = 2DE$，则 $S_{四边形BEDC} : S_{\triangle ABC}$ 的值为（　　）

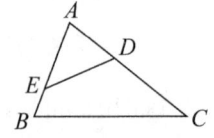

A. $1:4$ B. $3:4$ C. $2:3$ D. $1:2$

504050201 大约在两千四五百年前，如图 1，墨子和他的学生做了世界上第 1 个小孔成倒像的实验．并在《墨经》中有这样的精彩记录："景到，在午有端，与景长，说在端."如图 2 所示的小孔成像实验中，若物距为 10 cm，像距为 15 cm，蜡烛火焰倒立的像的高度是 6 cm，则蜡烛火焰的高度是（　　）

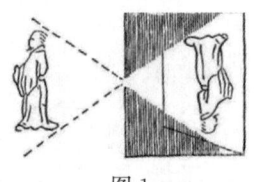

图 1 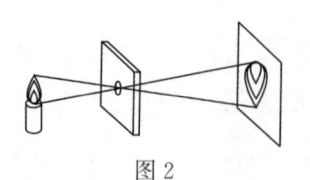   图 2

A. 3 cm   B. 4 cm   C. 6 cm   D. 9 cm

504050202 如图，在圆桌的正上方有一盏吊灯，在灯光下，圆桌在地板上的投影是面积为 0.81π m² 的圆．已知圆桌的高度为 1 m，圆桌面的半径为 0.5 m，求吊灯距地面的高度为＿＿＿．

504060101 如图，四边形 $ABCD$ 和 $A'B'C'D'$ 是以点 O 为位似中心的位似图形，若 $OA':OA=3:5$，四边形 $A'B'C'D'$ 的面积为 $9\ \mathrm{cm}^2$，则四边形 $ABCD$ 的面积为（　　）

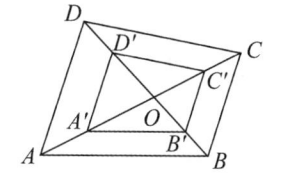

  A. $15\ \mathrm{cm}^2$ B. $25\ \mathrm{cm}^2$

  C. $18\ \mathrm{cm}^2$ D. $27\ \mathrm{cm}^2$

504060102 在平面直角坐标系中，已知点 $E(-4,2)$，$F(-2,-2)$，以原点 O 为位似中心，相似比为 2，把 $\triangle EFO$ 放大，则点 E 的对应点 E' 的坐标是（　　）

  A. $(-2,1)$ B. $(-8,4)$

  C. $(-2,1)$ 或 $(2,-1)$ D. $(-8,4)$ 或 $(8,-4)$

504060201 如图，$\triangle ABC$ 和 $\triangle ADE$ 是以点 A 为位似中心的位似图形，且 $CE=2AE$，则下列结论中正确的是（　　）

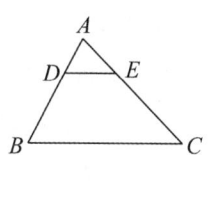

  A. $\dfrac{AD}{AB}=\dfrac{1}{2}$ B. $\dfrac{DE}{BC}=\dfrac{1}{2}$

  C. $DE\parallel BC$ D. $\dfrac{S_{\triangle ADE}}{S_{\triangle ABC}}=\dfrac{1}{4}$

504060202 如图，已知 $\triangle ABC$ 与 $\triangle A'B'C'$ 是以坐标原点 O 为位似中心的位似图形，且 $\dfrac{OA}{OA'}=\dfrac{1}{2}$，若点 $A(-1,0)$，点 $C\left(\dfrac{1}{2},1\right)$，则 $A'C'=$ _____．

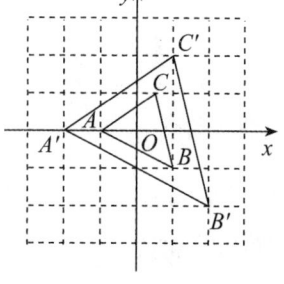

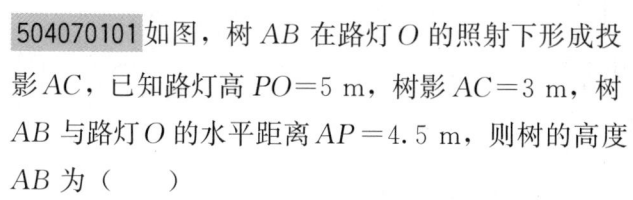

504070101 如图，树 AB 在路灯 O 的照射下形成投影 AC，已知路灯高 $PO=5\ \mathrm{m}$，树影 $AC=3\ \mathrm{m}$，树 AB 与路灯 O 的水平距离 $AP=4.5\ \mathrm{m}$，则树的高度 AB 为（　　）

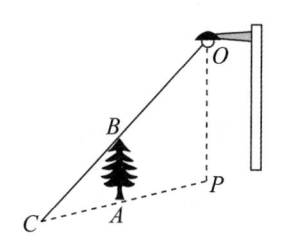

  A. $2\ \mathrm{m}$ B. $3\ \mathrm{m}$

  C. $\dfrac{3}{2}\ \mathrm{m}$ D. $\dfrac{10}{3}\ \mathrm{m}$

504070102 学校门口的栏杆如图所示，栏杆从水平位置 BD 绕点 O 旋转到 AC 位置，已知 $AB \perp BD$，$CD \perp BD$，垂足分别为 B，D，$AO = 4$ m，$AB = 1.6$ m，$CO = 1$ m，则栏杆 C 端应下降的垂直距离 CD 为（　　）

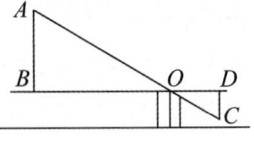

  A. 0.2 m   B. 0.3 m   C. 0.4 m   D. 0.5 m

504070201 《孙子算经》是中国古代重要的数学著作，成书于约一千五百年前。其中有首歌谣：今有竿不知其长，量得影长一丈五尺。立一标杆，长一尺五寸，影长五寸，问竿长几何？意即：有一根竹竿不知道有多长，量出它在太阳下的影子长一丈五尺。同时立一根一尺五寸的小标杆，它的影长五寸（提示：1 丈 = 10 尺，1 尺 = 10 寸），求竹竿的长。

504070202 如图，为了估算河的宽度，我们可以在河对岸选定一个目标点 P，在近岸取点 Q 和 S，使点 P、Q、S 共线且直线 PS 与河垂直，接着再过点 S 且与 PS 垂直的直线 a 上选择适当的点 T，确定 PT 与过点 Q 且垂直 PS 的直线 b 的交点 R。如果测得 $QS = 45$ m，$ST = 90$ m，$QR = 60$ m，求河的宽度 PQ。

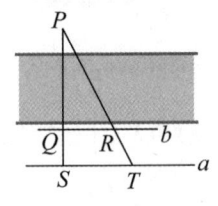

504080101 已知 $\sin A = \dfrac{1}{2}$，则锐角 A 的度数是（　　）

  A. 30°   B. 45°   C. 60°   D. 75°

504080102 如图，$\tan \angle ABC = $ ＿＿＿＿＿．

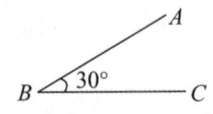

504080201 如图，点 $A(t, 2)$ 在第一象限，OA 与 x 轴所夹的锐角为 α，$\sin \alpha = \dfrac{4}{5}$，则 $t = $ ＿＿＿＿＿．

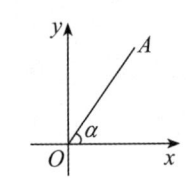

504080202 如图所示的衣架可以近似看成一个等腰三角形 ABC，其中 AB=AC，∠ABC=27°，BC=44 cm，则高 AD 约为（　　）（参考数据：sin 27°≈0.45，cos 27°≈0.89，tan 27°≈0.51）

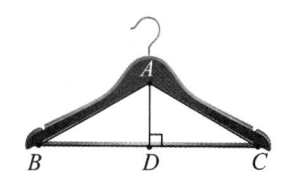

A. 9.90 cm　　B. 11.22 cm
C. 19.58 cm　　D. 22.44 cm

504090101 求 tan 30°36′，用计算器的按键顺序正确的是（　　）

A. [tan] [3036] [=]

B. [tan] [30] [°″] [36] [°″] [=]（或 [tan] [30.6] [=]）

C. [tan] [3036] [°″] [=]

D. [2ndF] [tan] [3036] [=]

504090102 已知下列锐角三角函数值，用计算器求锐角 A 的度数.

(1) $\sin A = 0.7$；(2) $\cos A = 0.15$；(3) $\tan A = 2.4$.

504100101 在 Rt△ABC 中，∠C=90°，∠A，∠B，∠C 所对的边分别为 a，b，c，根据下列条件求出直角三角形的其他元素：

(1) $a=19$，$c=19\sqrt{2}$；(2) $a=6\sqrt{2}$，$b=6\sqrt{6}$.

504100102 如图，在△ABC 中，∠C=90°，$\tan A = \dfrac{\sqrt{3}}{3}$，∠ABC 的平分线 BD 交 AC 于点 D，$CD=\sqrt{3}$，求 AB 的长.

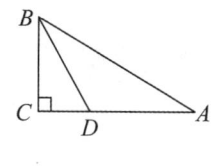

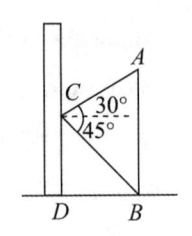

504100201 如图，在数学活动课上，小丽为了测量校园内旗杆 AB 的高度，站在教学楼的 C 处测得旗杆底端 B 的俯角为 $45°$，测得旗杆顶端 A 的仰角为 $30°$. 已知旗杆与教学楼的距离 $BD=9$ m，请你帮她求出旗杆的高度（结果保留根号）.

504100202 如图，有一块三角形的土地，它的一条边 $BC=100$ 米，BC 边上的高 $AH=80$ 米. 某单位要沿着边 BC 修一座底面是矩形 $DEFG$ 的大楼，D、G 分别在边 AB、AC 上. 若大楼的宽是 40 米（即 $DE=40$ 米），求这个矩形的面积.

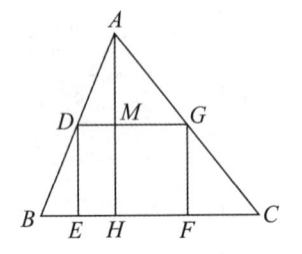

505010101 下列四幅图形中，能表示两棵树在同一时刻阳光下的影子的是（　　）

A. 　　B. 　　C. 　　D.

505010102 三根等高的木杆竖直立在地面上，其俯视图如图所示，在某一时刻三根木杆在太阳光下的影子合理的是（　　）

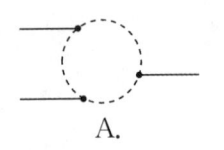

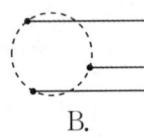

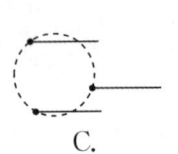

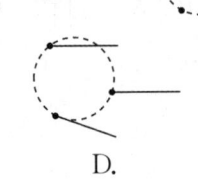

A. 　　B. 　　C. 　　D.

505010201 如图，身高 1.6 米的小丽在阳光下的影长为 2 米，在同一时刻，一棵大树的影长为 8 米，则这棵树的高度为_____米.

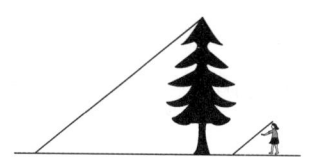

505010202 如图，在路灯下，小明的身高如图中线段 AB 所示，他在地面上的影子如图中线段 AC 所示，小亮的身高如图中线段 FG 所示，路灯灯泡在线段 DE 上.

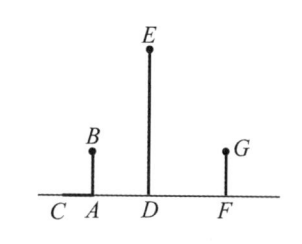

(1) 请你确定灯泡所在的位置，并画出小亮在灯光下形成的影子.

(2) 如果小明的身高 AB＝1.6 m，他的影子长 AC＝1.4 m，且他到路灯的距离 AD＝2.1 m，求灯泡的高.

505020101 如图是由一个长方体和一个圆柱组成的几何体，它的俯视图是（ ）

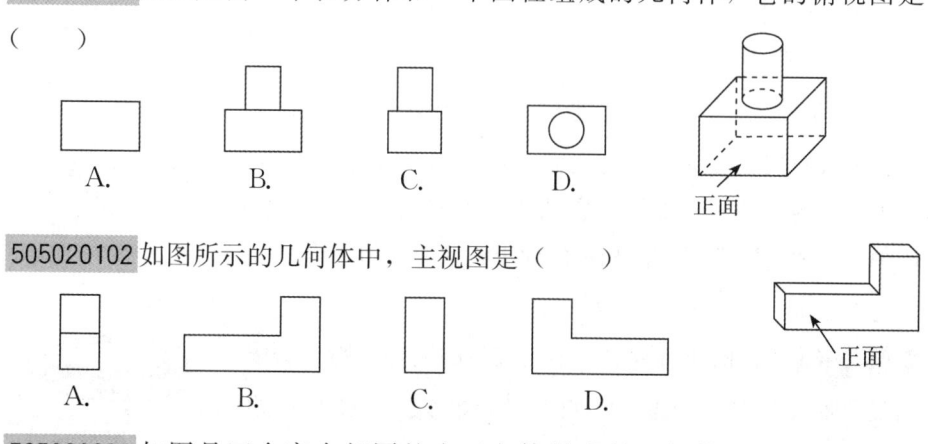

A. B. C. D.

505020102 如图所示的几何体中，主视图是（ ）

A. B. C. D.

505020201 如图是四个完全相同的小正方体搭成的几何体，它的俯视图为（ ）

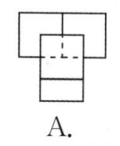

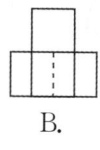

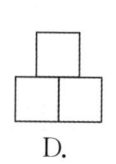

A. B. C. D.

505020202 用小立方体搭一个几何体，使它的主视图和俯视图如图所示，俯视图中小正方形中字母表示在该位置小立方体的个数，请解答下列问题：

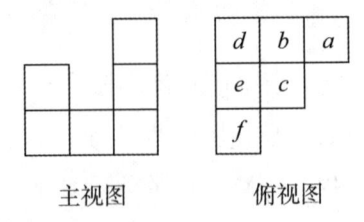

主视图   俯视图

(1) 求 a，b，c 的值；
(2) 这个几何体最少由几个小立方体搭成，最多由几个小立方体搭成；
(3) 当 $d=2$，$e=1$，$f=2$ 时画出这个几何体的左视图.

505030101 如图是某几何体的展开图，该几何体是（ ）

A. 长方体　　　　　　　　B. 正方体
C. 圆锥　　　　　　　　　D. 圆柱

505030102 2022 年北京冬奥会的奖牌"同心"表达了"天地合·人心同"的中华文化内涵，将这六个汉字分别写在某正方体的表面上，如图是它的一种展开图，则在原正方体中，与"地"字所在面相对的面上的汉字是（ ）

A. 合　　　B. 同　　　C. 心　　　D. 人

505040101 吉林松花石有"石中之宝"的美誉，用它制作的砚台叫松花砚，能与中国四大名砚媲美．右图是一款松花砚的示意图，其俯视图为（ ）

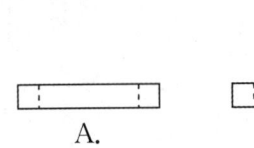

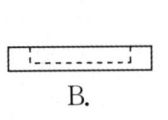

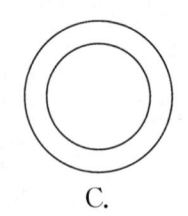

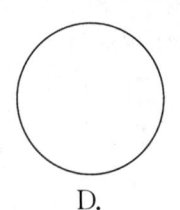

A.　　　　B.　　　　C.　　　　D.

198

505040102 作为中国非物质文化遗产之一的紫砂壶，成型工艺特别，造型式样丰富，陶器色泽古朴典雅，从一个方面鲜明地反映了中华民族造型审美意识．如图是一把做工精湛的紫砂壶"景舟石瓢"，其左视图的大致形状是（　　）

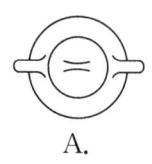

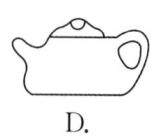

A.　　　B.　　　C.　　　D.

505040201 一张水平放置的桌子上摆放着若干个碟子，其三视图如图所示，则这张桌子上共有碟子的个数为（　　）

主视图　　　左视图　　　俯视图

A. 10　　　B. 12　　　C. 14　　　D. 18

505040202 第24届冬奥会吉祥物"冰墩墩"因收获无数"迷弟""迷妹"，一"墩"难求；为了满足需求，其中一间经正规授权的生产厂通过技术改造来提高产能，两次技术改造后，由日产量2000个扩大到日产量2420个．

（1）求这两次技术改造日产量的平均增长率；

（2）这生产厂家还设计了三视图如图所示的"冰墩墩"盲盒（单位：cm），请计算此类盲盒的表面积．

五、单元评价

A 卷

一、选择题：本题共 10 小题，每小题 5 分，共 50 分．

1. 如图是由长方体和圆柱组成的几何体，其俯视图是（　　）

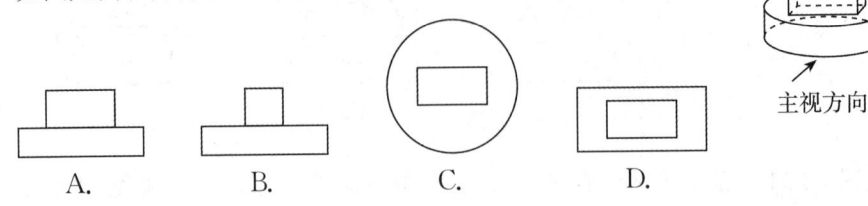

   A.　　B.　　C.　　D.

   主视方向

2. 下列各组中的四条线段成比例的是（　　）

   A. 4、2、1、3　　　　　　　　B. 1、2、3、5
   C. 3、4、5、6　　　　　　　　D. 1、2、2、4

3. 美术老师布置同学们设计窗花，下列作品为轴对称图形的是（　　）

   A.　　B.　　C.　　D.

4. 下列给出的等边三角形、平行四边形、圆及扇形中，既是轴对称图形又是中心对称图形的是（　　）

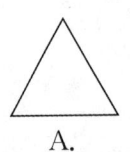

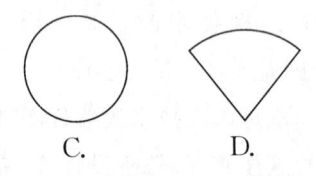

   A.　　B.　　C.　　D.

5. 如图，现有一把直尺和一块三角尺，其中 $\angle ABC = 90°$，$\angle CAB = 60°$，$AB = 8$，点 A 对应直尺的刻度为 12．将该三角尺沿着直尺边缘平移，使得 $\triangle ABC$ 移动到 $\triangle A'B'C'$，点 A' 对应直尺的刻度为 0，则四边形

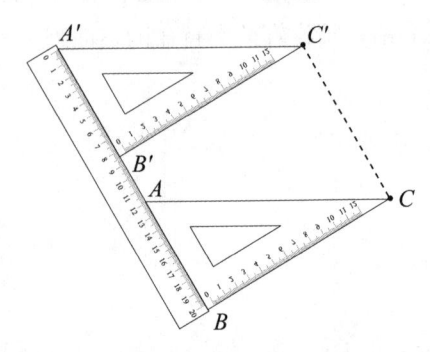

$ACC'A'$ 的面积是（ ）

A. 96   B. $96\sqrt{3}$ C. 192   D. $160\sqrt{3}$

6. 在平面直角坐标系中，点 $P(2,-3)$ 关于 x 轴对称的点 P' 的坐标是（ ）

   A. $(-2,-3)$ B. $(-2,3)$ C. $(2,-3)$ D. $(2,3)$

7. 如图，在等腰直角 $\triangle ABC$ 中，$\angle ACB=90°$，D 为 $\triangle ABC$ 内一点，将线段 CD 绕点 C 逆时旋转 $90°$ 后得到 CE，连接 BE，若 $\angle DAB=10°$，则 $\angle ABE=$（ ）

   A. $75°$ B. $78°$ C. $80°$ D. $92°$

8. 如图，两建筑物的水平距离为 a 米，从 A 点测得 D 点的俯角为 α，测得 C 点的俯角为 β. 则较低建筑物 CD 的高度为（ ）

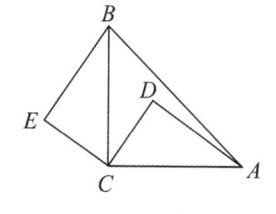

   A. a 米   B. $\dfrac{a}{\tan \alpha}$ 米

   C. $\dfrac{a}{\tan \beta}$ 米   D. $a(\tan \beta - \tan \alpha)$ 米

9. 如图，在 8×8 的正方形网格中，$\triangle ABC$ 的三个顶点和点 O、E、F、M、N 均在格点上，EF 与 MN 交于点 O，将 $\triangle ABC$ 分别进行下列三种变换：

   ①先以点 A 为旋转中心逆时针旋转 $90°$，再向右平移 4 格，最后向上平移 4 格；

   ②先以点 O 为对称中心画中心对称图形，再以点 A 的对应点为旋转中心逆时针旋转 $90°$；

   ③先以直线 EF 为对称轴画轴对称图形，再以点 A 的对应点为旋转中心逆时针旋转 $90°$，最后向右平移 4 格.

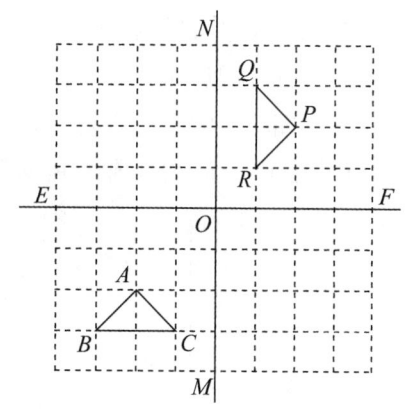

   其中，能将 $\triangle ABC$ 变换成 $\triangle PQR$ 的是（ ）

   A. ①②   B. ①③   C. ②③   D. ①②③

10. 如图，在平面直角坐标系中，点 A 在 y 轴上，点 B 的坐标为 $(6, 0)$，将 $\triangle ABO$ 绕着点 B 顺时针旋转 $60°$，得到 $\triangle DBC$，则点 C 的坐标是（ ）

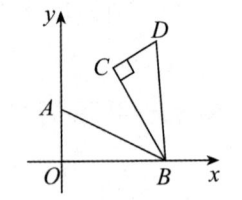

   A. $(3\sqrt{3}, 3)$ B. $(3, 3\sqrt{3})$
   C. $(6, 3)$ D. $(3, 6)$

二、填空题：本题共 6 小题，每小题 5 分，共 30 分.

11. 如果 $\dfrac{x}{2} = \dfrac{y}{3} = \dfrac{z}{4} \neq 0$，那么 $\dfrac{x+y}{z} = $ _____.

12. 如图，若点 A 的坐标为 $(1, \sqrt{3})$，则 $\sin\angle 1 = $ _____.

13. 如图，在 $\triangle ABC$ 中，$DE \parallel BC$，且 $AD=2$，$DB=3$，则 $\dfrac{DE}{BC} = $ _____.

14. 如图，在 Rt$\triangle ABC$ 中，$\angle ABC = 90°$，$AB=BC=\sqrt{2}$，将 $\triangle ABC$ 绕点 C 逆时针旋转 $60°$，得到 $\triangle MNC$，连接 BM，则 BM 的长是 _____.

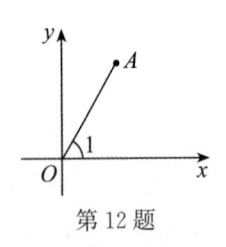

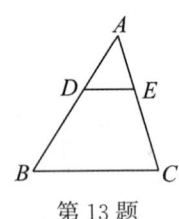

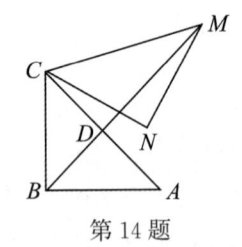

第12题 第13题 第14题

15. 如图，在平面直角坐标系中，已知 $A(1,0)$，$D(3,0)$，$\triangle ABC$ 与 $\triangle DEF$ 位似，原点 O 是位似中心，若 $AB=1.5$，则 $DE = $ _____.

16. 在如图所示的平面直角坐标系中，点 P 是直线 $y=x$ 上的动点，$A(2, 0)$，$B(4, 0)$ 是 x 轴上的两点，则 $PA+PB$ 的最小值为 _____.

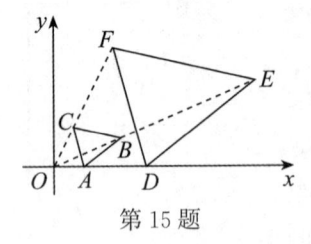

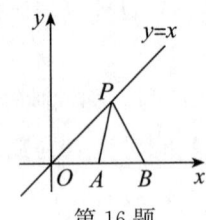

第15题 第16题

三、解答题：本题共 2 小题，共 20 分.

17. 如图，△ADE 由△ABC 绕点 A 按逆时针方向旋转 90°得到，且点 B 的对应点 D 恰好落在 BC 的延长线上，AD，EC 相交于点 P.
    （1）求∠BDE 的度数；
    （2）F 是 EC 延长线上的点，且∠CDF = ∠DAC.
    ①判断 DF 和 PF 的数量关系，并证明；
    ②求证：$\dfrac{EP}{PF} = \dfrac{PC}{CF}$.

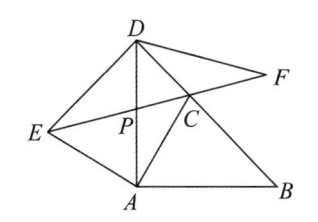

18. 阅读下列材料，回答问题.

    任务：测量一个扁平状的小水池的最大宽度，该水池东西走向的最大宽度 AB 远大于南北走向的最大宽度，如图 1.

    工具：一把皮尺（测量长度略小于 AB）和一台测角仪，如图 2. 皮尺的功能是直接测量任意可到达的两点间的距离（这两点间的距离不大于皮尺的测量长度）；测角仪的功能是测量角的大小，即在任一点 O 处，对其视线可及的 P，Q 两点，可测得∠POQ 的大小，如图 3.

    小明利用皮尺测量，求出了小水池的最大宽度 AB．其测量及求解过程如下：

    测量过程：

    （ⅰ）在小水池外选点 C，如图 4，测得 AC=a（m），BC=b（m）；

    （ⅱ）分别在 AC，BC 上测得 CM=$\dfrac{a}{3}$（m），CN=$\dfrac{b}{3}$（m）；测得 MN=c（m）.

    求解过程：

203

由测量知，∵ $AC=a$，$BC=b$，$CM=\dfrac{a}{3}$，$CN=\dfrac{b}{3}$，

∴ $\dfrac{CM}{CA}=\dfrac{CN}{CB}=\dfrac{1}{3}$，又 ∵ ①_____，

∴ $\triangle CMN \backsim \triangle CAB$，∴ $\dfrac{MN}{AB}=\dfrac{1}{3}$.

又 ∵ $MN=c$ m，∴ $AB=$ ②_____ （m）.

故小水池的最大宽度为＊＊＊m.

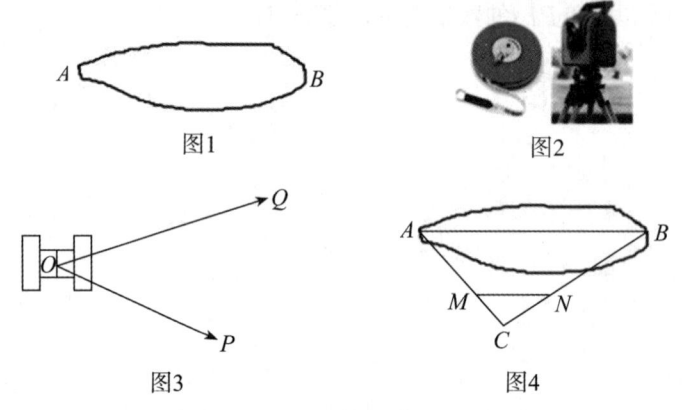

图1

图2

图3

图4

(1) 补全小明求解过程中①②所缺的内容；

(2) 小明求得 AB 用到的几何知识是_____；

(3) 小明仅利用皮尺，通过5次测量，求得 AB. 请你同时利用皮尺和测角仪，通过测量长度、角度等几何量，并利用解直角三角形的知识求小水池的最大宽度 AB，写出你的测量及求解过程.

要求：测量得到的长度用字母 a，b，c…表示，角度用 α，β，γ…表示；测量次数不超过4次（测量的几何量能求出 AB，且测量的次数最少，才能得满分）.

B 卷

一、选择题：本题共 10 小题，每小题 5 分，共 50 分.

1. 如图所示的圆柱，其俯视图是（　　）

   A. ○　　B. ▭（矩形）　　C. □（正方形）　　D. ⌓

2. 小包同学想要测量学校旗杆的高度，如图，小包同学测得旗杆 AB 的影子长 BC=6 cm，通过上网搜索资料得知此时此处的太阳高度角 $\alpha=56°$，则旗杆 AB 的高度是（　　）（参考数据：$\sin 56°\approx 0.83$，$\cos 56°\approx 0.56$，$\tan 56°\approx 1.48$）

   A. 3.66 m　　　　　　B. 4.98 m
   C. 6.88 m　　　　　　D. 8.88 m

3. 下列交通标志图案中，既是中心对称图形又是轴对称图形的是（　　）

4. 下列所述图形中，既是轴对称图形又是中心对称图形的是（　　）
   A. 等腰三角形　　B. 等边三角形　　C. 平行四边形　　D. 菱形

5. 如图，将直角三角形 ABC 沿 AB 方向平移得到直角三角形 DEF. 已知 BE=4，EF=8，CG=2，则图中阴影部分的面积为（　　）

   A. 12　　B. 16　　C. 28　　D. 32

6. 若直线 l_1 经过点 (0, 4)，直线 l_2 经过点 (3, 2)，且 l_1 与 l_2 关于 x 轴对称，则 l_1 与 l_2 的交点坐标为（　　）

   A. (−6, 0)　　B. (6, 0)　　C. (−2, 0)　　D. (2, 0)

7. 如图，将△ABC 绕点 B 逆时针旋转 90°，得到△EBD．若点 A、D、E 在同一条直线上，则∠CAD 的度数为（   ）

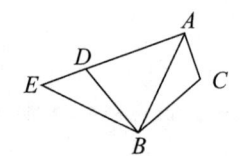

   A．80°　　　B．90°　　　C．100°　　　D．110°

8. 如图，在△ABC 中，点 D、E 分别在 AB 和 AC 上，DE∥BC，M 为 BC 边上一点（不与点 B、C 重合），连接 AM 交 DE 于点 N，则（   ）

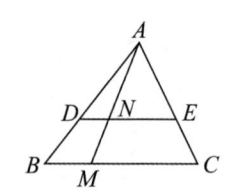

   A. $\dfrac{AD}{AN}=\dfrac{AN}{AE}$　　　　B. $\dfrac{BD}{MN}=\dfrac{MN}{CE}$

   C. $\dfrac{DN}{MC}=\dfrac{NE}{BM}$　　　　D. $\dfrac{DN}{BM}=\dfrac{NE}{MC}$

9. 如图，方格纸中的△ABC 经过变换得到△DEF，正确的变换是（   ）

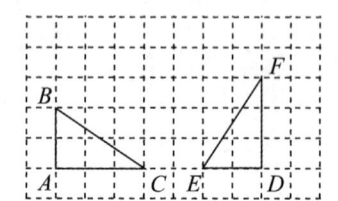

   A．把△ABC 向右平移 6 格

   B．把△ABC 向右平移 4 格，再向上平移 1 格

   C．把△ABC 绕着点 A 顺时针方向旋转 90°，再向右平移 7 格

   D．把△ABC 绕着点 A 逆时针方向旋转 90°，再向右平移 7 格

10. 如图，在平面直角坐标系中，点 A 的坐标为（−2，3），AB⊥x 轴，AC⊥y 轴，D 是 OB 的中点．E 是 OC 上的一点，当△ADE 的周长最小时，点 E 的坐标是（   ）

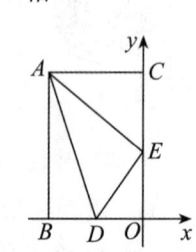

    A. $\left(0, \dfrac{4}{3}\right)$　　　　B.（0，1）

    C. $\left(0, \dfrac{10}{3}\right)$　　　　D.（0，2）

二、填空题：本题共 6 小题，每小题 5 分，共 30 分．

11. 若 $\dfrac{a}{3}=\dfrac{b}{2}\neq 0$，则 $\dfrac{3a-2b}{a+b}=$ _____．

12. 如图，在△ABC 中，AD，BE 是两条中线，则 $S_{\triangle EDC} : S_{\triangle ABC} =$ _____．

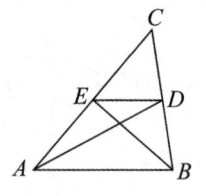

13. 如图，将矩形纸片 ABCD（AD＞DC）的一角沿着过点 D 的直线折叠，使点 A 落在 BC 边上，落点为 E，折痕交 AB 边交于点 F．若 BE＝1，EC＝2，则 $\sin\angle EDC=$ _____；若 BE：EC＝m：n，则 AF：FB＝ _____（用含有 m、n 的代数式表示）.

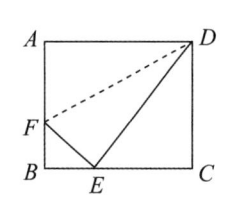

14. 把两个同样大小的含 45°角的三角尺按如图所示的方式放置，其中一个三角尺的锐角顶点与另一个的直角顶点重合于点 A，且另外三个锐角顶点 B，C，D 在同一直线上，若 $AB=\sqrt{2}$，则 CD＝ _____．

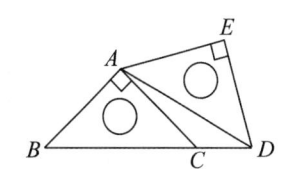

15. 如图，△ABC 与 △DEF 是以点 O 为位似中心的位似图形，若 △ABC 与 △DEF 的面积比为 4：9，则 OA：OD 为 _____．

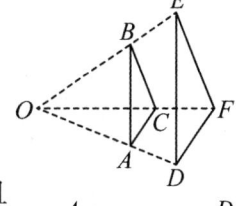

16. 如图，正方形 ABCD 的边长为 4，点 P 在 DC 边上且 DP＝1，点 Q 是 AC 上一动点，则 DQ＋PQ 的最小值为 _____．

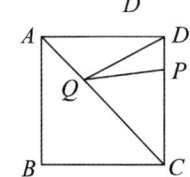

三、解答题：本题共 2 小题，共 20 分．

17. 如图，BD 是矩形 ABCD 的对角线．

    (1) 求作⊙A，使得⊙A 与 BD 相切（要求：尺规作图，不写作法，保留作图痕迹）；

    (2) 在（1）的条件下，设 BD 与⊙A 相切于点 E，CF⊥BD，垂足为 F．若直线 CF 与⊙A 相切于点 G，求 $\tan\angle ADB$ 的值．

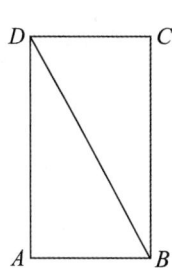

18. 如图1，在△ABC中，∠BAC＝90°，AB＝AC，D是AB边上不与A，B重合的一个定点．AO⊥BC于点O，交CD于点E．DF是由线段DC绕点D顺时针旋转90°得到的，FD，CA的延长线相交于点M．

   (1) 求证：△ADE∽△FMC；

   (2) 求∠ABF的度数；

   (3) 若N是AF的中点，如图2，求证：ND＝NO．

图1

图2

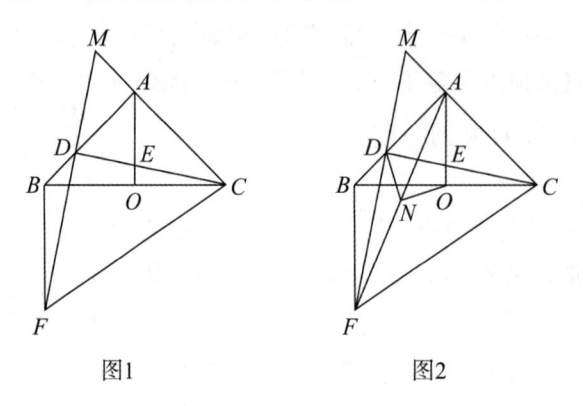

参考答案

附件：测评示例

501010101 A 501010102 6 cm

501010201 A 501010202 B

501020101 C 501020102 略

501020201 （1）略；（2）略；（3）BC 扫过的面积 $=2\pi$.

501020202 （1）略；（2）$A_1(-1, 2)$，$B_1(-3, 1)$，$C_1(2, -1)$；（3）略.

501030101 15 501030102 略

501030201 B 501030202 略

501040101 C 501040102 C

501040201 B 501040202 B

502010101 旋转 502010102 B

502010201 B 502010202 B

502020101 D 502020102 ②

502020201 A 502020202 C

502030101 B 502030102 A

502030201 D 502030202 $\pi-1$

502040101 A 502040102 D

502040201 B 502040202 B

503010101 B

503010102 （1）略；（2）略；（3）8；（4）$AA'=CC'$

503010201 D 503010202 20

503020101 D 503020102 B

503020201 B

503020202 （1）67；（2）15×5－4×2

503030101 B

503030102 略

503030201 ①④、②⑤、③

503030202 （1）2；（2）C；（3）略

504010101 A

504010102 C

504010201 $5\sqrt{5}-5$

504010202 B

504020101 D

504020102 D

504020201 C

504020202 （1）20°；0°；(2)设矩形的长和宽分别为 m，$n(m\leqslant n)$，如矩形的"接近度"的定义为 $\frac{n}{m}$，$\frac{n}{m}$ 越接近1，矩形越接近于正方形；$\frac{n}{m}$ 越大，矩形与正方形的形状差异越大；当 $\frac{n}{m}=1$ 时，矩形就变成了正方形，即只有矩形的 $\frac{n}{m}$ 越接近1，矩形才越接近正方形.

504030101 C

504030102 C

504030201 $\frac{1}{2}$

504030202 利用平行线分线段成比例

504040101 证明略

504040102 D

504040201 B

504040202 A

504050101 D

504050102 B

504050201 B

504050202 2.25 m

504060101 B

504060102 D

504060201 C

504060202 $\sqrt{13}$

504070101 A

504070102 C

504070201 竹竿长为45尺或4丈5尺.

504070202 河的宽度为90 m.

第 5 章　图形的变化

504080101　A

504080102　$\dfrac{\sqrt{3}}{3}$

504080201　$\dfrac{3}{2}$

504080202　B

504090101　B

504090102　(1) $\angle A=44.4°$；(2) $\angle A=81.3°$；(3) $\angle A=67.4°$.

504100101　(1) $b=19$，$\angle A=45°$，$\angle B=45°$；(2) $c=12\sqrt{2}$，$\angle A=30°$，$\angle B=60°$.

504100102　AB 的长为 6.

504100201　$(3\sqrt{3}+9)\,\text{m}$.

504100202　2000 m^2.

505010101　A

505010102　C

505010201　6.4

505010202　(1) 图略；(2) 灯泡的高为 4 m.

505020101　D

505020102　B

505020201　A

505020202　(1) $a=3$，$b=1$，$c=1$.（2) 最少需要 9 个正方体，最多需要 11 个正方体.（3) 图略.

505030101　C

505030102　D

505040101　C

505040102　B

505040201　C

505040202　(1) 10%；(2) $(64+48\pi)\,\text{cm}^2$.

A 卷

一、选择题：本题共 10 小题，每小题 5 分，共 50 分.

1. C　2. D　3. A　4. C　5. B　6. D　7. C　8. D　9. C　10. B

二、填空题：本题共 6 小题，每小题 5 分，共 30 分.

11. $\dfrac{5}{4}$ 12. $\dfrac{\sqrt{3}}{2}$ 13. $\dfrac{2}{5}$ 14. $\sqrt{3}+1$ 15. 4.5 16. $2\sqrt{5}$

三、解答题：本题共 2 小题，共 20 分．

17. （1）$\angle BDE=90°$；（2）①$DF=PF$．证明略． ②证明略．

18. （1）①$\angle C=\angle C$；②$3c$；（2）相似三角形的判定和性质；（3）略．

B 卷

一、选择题：本题共 10 小题，每小题 5 分，共 50 分．

1. A 2. D 3. B 4. D 5. C 6. D 7. B 8. D 9. D 10. B

二、填空题：本题共 6 小题，每小题 5 分，共 30 分．

11. 1 12. 1∶4 13. $\dfrac{2}{3}$ $\dfrac{m+n}{n}$ 14. $\sqrt{3}-1$ 15. 2∶3 16. 5

三、解答题：本题共 2 小题，共 20 分．

17. （1）图略；（2）$\dfrac{\sqrt{5}-1}{2}$．

18. （1）证明略；（2）$135°$；（3）证明略．

第6章 图形与坐标

一、知识结构

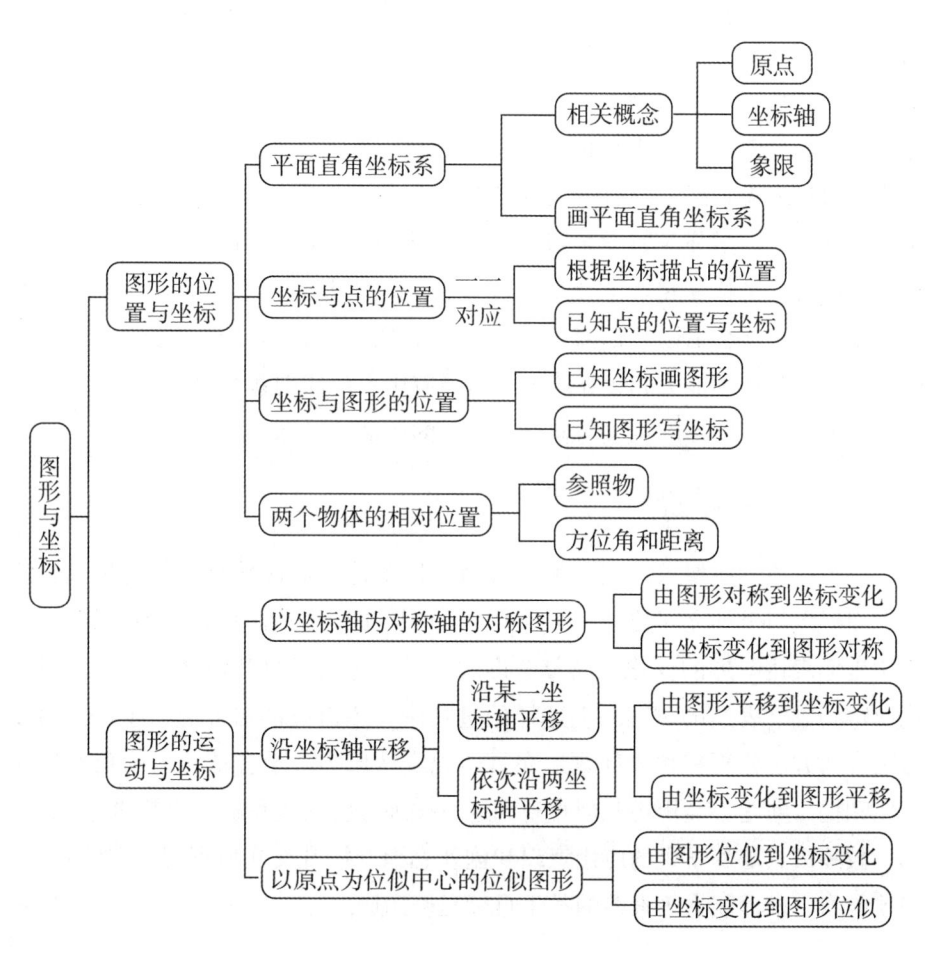

```
图形与坐标
├─ 图形的位置与坐标
│   ├─ 平面直角坐标系
│   │   ├─ 相关概念
│   │   │   ├─ 原点
│   │   │   ├─ 坐标轴
│   │   │   └─ 象限
│   │   └─ 画平面直角坐标系
│   ├─ 坐标与点的位置 ——一一对应
│   │   ├─ 根据坐标描点的位置
│   │   └─ 已知点的位置写坐标
│   ├─ 坐标与图形的位置
│   │   ├─ 已知坐标画图形
│   │   └─ 已知图形写坐标
│   └─ 两个物体的相对位置
│       ├─ 参照物
│       └─ 方位角和距离
└─ 图形的运动与坐标
    ├─ 以坐标轴为对称轴的对称图形
    │   ├─ 由图形对称到坐标变化
    │   └─ 由坐标变化到图形对称
    ├─ 沿坐标轴平移
    │   ├─ 沿某一坐标轴平移 ── 由图形平移到坐标变化
    │   └─ 依次沿两坐标轴平移 ── 由坐标变化到图形平移
    └─ 以原点为位似中心的位似图形
        ├─ 由图形位似到坐标变化
        └─ 由坐标变化到图形位似
```

213

二、学习目标

在初中数学课程中,"图形与坐标"强调数形结合,用代数方法研究图形,在平面直角坐标系中用坐标表示图形上点的位置,用坐标法分析和解决实际问题. 本单元的学习,可以帮助学生感悟图形轴对称、旋转、平移变化的基本特征,知道变化的感知是需要参照物的,学会借助参照物述说变化的基本特征;帮助学生理解几何学的本质,知道这三类变化有一个基本性质,即图形中任意两点间的距离保持不变,夹角也保持不变;帮助学生发现自然界中的对称之美,感悟图形有规律变化产生的美,会用几何知识表达物体简单的运动规律,增强对数学学习的兴趣;帮助学生学会用坐标表达图形的轴对称、旋转、平移变化,体会用代数方法表达图形变化的意义,发展几何直观;帮助学生学会借助平面直角坐标系解决现实问题的过程,感悟数形结合的意义,发展推理能力和运算能力,增强应用意识和创新意识.

内容包括:图形的位置与坐标,图形的运动与坐标.

三、学业评价

是否达成学业要求:感悟平面直角坐标系是沟通代数与几何的桥梁,理解平面上点与坐标之间的一一对应关系,能用坐标描述简单几何图形的位置;会用坐标表达图形的变化、简单图形的性质,感悟通过几何建立直观、通过代数得到数学表达的过程. 在这样的过程中,感悟数形结合的思想,会用数形结合的方法分析和解决问题. 在具体现实情境中,学会从几何的角度发现问题和提出问题,经历用几何直观和逻辑推理分析问题和解决问题的过程.

教师重点培养学生的应用意识和创新意识,提升其几何直观、空间观念、抽象能力、推理能力等素养的教学目标是否达成.

四、质量标准

学习内容	学习要求	评价要求	测评示例
1. 图形的位置与坐标	（1）理解平面直角坐标系的有关概念，能画出平面直角坐标系；在给定的平面直角坐标系中，能根据坐标描出点的位置，由点的位置写出坐标.	水平一：在具体实例中，直观体会平面直角坐标系，能画出平面直角坐标系，根据坐标描出点的位置，由点的位置写出坐标，体会数形结合思想.	601010101 601010102
		水平二：在不同情境中，理解平面直角坐标系的相关概念，能根据相应的数学内容中的坐标确定点的位置，用坐标表示相应的数学内容中的点的位置，理解坐标与点的一一对应关系，体会数形结合思想.	601010201 601010202
	（2）在实际问题中，能建立适当的平面直角坐标系，描述物体的位置.	水平一：在具体实例中建立适当的平面直角坐标系，描述物体的位置.	601020101 601020102
		水平二：在不同情境中选择适当的平面直角坐标系，描述物体的位置，感受建立平面直角坐标系方法的多样性.	601020201 601020202
	（3）对给定的正方形，会选择合适的平面直角坐标系，写出它的顶点坐标，体会可以用坐标表达简单图形.	水平一：在正方形的具体实例中选择合适的平面直角坐标系，写出它的顶点坐标.	601030101 601030102
		水平二：在不同情境中，选择合适的平面直角坐标系，感受建立平面直角坐标系方法的多样性，能写出相应几何图形的顶点坐标，可以用坐标表达几何图形.	601030201 601030202
	（4）在平面上，运用方位角和距离刻画两个物体的相对位置.	水平一：在具体实例中，能用方位角和距离刻画两个物体的相对位置.	601040101 601040102
		水平二：在不同情境中，能用方位角和距离刻画两个物体的相对位置，渗透极坐标的思想.	601040201 601040202

续表

学习内容	学习要求	评价要求	测评示例
2. 图形的运动与坐标	(1) 在平面直角坐标系中，以坐标轴为对称轴，能写出一个已知顶点坐标的多边形的对称图形的顶点坐标，知道对应顶点坐标之间的关系.	水平一：在具体实例中，能以坐标轴为对称轴，写出一个已知顶点坐标的多边形的对称图形的顶点坐标.	602010101 602010102
		水平二：在不同情境中，能写出一个已知顶点坐标的多边形的对称图形的顶点坐标，理解对应顶点坐标之间的关系，会根据坐标关系分析以坐标轴为对称轴的对称图形，用代数方法研究图形，体会数形结合思想.	602010201 602010202
	(2) 在平面直角坐标系中，能写出一个已知顶点坐标的多边形沿坐标轴方向平移一定距离后图形的顶点坐标，知道对应顶点坐标之间的关系.	水平一：在具体实例中，写出一个已知顶点坐标的多边形沿坐标轴方向平移一定距离后图形的顶点坐标.	602020101 602020102
		水平二：在不同情境中，能写出一个已知顶点坐标的多边形沿某一坐标轴方向平移一定距离后图形的顶点坐标，理解对应顶点坐标之间的关系，会根据坐标关系分析这类平移运动得到的图形，用代数方法研究图形，体会数形结合思想.	602020201 602020202
	(3) 在平面直角坐标系中，探索并了解将一个多边形依次沿两个坐标轴方向平移后所得到的图形和原来图形具有平移关系，体会图形顶点坐标的变化.	水平一：在具体实例中，写出一个已知顶点坐标的多边形沿两个坐标轴方向平移一定距离后图形的顶点坐标，体会图形顶点坐标的变化.	602030101 602030102
		水平二：在不同情境中，能写出一个已知顶点坐标的多边形依次沿两个坐标轴方向平移一定距离后图形的顶点坐标，理解对应顶点坐标之间的关系，会根据坐标变化分析这类平移运动得到的图形之间的位置关系，会将沿两个坐标轴方向的两次平移运动转化为一次平移，用代数方法研究图形，体会数形结合思想.	602030201 602030202

续表

学习内容	学习要求	评价要求	测评示例
	(4) 在平面直角坐标系中，探索并了解将一个多边形的顶点坐标（有一个顶点为原点）分别扩大或缩小相同倍数时所对应的图形与原图形是位似的.	水平一：在具体实例中，写出一个已知顶点坐标的多边形（有一个顶点为原点）分别扩大或缩小相同倍数时所对应的图形的顶点坐标，体会图形坐标变化与图形大小变化的关系.	602040101 602040102
		水平二：在不同情境中，能写出一个已知顶点坐标的多边形（有一个顶点为原点）分别扩大或缩小相同倍数时所对应的图形的顶点坐标，理解对应顶点坐标之间的关系，会根据坐标变化分析这类图形之间的位似关系，用坐标法研究位似图形，体会数形结合思想.	602040201 602040202

附件：测评示例

601010101 如图是某学校的示意图，以办公楼所在位置为原点，以图中小正方形的边长为单位长度，建立平面直角坐标系，则教学楼的坐标是（　　）

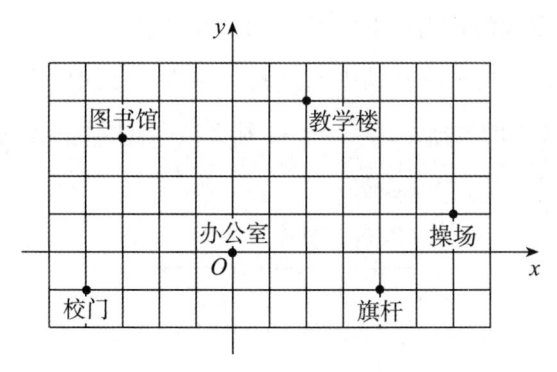

A．(2，4)　　　　　　　　B．(−2，4)
C．(−2，−4)　　　　　　D．(2，−1)

601010102 在平面直角坐标系描出下列点 $A(4,0)$，$B(3,1)$，$C(5,3)$，$D(0,3)$，并依次连接 O,A,B,C,D,O 围成一个封闭图形.

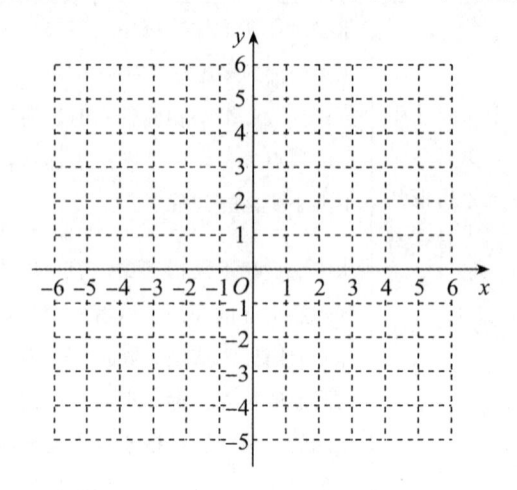

601010201 若点 $P(-2,m)$ 在 x 轴上，则点 $Q(m-3,m+1)$ 所在象限是（　　）

  A. 第一象限   B. 第二象限

  C. 第三象限   D. 第四象限

601010202 在平面直角坐标系中，对于坐标 $P(1,-4)$，下列说法错误的是（　　）

  A. P 在第四象限   B. 点 P 的纵坐标是 -4

  C. 点 P 到 y 轴的距离是 1   D. 它与点 $(4,1)$ 表示同一个坐标

601020101 如图，围棋盘放在某平面直角坐系内，已知黑棋（甲）的坐标为 $(0,0)$，黑棋（乙）的坐标为 $(1,-4)$，那么白棋（甲）的坐标是 _____．

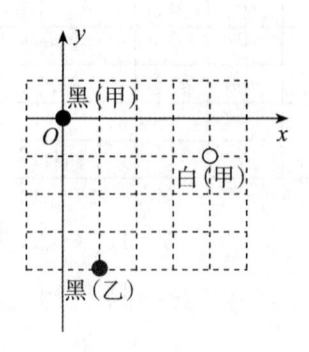

601020102 如图，将一片枫叶固定在正方形网格中，若点 A 的坐标为 $(-2, 0)$，点 B 的坐标为 $(0, -1)$，则点 C 的坐标为（　　）

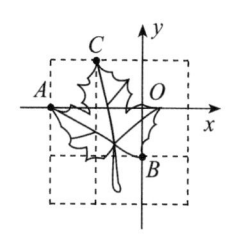

A．$(1, 1)$ 　　　　　B．$(-1, -1)$

C．$(1, -1)$ 　　　　D．$(-1, 1)$

601020201 如图，是某围棋棋盘的局部，若棋盘是由边长均为 1 的小正方形组成的，棋盘上 A、B 两颗棋子的坐标分别为 $A(-2, 4)$，$B(1, 2)$.

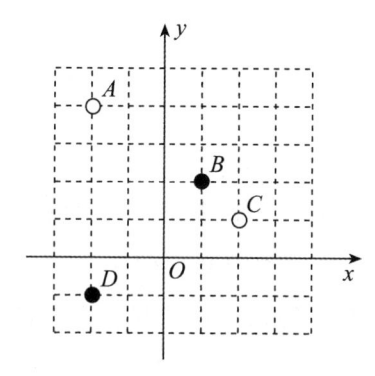

(1) 根据题意，画出相应的平面直角坐标系；

(2) 分别写出 C、D 两颗棋子的坐标；

(3) 有一颗黑色棋子 E 的坐标为 $(3, -1)$，请在图中画出黑色棋子 E.

601020202 中国象棋是经典国粹，备受人们喜爱．如图是中国象棋棋盘的一半，棋子"马"走的规则是沿"日"形的对角线走．例如：图中"马"所在的位置可以直接走到点 A 或点 B 处等．

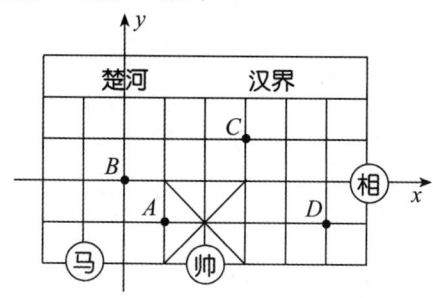

(1) 如图，如果"帅"所在点的坐标为（2，-2），"马"所在点的坐标为（-1，-2），那么"相"所在点的坐标为_____；

(2) 如图，如果C点的坐标为（2，2），D点的坐标为（4，0），按"马"走的规则，那么图中"马"由所在的位置走一步可以直接到的点的坐标为_____.

601030101 建立适当的直角坐标系，表示边长为4的正方形的各顶点的坐标.

601030102 如图，边长为4的正方形ABCD的顶点D的坐标为（1，5），且CD//y轴，则点B的坐标是_____.

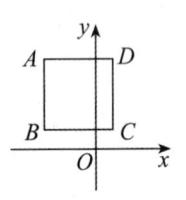

601030201 等边三角形ABC的边长为6，建立适当的直角坐标系，并写出各点的坐标.

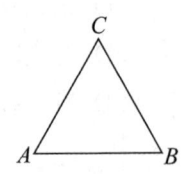

601030202 如图是由边长为2的六个等边三角形组成的正六边形，建立适当的直角坐标系，写出正六边形各顶点的坐标.

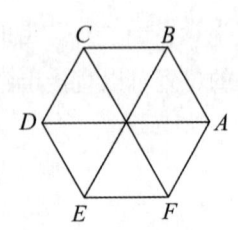

601040101 如图，上午 8 时，一艘船从海港 A 出发，以每小时 20 海里的速度驶向北偏东 60°方向的小岛 B，10 时整到达小岛 B．则从小岛 B 看海港 A 的位置，用方位角和距离表示为＿＿＿＿＿＿．

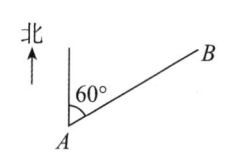

601040102 根据如图提供的信息回答问题．

（1）书店在小军家＿＿＿＿方向＿＿＿＿米处．

（2）花店在学校南偏东 30°方向 400 米处，请在图中标示出来．

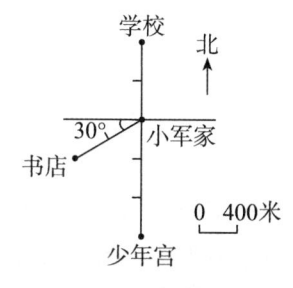

601040201 在一个团队旅游活动中，导游告诉旅客们 A、B 两景点的坐标分别是（-3，1）、（-2，-3），同时只告诉旅客们看完景点后集合中心 C 的坐标为（3，2）（单位：km）．

（1）请在图中建立直角坐标系并确定点 C 的位置．

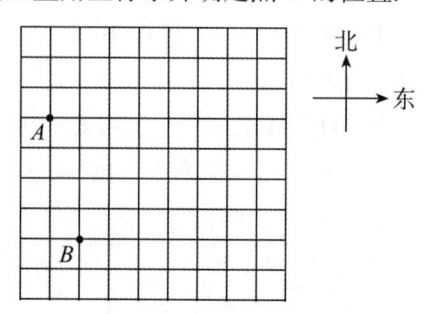

（2）若旅客们计划从景点 B 处直接去集合中心 C 处，请在景点 B 处用方向角和距离描述集合中心 C 的位置．

601040202 如图是某台雷达探测器探测结果的示意图，其中点 O 是雷达所在地，以 O 为圆心的六个同心圆中，最小圆的半径为 100 米，且每相邻两个同心圆的半径相差 100 米，图中显示，在 A，B，C，D，E 处有目标出现，请你以 O 点为参照点用方位角和距离分别表示每个目标的位置.

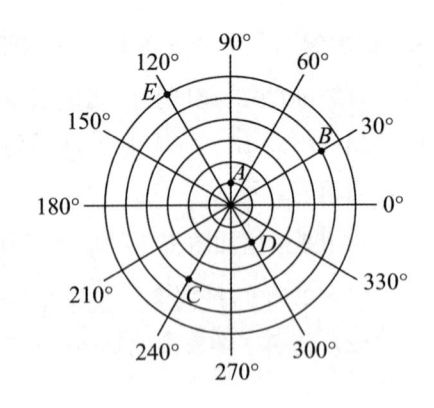

602010101 剪纸是我国民间艺术中的瑰宝．如图所示的这幅蝴蝶剪纸图案是一个轴对称图形，将其放在平面直角坐标系中，对称轴为 y 轴，若点 E 的坐标为 $(-3,2)$，则点 E 的对应点 F 的坐标为（　　）

A．$(2,-3)$　　　　B．$(3,-2)$

C．$(2,3)$　　　　D．$(3,2)$

602010102 $\triangle ABC$ 在平面直角坐标系内的位置如图.

(1) 分别写出 A、B 点的坐标；

(2) 请画出 $\triangle A_1B_1C_1$，使 $\triangle A_1B_1C_1$ 与 $\triangle ABC$ 关于 x 轴对称.

(3) 若 $\triangle A_2B_2C_2$ 与 $\triangle ABC$ 关于 y 轴对称，请写出点 B_2 和 C_2 点的坐标.

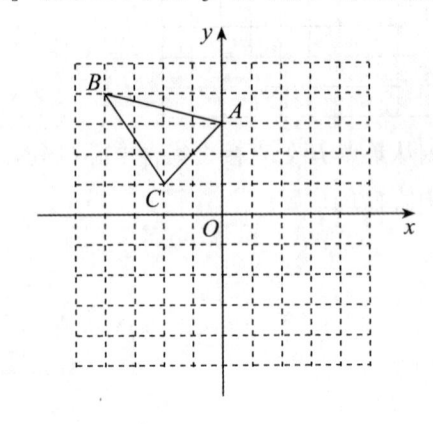

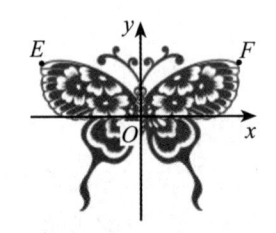

602010201 若点 $M(m+2, -1)$ 和 $N(-3, n-3)$ 关于 x 轴对称,则 $(m+n)^3$ 的值为（　　）

  A. -3 B. -1 C. 0   D. 1

602010202 如图 A, B 两点的坐标分别是 $(2, -1)$, $(2, 1)$,你能确定 $(3, 3)$ 的位置吗？

        $\bullet B(2, 1)$

        $\bullet A(2, -1)$

602020101 如图，在平面直角坐标系中,点 A 的坐标是 $(1, 2)$,将线段 OA 向右平移 4 个单位长度,得到线段 BC,点 A 的对应点 C 的坐标是 _____.

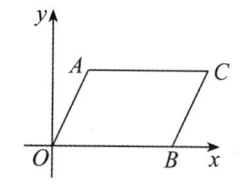

602020102 在平面直角坐标系中,把点 $A(-2, 1)$ 向右平移 5 个单位得到点 A',则点 A' 的坐标为 _____.

602020201 将某图形的各顶点的横坐标保持不变,纵坐标减去 3,可将该图形（　　）

  A. 横向向右平移 3 个单位   B. 横向向左平移 3 个单位
  C. 纵向向上平移 3 个单位   D. 纵向向下平移 3 个单位

602010202 在平面直角坐标系中,已知点 $A(-4, 0)$, $B(0, 2)$,现将线段 AB 向右平移,使 A 与坐标原点 O 重合,则 B 平移后的坐标是（　　）

  A. $(-4, -2)$ B. $(4, 2)$ C. $(-4, 2)$ D. $(0, -4)$

602030101 在平面直角坐标系中,将点 $A(-2, -2)$ 先向右平移 6 个单位长度,再向上平移 5 个单位长度得到点 A',则点 A' 的坐标是（　　）

  A. $(4, 5)$ B. $(4, 3)$ C. $(6, 3)$ D. $(-8, -7)$

602030102 已知矩形 $ABCD$ 在平面直角坐标系中的位置如图所示,将矩形 $ABCD$ 沿 x 轴向左平移到使点 C 与坐标原点重合后,再沿 y 轴向下平移到使点 D 与坐

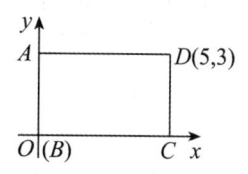

标原点重合,此时点 A 的坐标是_____,点 B 的坐标是_____,点 C 的坐标是_____.

602030201 平面直角坐标系中,将点 A、B 先向下平移 3 个单位长度,再向右平移 2 个单位后,分别得到点 $A'(3,-2)$、$B'(2,-4)$. 则点 A 坐标为_____,点 B 坐标为_____.

602030202 如图,在平面直角坐标系中,$A(-1,4)$,$B(1,1)$,$C(-4,-1)$.

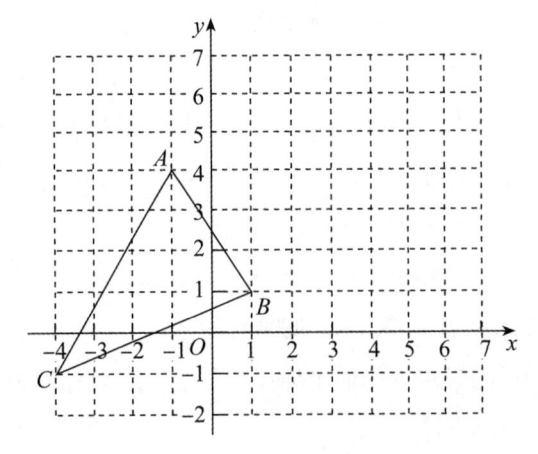

(1) △ABC 中任意一点 $P(x_0,y_0)$ 经平移后对应点为 $P_1(x_0+5,y_0+3)$,将△ABC 作同样的平移得到三角形 $A_1B_1C_1$. 写出 A_1,B_1,C_1 的坐标;

(2) 若将线段 AB 沿水平方向平移一次,竖直方向平移一次,两次平移扫过的图形没有重叠部分. 两次平移后 B 点的对应点 B_2 的坐标为 $(1+a,1+b)$,已知线段 AB 扫过的面积为 20,请直接写出 a,b 的数量关系:_____.

602040101 如图,在平面直角坐标系中,将△OAB 以原点为位似中心放大后得到△OCD,若 $A(1,0)$,$C(3,0)$,则△OAB 与△OCD 的相似比为( )

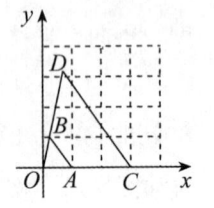

A. 1∶2
B. 1∶3
C. 1∶4
D. 1∶9

602040102 如图，平面直角坐标系中，以点 O 为位似中心，将△ABO 扩大到原来的 2 倍得到△A′B′O. 点 A 的坐标是 (1, 2)，则点 A' 的坐标是 (　　)

　　A. (2, 4)
　　B. (−1, −2)
　　C. (−2, −4)
　　D. (−2, −1)

602040201 如图，△AOB 三个顶点的坐标分别为 $A(5, 0)$，$O(0, 0)$，$B(3, 6)$，以点 O 为位似中心，相似比为 $\frac{2}{3}$，将△AOB 缩小，则点 B 的对应点 B' 的坐标是＿＿＿＿．

602040202 如图，在平面直角坐标系中，以原点 O 为位似中心，将△OAB 放大得到△OCD，若 A 点坐标为 (1, 2)，C 点坐标为 (2, 4)，$AB=\sqrt{5}$，则线段 CD 长为 (　　)

　　A. 2　　B. 4　　C. $\sqrt{5}$　　D. $2\sqrt{5}$

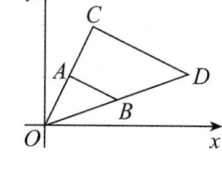

五、单元评价

A卷

一、选择题：本题共 10 小题，每小题 4 分，共 40 分.

1. 在平面直角坐标系中，下列各点在第三象限的是 (　　)
　　A. (1, 2)　　　　　　　　B. (1, −2)
　　C. (−1, 2)　　　　　　　D. (−1, −2)

2. 在平面直角坐标系中，已知点 M 的坐标为 (6, −5)，则下列说法不正确的是 (　　)
　　A. 点 M 在第四象限
　　B. 点 M 关于 x 轴的对称点的坐标为 (6, 5)

225

C. 点 M 关于 y 轴的对称点的坐标为（-6，-5）

D. 点 M 关于原点的对称点的坐标为（5，-6）

3. 在平面直角坐标系中，点 M 的坐标是（3，-4），则点 M 到 x 轴的距离是（ ）

    A. 3　　　　B. 4　　　　C. 3　　　　D. 2

4. 点 $A(2023,-2024)$ 关于 y 轴对称的点的坐标为（ ）

    A.（-2024，2023）　　　　B.（2023，-2024）

    C.（-2023，-2024）　　　D.（2023，2024）

5. 如图，在 3×3 的正方形网格中，每个小正方形的边长均为 1，有四个格点 A，B，C，D，建立直角坐标系，使点 A 点 B 关于 x 轴对称，且点 A 与点 D 的横坐标互为相反数，则点 C 的坐标是（ ）

    A.（0，2）　　　　B.（2，0）

    C.（0，1）　　　　D.（1，0）

6. 下列说法正确的是（ ）

    A. 已知点 $M(2,-5)$，则点 M 到 x 轴的距离是 2

    B. 若点 $A(a-1,0)$ 在 x 轴上，则 $a=0$

    C. 点 $A(-1,2)$ 关于 x 轴对称的点坐标为（-1，-2）

    D. 点 $C(-3,2)$ 在第一象限内

7. 已知点 $A(m-1,m+4)$ 在 y 轴上，则 m 的值为（ ）

    A. -4　　　　B. -1　　　　C. 1　　　　D. 4

8. 已知点 P 关于 y 轴对称的点的坐标为（-1，2），则点 P 的坐标为（ ）

    A.（2，1）　　B.（1，-2）　　C.（1，2）　　D.（-1，-2）

9. 剪纸艺术是中国民间艺术之一，很多剪纸作品体现了数学中的对称美．如图，蝴蝶剪纸是一幅轴对称图形，将其放在平面直角坐标系中，如果图中点 E 的坐标为（m，-4），其关于 y 轴对称的点 F 的坐标为（3，n），则 $m+n$ 的值为（ ）

    A. 7　　　　B. -7　　　　C. 1　　　　D. -1

10. 如图，在平面直角坐标系中，以原点 O 为位似中心，将△AOB 扩大到原来的 2 倍，得到△$A'OB'$. 若点 A 的坐标为 (1, 2)，则点 A' 的坐标为（　　）

    A．(2, 4)

    B．(4, 2)

    C．(2, 4) 或 (−2, −4)

    D．(4, 2) 或 (−4, −2)

二、填空题：本题共 6 小题，每小题 4 分，共 24 分.

11. 已知在平面直角坐标系中，点 $A(m, n)$ 在第二象限，且点 A 到 x 轴和 y 轴的距离相等，则 $m+n$ 的值为＿＿＿＿＿＿.

12. 若 $a<0$, $b>0$，则点 $(a, b+1)$ 在第＿＿＿＿＿＿象限.

13. 点 $M(−3, 4)$ 关于 x 轴的对称点为 N，则点 N 的坐标为＿＿＿＿＿＿.

14. 点 $A(5, 2)$ 先向左平移 3 个单位，再向上平移 4 个单位得点 A'，点 A' 的坐标是＿＿＿＿＿＿.

15. 已知：如图，△ABC 三个顶点的坐标分别为 $A(0, −3)$、$B(3, −2)$、$C(2, −4)$，正方形网格中，每个小正方形的边长是 1 个单位长度，以点 C 为位似中心，在网格中画出 △$A_1B_1C_1$，使 △$A_1B_1C_1$ 与 △ABC 位似，且 △$A_1B_1C_1$ 与 △ABC 的位似比为 2∶1，此时点 A_1 的坐标为＿＿＿＿.

16. 已知线段 $A'B'$ 与 AB 位似，相似比为 1∶2，$A(2, 6)$，$B(4, 4)$，关于原点的位似线段 $A'B'$ 与 AB 均在原点同一侧，则线段 $A'B'$ 的端点坐标分别是＿＿＿＿＿＿＿＿＿＿.

三、解答题：本题共 4 小题，每小题 9 分，共 36 分.

17. 如图，在平面直角坐标系中（每个小正方形的边长均为 1），解答下列问题：

    (1) 图中的点 A、点 B 的坐标分别为＿＿＿＿＿＿＿＿＿＿＿＿＿＿.

(2) 在图中标出表示点 $C(-2,3)$ 和点 $D(4,-1)$.

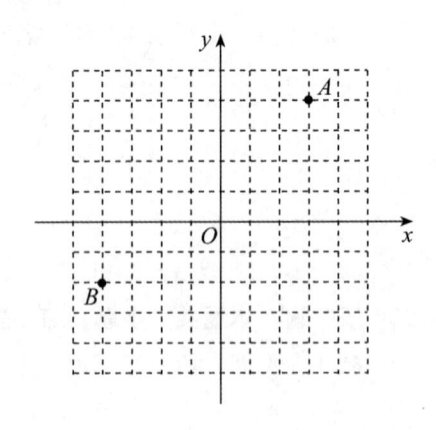

18. 已知点 $A(a+3,6)$ 和 $B(-2,b-2)$，A，B 两点关于 y 轴对称，求 $a-b$ 的值.

19. 如图，$\triangle ABC$ 在直角坐标系中.

(1) 请写出 $\triangle ABC$ 各点的坐标；

(2) 若把 $\triangle ABC$ 向上平移 2 个单位，再向右平移 2 个单位得到 $\triangle A'B'C'$，在图中画出 $\triangle A'B'C'$，并写出 A'、B'、C' 的坐标.

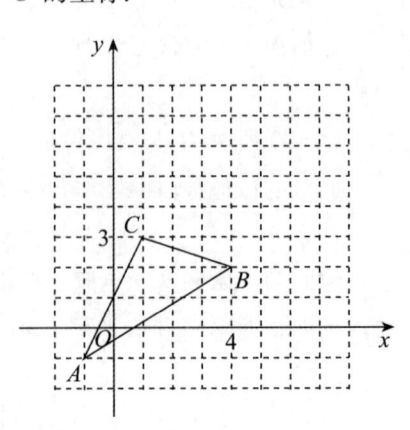

20. 如图，已知图中的每个小方格都是边长为 1 的小正方形，每个小正方形的顶点称为格点. 已知△ABC，点 $P(a, b)$ 为 AB 边上一点.

(1) 以原点 O 为位似中心，在正方形网格内作△ABC 的位似图形 △$A_1B_1C_1$，使△$A_1B_1C_1$ 与△ABC 的位似比为 2∶1.

(2) 写出点 $P(a, b)$ 在△$A_1B_1C_1$ 上的对应点 P_1 的坐标.

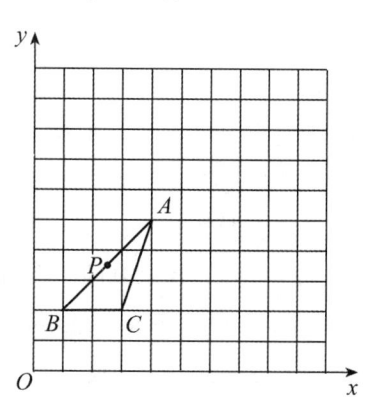

B 卷

一、选择题：本题共 10 小题，每小题 4 分，共 40 分.

1. 在平面直角坐标系中，点 M 在第二象限，到 x 轴，y 轴的距离分别为 6，4，则点 M 的坐标为（　　）

　　A. (−4, 6)　　　　　　　　B. (4, −6)
　　C. (−6, 4)　　　　　　　　D. (−6, −4)

2. 如图，△AOB 是以边长为 2 的等边三角形，则点 A 关于 x 轴的对称点的坐标为（　　）

　　A. $(-1, \sqrt{3})$　　　　　　B. $(-1, -\sqrt{3})$
　　C. $(1, \sqrt{3})$　　　　　　　D. $(1, -\sqrt{3})$

3. 如图是小颖画的一张脸的示意图，如果用（3，3）表示右眼，用（2，1）表示嘴，那么左眼的位置可以表示成（　　）

　　A. (1, 2)　　　　　　　　　B. (−1, 3)
　　C. (−1, −1)　　　　　　　D. (1, 3)

4. 点 $A(-3, 5)$ 与 $B(5, 5)$ 关于某一直线对称，则对称轴是（　　）

   A. x 轴　　　　B. y 轴　　　　C. 直线 $x=1$　　　　D. 直线 $y=1$

5. 如图，在平面直角坐标系 xOy 中，△AOB 为等腰直角三角形，$\angle AOB = 90°$，若点 A 的坐标为（2，3），则点 B 的坐标为（　　）

   A. $(-3, 2)$　　　　　　　　B. $(-2, 3)$

   C. $(3, 2)$　　　　　　　　D. $(2, -2)$

6. 经过点 $A(5, 3)$，$B(6, 3)$ 作直线 AB，则直线 AB（　　）

   A. 经过点（5，0）　　　　　B. 平行于 x 轴

   C. 经过原点　　　　　　　　D. 平行于 y 轴

7. 如图是雷达探测到的 6 个目标，若目标 B 用（30，60°）表示，目标 D 用（50，210°）表示，则表示为（30，330°）的目标是（　　）

   A. 目标 A　　　B. 目标 C　　　C. 目标 E　　　D. 目标 F

8. 如图，在平面直角坐标系中，大鱼与小鱼是关于原点 O 的位似图形，则下列说法中错误的是（　　）

   A. 小鱼与大鱼的周长之比是 1∶2

   B. 小鱼与大鱼的对应点到位似中心的距离比是 1∶2

   C. 大鱼尾巴的面积是小鱼尾巴面积的 2 倍

   D. 若小鱼上一点的坐标是 (a, b)，则大鱼上的对应点的坐标是 $(-2a, -2b)$

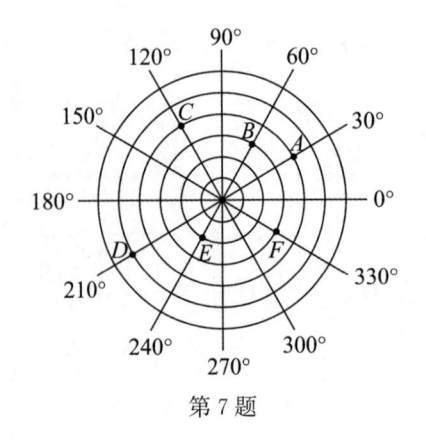

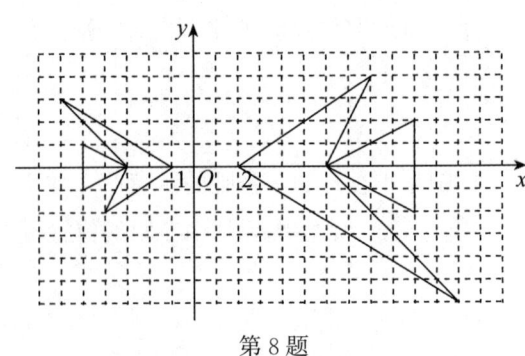

第 7 题　　　　　　　　　　第 8 题

9. 如图，点 $A(-1, 0)$，点 $B(0, 2)$，线段 AB 平移后得到线段 $A'B'$，若点 $A'(2, a)$，点 $B'(b, 1)$，则 $a-b$ 的值是（　　）

   A. 4　　　　　　　　　　B. -2
   C. 2　　　　　　　　　　D. -4

10. 如图，在平面直角坐标系中，点 A 的坐标为（2，0），点 B 的坐标为（0，1），将线段 AB 平移，使其一个端点到 $C(3, 2)$，则平移后另一端点的坐标为（　　）

    A. （1，3）　　　　　　　B. （5，1）
    C. （1，3）或（3，5）　　D. （1，3）或（5，1）

二、填空题：本题共 6 小题，每小题 4 分，共 24 分.

11. 已知点 $A(3, -4)$、$B(a, a+1)$，且直线 AB 平行于 x 轴，则 a 的值为_____.

12. 若点 $A(1+m, 1-n)$ 与点 $B(3, -2)$ 关于 y 轴对称，则 $(m+n)^{2023}$ 的值是_____.

13. 小美家（A）、小明家（B）、小丽家（C）在同一个小区，位置如图所示，如果小美家（A）的位置用（$-4, -3$）表示，小明家（B）的位置用（2，1）表示，那么小丽家（C）的位置可以表示为_____.

14. 已知△ABO 关于 x 轴对称，点 A 的坐标为（1，-2），若在坐标轴上有一个点 P，满足△BOP 的面积等于 2，则点 P 的坐标为_____.

15. 点 $P(-1, -3)$ 向左平移 m 个单位长度，再向上平移的 n 个单位长度所得对应点为 $Q(-2, 0)$，则 $m+n=$_____.

16. 如图，在平面直角坐标系中，已知点 $A(2,4)$，$B(4,1)$，以原点 O 为位似中心，在点 O 的异侧将 $\triangle OAB$ 缩小为原来的 $\dfrac{1}{2}$，则点 B 的对应点的坐标是_____．

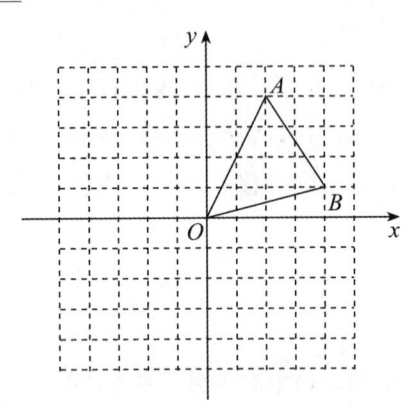

三、解答题：本题共 4 小题，每小题 9 分，共 36 分．

17. 如图，这是某学校的平面示意图，图中小方格都是边长为 1 个单位长度的正方形，若艺术楼的坐标为 $(3, a)$，实验楼的坐标为 $(b, -1)$．

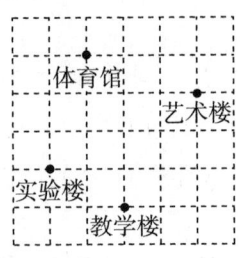

    (1) 请在图中画出平面直角坐标系．
    (2) $a=$_____，$b=$_____．
    (3) 若图书馆的坐标为 $(2, 3)$，请在（1）中所画的平面直角坐标系中标出图书馆的位置．

18. 如图，在 10×9 的正方形网格中，每个小正方形的边长均为 1，请根据下图解决问题．

    (1) 在学校南偏西 $27°$ 的方向上有_____（填场所名）．
    (2) 若体育场的坐标为 $(5, -2)$，菜市场的坐标为 $(-1, -6)$．
    ①请建立适当的平面直角坐标系并写出游乐园和电视塔的坐标；

232

② (3,0) 表示的位置是_____（填场所名）.

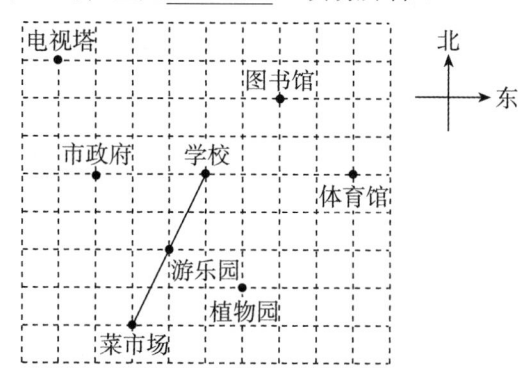

19. 如图，△ABC 的顶点坐标分别为：$A(4，0)$，$B(1，-4)$，$C(5，-3)$，将△ABC 平移得到△A′B′C′，使点 A 的对应点为 A′$(-3，5)$.

(1) △A′B′C′可以看作是由△ABC 先向上平移_____个单位，再向左平移_____个单位得到的；

(2) 在图中作出△A′B′C′，并写出点 C 的对应点 C′的坐标；

(3) 求出△A′B′C′的面积.

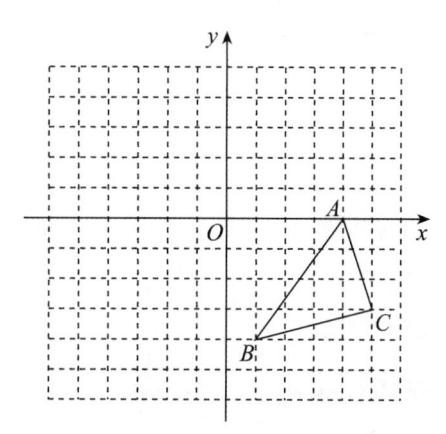

20. 如图，在平面直角坐标系中，△ABC 的三个顶点坐标分别为 $A(-2，1)$，$B(-1，4)$，$C(-3，2)$.

(1) 画出△ABC 关于 y 轴对称的图形△$A_1B_1C_1$，并直接写出 C_1 点坐标；

(2) 以原点 O 为位似中心，位似比为 2∶1，在 y 轴的左侧，画出△ABC 放大后的图形△$A_2B_2C_2$；

（3）如果点 $D(a, b)$ 在线段 AB 上，请直接写出经过（2）的变化后点 D 的对应点 D_2 的坐标.

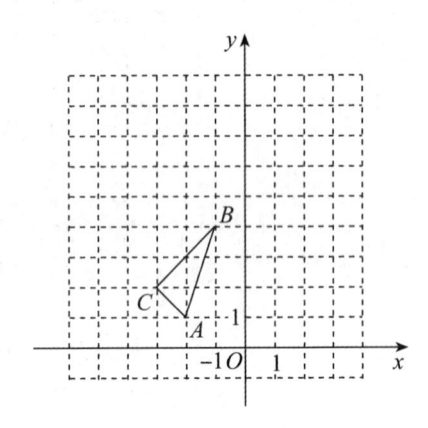

参考答案

附件：测评示例

`601010101` A　　　　　　　　　　　`601010102` 略

`601010201` B　　　　　　　　　　　`601010202` D

`601020101` (4，−1)　　　　　　　　`601020102` D

`601020201` (1) 略；(2) 点 C 的坐标 (2，1)，点 D 的坐标 (−2，−1)；(3) 略.

`601020202` (1) (6，0)；(2) (0，0)，(−1，1)，(−3，1)

`601030101` 略　　　　　　　　　　　`601030102` (−3，1)

`601030201` 略　　　　　　　　　　　`601030202` 略

`601040101` 南偏西 60°，距离 40 海里处

`601040102` (1) 南偏西 60°，800. (2) 略

`601040201` (1) 略；(2) 点 C 在点 B 北偏东 45°方向上，距离 B 点 $5\sqrt{2}$ km 处.

`601040202` 略　　　　　　　　　　　`602010101` D

第6章 图形与坐标

602010102 (1) $A(0,3)$，$B(-4,4)$；(2) 图略；(3) $B_2(4,4)$，$C_2(2,1)$.

602010201 B 602010202 略

602020101 (5,2) 602020102 (3,1)

602020201 D 602010202 B

602030101 B

602030102 $(-5,0)$，$(-5,-3)$，$(0,-3)$

602030201 (1,1)，(0,-1)

602030202 (1) $A_1(4,7)$、$B_1(6,4)$、$C_1(1,2)$；(2) $3a+2b=20$

602040101 B 602040102 C

602040201 (2,4) 或 (-2,-4) 602040202 D

A卷

一、选择题：本题共10小题，每小题4分，共40分.

1. D 2. D 3. B 4. C 5. A 6. C 7. C 8. C 9. B 10. C

二、填空题：本题共6小题，每小题4分，共24分.

11. 0 12. 二 13. $(-3,-4)$ 14. $(2,6)$ 15. $(-2,-2)$

16. $A'(1,3)$，$B'(2,2)$

三、解答题：本题共4小题，每小题9分，共36分.

17. (1) 图中的点 A、点 B 的坐标分别为 $(3,4)$，$(-4,-2)$. (2) 图略

18. $a-b=-9$.

19. (1) $A(-1,-1)$，$B(4,2)$，$C(1,3)$；(2) 图略，$A'(1,1)$，$B'(6,4)$，$C'(3,5)$.

20. (1) 图略；(2) P_1 的坐标为 $(2a,2b)$.

B卷

一、选择题：本题共10小题，每小题4分，共40分.

1. A 2. D 3. D 4. C 5. A 6. B 7. D 8. C 9. D 10. D

235

二、填空题：本题共 6 小题，每小题 4 分，共 24 分．

11. -5 12. -1 13. $(-2, 0)$ 14. $(-2, 0)$，$(2, 0)$，$(0, 4)$，$(0, -4)$ 15. 4 16. $\left(-2, \dfrac{1}{2}\right)$

三、解答题：本题共 4 小题，每小题 9 分，共 36 分．

17. (1) 图略；(2) 1，-1；(3) 图略．

18. (1) 游乐园和菜市场；(2) ①图略；②图书馆

19. (1) 5，7；(2) 图略，点 C' 的坐标为 $(-2, 2)$；(3) $\triangle A'B'C'$ 的面积为 $\dfrac{13}{2}$．

20. (1) 图略，C_1 点坐标为 $(3, 2)$；(2) 图略；(3) D_2 的坐标为 $(2a, 2b)$．

第 7 章 统计与概率

一、知识结构

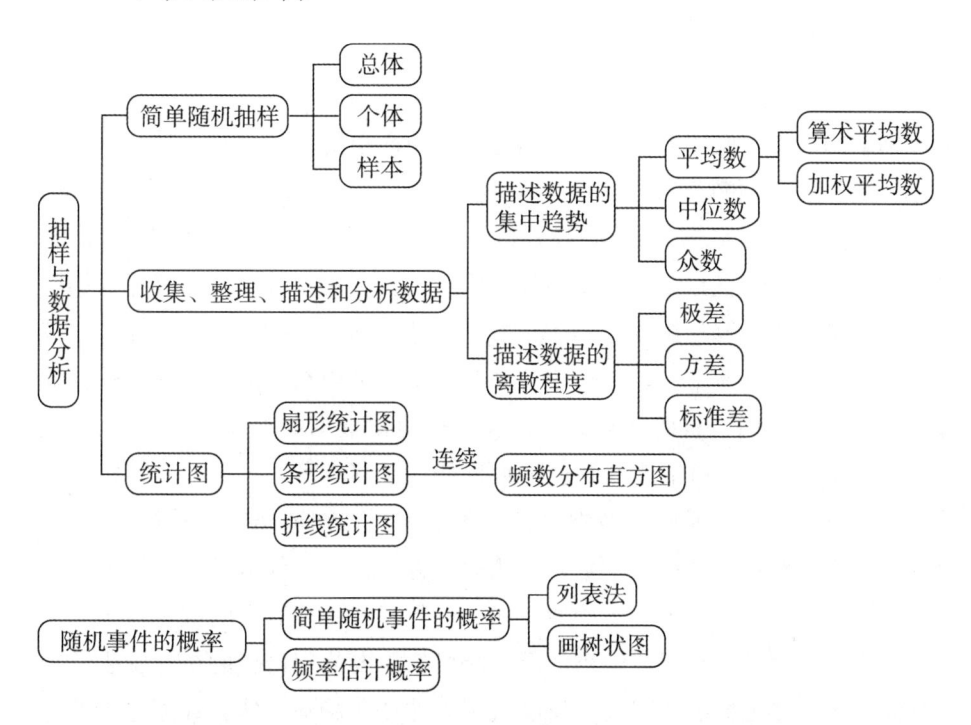

```
抽样与数据分析
├── 简单随机抽样
│   ├── 总体
│   ├── 个体
│   └── 样本
├── 收集、整理、描述和分析数据
│   ├── 描述数据的集中趋势
│   │   ├── 平均数
│   │   │   ├── 算术平均数
│   │   │   └── 加权平均数
│   │   ├── 中位数
│   │   └── 众数
│   └── 描述数据的离散程度
│       ├── 极差
│       ├── 方差
│       └── 标准差
└── 统计图
    ├── 扇形统计图
    ├── 条形统计图 ——连续—— 频数分布直方图
    └── 折线统计图

随机事件的概率
├── 简单随机事件的概率
│   ├── 列表法
│   └── 画树状图
└── 频率估计概率
```

二、学习目标

在初中数学课程中，统计与概率领域包括"抽样与数据分析"和"随机事件的概率"两个主题，学生将学习简单地获得数据的抽样方法，通过样本数据推断总体特征的方法，以及定量刻画随机事件发生可能性大小的方法，形成和发展数据观念．"抽样与数据分析"强调从实际问题出发，根据问题背景设计收集数据的方法，经历更加有条理地收集、整理、描述、分析数据的过程，利用样本平均数估计总体平均数，利用样本方差估计总体方差，体会抽样的必要性和数据分析的合理性；"随机事件的概率"强调经历简单随机事件发生概率的计算过程，尝试用概率定量描述随机现象发生的可能性大小，

237

理解概率的意义．通过本单元的学习，有助于学生感悟从不确定性的角度认识客观世界的思维模式和解决问题的方法，初步理解通过数据认识现实世界的意义，感知大数据时代的特征，发展数据观念和模型观念．

内容包括：抽样与数据分析、随机事件的概率．

三、学业评价

是否达成学业要求：知道抽样调查的必要性和简单随机抽样的特点．能根据问题的需要，设计恰当的调查问卷并会用简单随机抽样收集数据；能绘制扇形统计图、频数直方图，能用扇形统计图、条形统计图、折线统计图、频数直方图等整理与描述收集到的数据，能读懂扇形统计图、条形统计图、折线统计图、频数直方图等反映的数据信息，能利用频数直方图解释数据中蕴含的信息；能计算一组数据的中位数、众数、加权平均数，知道计算加权平均数的分布式计算方法，知道中位数、众数、平均数都能刻画这组数据的集中趋势以及它们各自的特点；会计算一组简单数据的离差平方和、方差，知道离差平方和、方差都能刻画这组数据的波动（离散）程度，知道按照组内离差平方和最小的原则对数据进行分类的方法；知道样本与总体的关系，能用样本平均数估计总体平均数，能用样本方差估计总体方差；能根据问题的需要提取中位数、众数、平均数、四分位数、方差等数据的数字特征，能根据数据的数字特征解释或解决问题；能根据需要使用恰当的统计图表整理和表示数据，能根据统计图表分析随机现象的变化趋势；体会数据分析的重要性，感悟通过样本特征估计总体特征的思想，形成数据观念，发展模型观念．能描述简单随机事件的特征（可能结果的个数有限，每一个可能结果出现的概率相等），能用列表、画树状图等方法求出简单随机事件所有可能的结果以及指定随机事件发生的所有可能结果，能计算简单随机事件的概率；知道经历大量重复试验，随机事件发生的频率具有稳定性，能用频率估计概率；体会数据的随机性以及概率与统计的关系；能综合运用统计与概率的思维方法解决简单的实际问题．

四、质量标准

学习内容	学习要求	评价要求	测评示例
1. 抽样与数据分析	(1) 体会抽样的必要性，通过实例认识简单随机抽样.	水平一：通过具体实例感受抽样的必要性，认识简单随机抽样.	701010101 701010102
		水平二：能根据问题的需要，设计恰当的调查问卷并会用简单随机抽样收集数据.	701010201 701010202
	(2) 进一步经历收集、整理、描述、分析数据的活动，了解数据处理的过程；能用计算器处理较为复杂的数据.	水平一：在具体实例中，体会数据的收集、整理、描述和分析，了解数据处理的过程；能用计算器处理较为复杂的数据.	701020101 701020102
		水平二：能在不同问题情境中收集、整理、描述、分析数据.	701020201 701020202
	(3) 会制作扇形统计图，能用统计图直观、有效地描述数据.	水平一：会制作扇形统计图，能用统计图整理与描述收集到的数据.	701030101 701030102
		水平二：能读懂统计图反映的数据信息，在不同情境中，能选择恰当的统计图描述数据.	701030201 701030202
	(4) 理解平均数、中位数、众数的意义，能计算中位数、众数、加权平均数，知道它们是对数据集中趋势的描述以及它们各自的特点.	水平一：在具体实例中理解平均数、中位数、众数的意义，能计算中位数、众数、加权平均数.	701040101 701040102
		水平二：在不同情境中，能根据问题的需要提取中位数、众数、平均数的数字特征，解释或解决问题.	701040201 701040202

续表

学习内容	学习要求	评价要求	测评示例
	(5) 体会刻画数据离散程度的意义,会计算一组简单数据的离差平方和、方差.	水平一:在具体实例中体会刻画数据离散程度的意义,会计算一组简单数据的离差平方和、方差,知道离差平方和、方差都能刻画这组数据的波动(离散)程度.	701050101 701050102
		水平二:在不同情境中,能根据问题的需要提取方差等数据的数字特征,解释或解决问题.	701050201 701050202
	(6) 经历数据分类的活动,知道按照组内离差平方和最小的原则对数据进行分类的方法.	水平一:在具体实例中,能按照组内离差平方和最小的原则对数据进行分类.	701060101 701060102
		水平二:能用组内离差平方和解决不同情境的问题.	701060201 701060202
	(7) 通过实例,了解频数和频数分布的意义,能画频数直方图,能利用频数直方图解释数据中蕴含的信息.	水平一:通过具体实例,了解频数和频数分布的意义,会画频数直方图,能利用频数直方图解释数据中蕴含的信息.	701070101 701070102
		水平二:能用频数分布直方图的知识解决不同情境的问题.	701070201 701070202
	(8) 体会样本与总体的关系,知道可以用样本平均数估计总体平均数,用样本方差估计总体方差.	水平一:在具体实例中,知道样本与总体的关系,能用样本平均数估计总体平均数,能用样本方差估计总体方差.	701080101 701080102
		水平二:能用样本与总体的关系的知识解决不同情境的问题.	701080201 701080202

续表

学习内容	学习要求	评价要求	测评示例
	（9）会计算四分位数，了解四分位数与箱线图的关系，感悟百分数的意义．	水平一：在具体实例中，知道百分位数和四分位数，能计算这一组数据的四分数，知道箱线图可以直观反映数据分布信息．	701090101 701090102
		水平二：在不同情境中，能根据需要提取四分数等数据的数字特征，解释或解决问题．	701090201 701090202
	（10）能解释数据分析的结果，能根据结果作出简单的判断和预测，并能进行交流．	水平一：在具体实例中能解释数据分析的结果，能根据结果作出简单的判断和预测，并能进行交流．	701100101 701100102
		水平二：在不同情境中，能够利用数据分析的结果，作出简单的判断和预测．	701100201 701100202
	（11）通过表格、折线图、趋势图等，感受随机现象的变化趋势．	水平一：在具体实例中，通过表格、折线图、趋势图等，分析随机现象的变化趋势．	701110101 701110102
		水平二：在不同情境中，能够根据所给图形分析变化趋势，作出判断．	701110201 701110202
2．随机事件的概率	（1）能通过列表、画树状图等方法列出简单随机事件所有可能的结果，以及指定随机事件发生的所有可能结果，了解随机事件的概率．	水平一：在具体实例中，能通过列表、画树状图等方法列出简单随机事件所有可能的结果，以及指定随机事件发生的所有可能结果，能计算简单随机事件的概率．	702010101 702010102
		水平二：在不同情境问题中，能够从列举、列表、画树状图中选择恰当方法解决相关问题．	702010201 702010202

续表

学习内容	学习要求	评价要求	测评示例
	（2）知道通过大量重复试验，可以用频率估计概率.	水平一：在具体实例中，随机事件发生的频率具有稳定性，知道通过大量重复试验，能用频率估计概率.	702020101 702020102
		水平二：利用频率估计概率的知识解决不同情境的问题.	702020201 702020202

附件：测评示例

701010101 以下调查中：

①调查某批次汽车的抗撞击能力；②了解某班学生的视力情况；

③调查春节联欢晚会的收视率；④市场上某品牌黑水笔芯的使用质量.

适合抽样调查的是_____.（只填序号）

701010102 "双减"政策下，为了解我市七年级学生每天的睡眠时间，对其中500名学生进行了随机调查，则下列说法正确的是（　　）

A．以上调查属于全面调查　　B．500名学生是总体的一个样本

C．样本容量是500　　D．随机调查的每个学生是个体

701010201 设计一份关于一周内丢弃塑料袋个数的调查问卷，并设计一个抽样调查方案，对全校学生作抽样调查. 估计全校学生的家庭一周内共丢弃的塑料袋个数，并根据调查结果估计一个月的情况.

701010202 为了解游客在A，B，C三个城市旅游的满意度，某旅游公司商议了四种收集数据的方案. 方案一：在多家旅游公司调查200名导游；方案二：在A城市调查600名游客；方案三：在三个城市各调查5名游客；方案四：在三个城市各调查200名游客，其中最合理的是方案_____.

242

701020101 为了了解全班同学对新闻（A）、体育（B）、动画（C）、娱乐（D）四类电视节目的喜爱情况，小新同学利用问卷调查，收集到某班每位同学最喜爱节目的编号（字母）数据如下：

C A D A A B B B B A C C A A B A A C D

A D B B A B A B C D D C A B C A D A D A

通过以上数据，你能获得的信息是（　　）

A. 该班同学更喜欢动画类节目

B. 该班同学喜欢新闻类节目的人数最多

C. 喜欢体育和动画类节目的人数刚好占全班同学的一半

D. 喜欢体育类节目的人数仅次于动画类

701020102 下表表示各大洋的面积，则大西洋面积占四大洋总面积的百分比是_____%.（保留到整数位）

四大洋的面积统计表

海洋名	面积/万平方千米
太平洋	17967.9
大西洋	9165.5
印度洋	7617.4
北冰洋	1475.0

701020201 某数学小组想了解本校 1800 余名学生对数学的喜爱情况，现拟定以下步骤进行调查：①从每班随机抽取 10 人进行调查；②设计对数学喜爱情况的调查问卷；③利用样本估计总体得出调查结论；④对得到的结果进行记录整理．其中排序正确的是（　　）

A. ①②③④　　　　　　　　B. ②①④③

C. ②①③④　　　　　　　　D. ①④②③

701020202 2022 年 10 月 12 日，"天宫课堂"第三课在中国空间站的问天实验舱开讲，"太空教师"陈冬、刘洋、蔡旭哲为广大青少年带来一场精彩的太空科普课．为了激发学生的航天兴趣，弘扬科学精神，某校甲、乙两个校区的八年级所有学生（两个校区八年级各有 200 名学生）参加了"格物致知，叩问苍穹"为主题的太空科普知识竞赛. 为了解八年级学生的科普知识掌握情况, 调查小组进行了抽样调查, 过程如下, 请补充完整.

收集数据: 调查小组计划从两个校区的八年级共选取 40 名学生的竞赛成绩 (百分制) 作为样本, 下面的抽样方法中, 合理的是_____ (填字母).

A. 从每个校区八年级的科技小组中分别选取 20 名学生的竞赛成绩组成样本

B. 从每个校区八年级分别选取 20 名男生的竞赛成绩组成样本

C. 从每个校区八年级分别随机选取 10 名男生、10 名女生的竞赛成绩组成样本

抽样方法确定后, 调查小组抽取得到两个校区的样本数据, 其中乙校区的样本数据如下: 66 88 84 79 92 83 95 89 100 91 91 97 74 77 99 98 89 94 100 100

整理、描述数据: 按如下分数段整理、描述两个校区的样本数据, 其中乙校区的情况如下:

成绩 x	$65 \leqslant x < 80$	$80 \leqslant x < 85$	$85 \leqslant x < 90$	$90 \leqslant x < 95$	$95 \leqslant x < 100$
人数		2	3		7

分析数据: 两个校区样本数据的平均数、中位数、方差如下表所示:

校区	平均数	中位数	方差
甲校区	89.3	88.5	42.6
乙校区	89.3		87.2

得出结论:

a. 对于抽取的八年级学生竞赛成绩, 高于本校区平均分的人数更多的是_____校区, 成绩更稳定的是_____校区 (选填 "甲" 或 "乙");

b. 抽样调查中, 两个校区共有 30% 的学生竞赛成绩不低于 95 分. 该校计划从两个校区选派成绩不低于 95 分的学生参加全区的竞赛, 估计参赛的八年级学生中, 甲校区有_____人.

701030101 某校调查了 200 名学生的出行方式，并制作了如图所示的扇形统计图．这 200 名学生中，骑车出行的人数为_____．

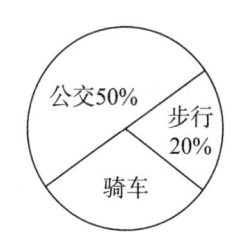

701030102 小颖一天的实际安排统计图如图所示，根据图中的数据制作扇形统计图，表示小颖一天的时间安排．

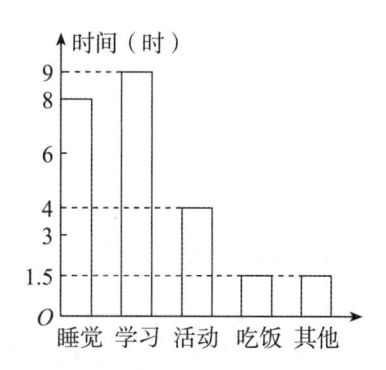

701030201 近期，某地气温变化明显．能更好地表示某地气温变化情况的统计图是（　　）

A．条形统计图　B．频数直方图　C．扇形统计图　D．折线统计图

701030202 空气是混合物，为直观介绍空气各成分的百分比，最适合用的统计图是（　　）

A．折线统计图　B．条形统计图　C．频数直方图　D．扇形统计图

701040101 一组数据 2，6，8，10，x 的众数是 6，则这组数据的中位数是_____．

701040102 为纪念五四青年节，某校举办了主题为"践行青年使命，谱写青春华章"的诗歌朗诵比赛，小明作为记录员，根据七位评委对某位选手所打的分数制作了如下的表格：

平均数	中位数	众数	方差
85	83	81	19.7

如果去掉一个最高分和一个最低分，则表中数据一定不发生变化的是（　　）

A. 平均数　　　B. 中位数　　　C. 众数　　　D. 方差

701040201 2023年9月5日是第八个"中华慈善日"，主题为"携手参与慈善，共创美好生活"．某校为了响应中华慈善总会的号召，举行捐款活动．下表是某班的捐款金额统计情况，则该班捐款金额的众数和中位数分别是（　　）

捐款金额/元	1	2	3	5	10
人数	5	8	9	15	8

A. 5，3　　　　　　　　　　B. 10，3
C. 10，5　　　　　　　　　 D. 5，5

701040202 某校八年（1）班有40名学生，他们2023年纸质书阅读情况如图所示．

班级拟进行"个人阅读达标奖"评比，为了提高学生的阅读积极性且使超过50%的同学能达标．如果你是决策者，从平均数、中位数和众数的角度进行分析，你将如何确定这个"达标标准"？

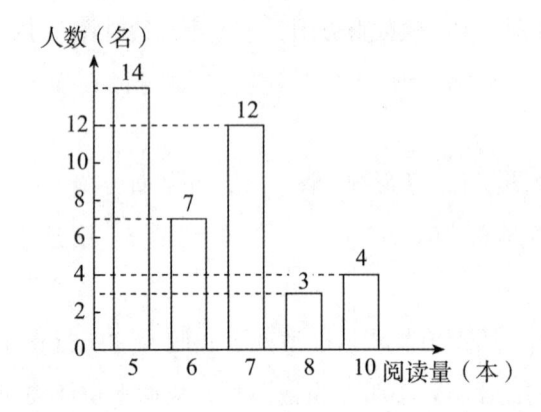

701050101 一组数据2，3，3，4，3的离差平方和是＿＿＿＿．

701050102 数据1，1，0，2，1的方差是＿＿＿＿．

701050201 为庆祝中国共产主义青年团成立 100 周年，某区举办了团课知识竞赛，甲、乙两所中学各派 5 名学生参加，两队学生的竞赛成绩如图所示，下列关系完全正确的是（　　）

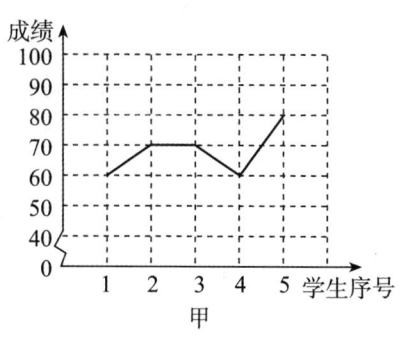

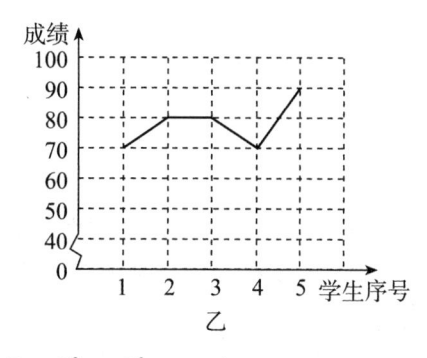

A. $S_甲^2 < S_乙^2$，$\overline{x}_甲 = \overline{x}_乙$
B. $S_甲^2 = S_乙^2$，$\overline{x}_甲 > \overline{x}_乙$
C. $S_甲^2 > S_乙^2$，$\overline{x}_甲 = \overline{x}_乙$
D. $S_甲^2 = S_乙^2$，$\overline{x}_甲 < \overline{x}_乙$

701050202 根据统计：某年，邵阳市在教育扶贫方面，共资助学生 91.3 万人次，全市没有一名学生因贫失学，其中，某校老师承担了对甲、乙两名学生每周"送教上门"的任务，以下是甲、乙两名学生某十周每周接受"送教上门"的时间（单位：小时）：

甲：7，8，8，9，7，8，8，9，7，9；

乙：6，8，7，7，8，9，10，7，9，9.

从接受"送教上门"的时间波动大小来看，_____ 学生每周接受送教的时间更稳定.（选填"甲"或"乙"）

701060101 根据"离差平方和最小"原则可知，_____ 是总体平均数的最佳估计.

701060102 某次应聘中，六位应聘者的笔试成绩如下，按照组内"离差平方和最小"原则，_____ 将进入面试.

号数	1号	2号	3号	4号	5号	6号
成绩	90	90	88	83	95	85

247

701060201 根据以下素材，探索完成任务．

	如何确定拱桥形状？
问题背景	河面上有一座拱桥，对它的形状，同学们各抒己见．有同学说拱桥的形状是抛物线，也有同学说是圆弧．为确定拱桥的形状，九年级综合实践小组开展了一次探究活动． 
素材1	在正常水位时，小组成员对水面宽度和拱顶离水面的距离进行了测量并绘制了下图．测得水面宽 AB 为 16 m，拱顶离水面的距离 CD 为 4 m． 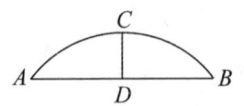
素材2	大雨过后，水位上涨．小组成员再对水面宽度和拱顶离水面的距离进行了两次测量．发现当水面宽为 12 m 时，水位（相对正常水位）上涨 1.9 m；当水面宽 8 m 时，水位（相对正常水位）上涨 3.1 m．
素材3	如何检验探究过程中提出的假设是否符合实际情况呢？ 定义：离差平方和是实际观测值与预测值之间差的平方和，反映了基于假设算得的预测值与实际观测值之间的差异．离差平方和越小，说明预测值与实际观测值之间的误差越小，提出的假设与实际情况越接近．
	问题解决
假设1	小组成员首先假设拱桥形状是抛物线．根据素材1建立如图所示的直角坐标系，求该抛物线的解析式． 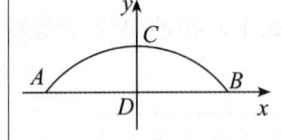
假设2	小组成员又提出拱桥形状可能是圆弧．请根据素材1求出该圆弧的半径．

续表

分析判断	基于假设1和假设2，请分别计算水面宽12 m和8 m时水位上涨的预测值，直接填入下表（数据保留两位小数），并结合素材3分别求出两种假设下数据的离差平方和，判断拱桥更接近哪一种形状.（参考数据：$\sqrt{21} \approx 4.582$）

	水面宽12 m	水面宽8 m
水位上涨的实际观测值（m）	1.90	3.10
假设1的预测值（m）		3.00
假设2的预测值（m）	2.00	

701060202 下表中记录了我国10个省份2020年人均地区生产总值（人均GDP）的数据，数据表明，这10个省份的人均GDP是有区别的. 如果要把这10个省份依据人均GDP的多少分为两个组，你认为应当如何划分，并说出划分的道理.

省份序号	1	2	3	4	5	6	7	8	9	10
人均GDP/万元	15.68	6.24	10.11	7.18	16.42	12.13	7.37	10.07	8.85	7.16

701070101 某校对七年级学生进行视力检测，据测得数据制成频数分布直方图. 若图中自左至右每个小长方形的高之比为1∶3∶2∶4，且第二个小长方形对应的频数为45，则此次共检测了_____名学生的视力.

701070102 某校体育老师为了研究八年级学生400 m赛跑后心率的分布情况，随机抽取了该年级45名学生，测量了他们赛跑后1 min的脉搏次数，结果如下表：

脉搏次数 x（次/分）	频数/学生人数
$132 \leqslant x < 137$	2
$137 \leqslant x < 142$	2
$142 \leqslant x < 147$	5
$147 \leqslant x < 152$	6
$152 \leqslant x < 157$	8
$157 \leqslant x < 162$	12
$162 \leqslant x < 167$	10

根据频数分布表画出频数分布直方图.

701070201 某次体能测试，学校抽取了部分同学的成绩（得分为整数），整理制成如图所示的频数分布直方图，根据图示信息描述不正确的是（ ）

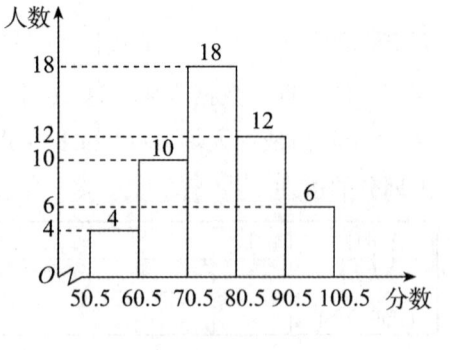

A. 频数分布直方图中组距是 10
B. 本次抽样样本容量是 50
C. 这次测试优秀（90.5～100.5）率为 15%
D. 70.5～80.5 这一分数段的频数为 18

701070202 "共享单车"为人们提供了一种经济便捷、绿色低碳的共享服务，成为城市交通出行的新方式．小张对他所在小区居民当月使用"共享单车"的次数进行了抽样调查，并绘制成了如图所示的频数分布直方图（每一组含前一个边界值，不含后一个边界值），则下列说法错误的是（ ）

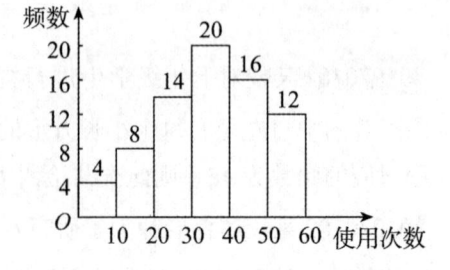

A. 小张一共抽样调查了 74 人

B. 样本中当月使用"共享单车"30～40 次的人数最多

C. 样本中当月使用"共享单车"不足 20 次的有 12 人

D. 样本中当月使用"共享单车"的不足 30 次的人数多于 40～60 次的人数

701080101 为了解某校八年级 800 名学生在国庆期间每天阅读名著所用的时间，随机抽取其中 100 名学生进行抽样调查．下列说法正确的是（　　）

A. 该校八年级全体学生是总体

B. 从中抽取的 100 名学生是个体

C. 每个八年级学生是总体的一个样本

D. 样本容量是 100

701080102 小颖随机抽查她家 6 月份某 5 天的日用电量（单位：度），结果如下：9，11，7，10，8．根据这些数据，估计她家 6 月份的用电量为（　　）

A. 180 度　　　　B. 210 度　　　　C. 240 度　　　　D. 270 度

701080201 某初中校有七、八、九三个年级．学期初，校医随机调查了 35% 的七年级学生的身高，并计算出这些学生的平均身高为 a 米．下列估计最合理的是（　　）

A. 该校学生的平均身高约为 a 米

B. 该校七年级学生的平均身高约为 a 米

C. 该校七年级女生的平均身高约为 a 米

D. 该校七年级男生的平均身高约为 a 米

701080202 学校购回一批足球，为检测其质量，从中随机抽取 8 个足球，记录其质量如下表：

质量（g）	410	420	430	440	450
个数	2	1	1	3	1

则估计这批足球的平均质量和这组数据的方差分别是（　　）

A. 430，20　　　B. 430，200　　　C. 440，30　　　D. 440，300

701090101 若一组数据按照从小到大的顺序排列如下：12，15，17，20，23，25，27，31，36，37. 则该组数据的第 35 百分位数为（　　）

  A．17   B．20   C．23   D．25

701090102 在统计学的实际应用中，除了中位数外，经常使用的是 25% 分位数（简称为第一四分位数）与 75% 分位数（简称为第三四分位数），四分位数应用于统计学的箱型图绘制，是统计学中分位数的一种，即把所有数值由小到大排列，并分成四等份，处于三个分割点的数值就是四分位数，箱型图中"箱体"的下底边对应数据为第一四分位数，上底边对应数据为第三四分位数，中间的线对应中位数，已知甲、乙两班人数相同，在一次测试中两班成绩箱型图如图所示，由此图估计甲、乙两班平均分较高的班级是_____．（选填"甲班"或"乙班"）

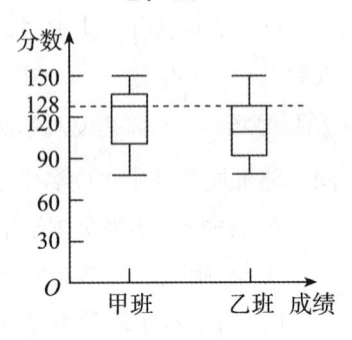

701090201 从小到大排列的数据 1，2，3，x，4，5，6，7，8，y，9，10 的第三四分位数为（　　）

  A．3   B．$\dfrac{3+x}{2}$ C．8   D．$\dfrac{8+y}{2}$

701090202 从某珍珠公司生产的产品中，随机抽取 12 颗珍珠，得到它们的质量（单位：g）如下：7.9，9.0，8.9，8.6，8.4，8.5，8.5，8.5，9.9，7.8，8.3，8.0．

  (1) 求出这组数据的四分位数．

  (2) 请你找出珍珠质量较小的前 15% 的珍珠质量．

  (3) 若用 25%，50%，95% 分位数把该公司生产的珍珠划分为次品、合格品、优等品和特优品，依照这个样本数据，给出该公司珍珠等级的划分标准．

701100101 某女鞋商家在大促销活动前期对市场进行了一次调研，那么商家最重视鞋码的（　　）

　　A．众数　　　　B．方差　　　　C．平均数　　　　D．中位数

701100102 在我校"文化艺术节"英语表演比赛中，有 16 名学生参加比赛，规定前 8 名的学生进入决赛，某选手想知道自己能否晋级，只需要知道这 16 名学生成绩的（　　）

　　A．中位数　　　B．方差　　　　C．平均数　　　　D．众数

701100201 在一次生活垃圾分类知识竞赛中，某校七、八年级各有 100 名学生参加，已知七年级男生成绩的优秀率为 40%，女生成绩的优秀率为 60%．八年级男生成绩的优秀率为 50%，女生成绩的优秀率为 70%．对于此次竞赛的成绩，小明说：七年级学生成绩的优秀率一定小于八年级学生成绩的优秀率．你认为小明的说法正确吗？正确，请说明理由；错误，请举例说明．

701100202 2025 年初，有一户农民家庭上半年人均月纯收入情况如下表所示（正号表示高于 2000 元的部分，负号表示低于 2000 元的部分，等于 2000 元记为 0）．当地政府引进某科研机构的项目，据预测，随着该项目的实施，当地农民自 2025 年 6 月开始，每月家庭人均月纯收入都将比上一个月增加 200 元．

月份	1	2	3	4	5	6
人均月纯收入/元	200	0	−150	−100	0	150

　　(1) 求出 8 月份该家庭的人均月纯收入．

　　(2) 求该家庭 2025 年前六个月的人均月纯收入总和．

　　(3) 试根据以上信息说明该户农民能否在 2025 年实现人均年纯收入达到 25000 元？

701110101 如表记录了一次试验中时间和温度的数据：

时间/min	0	3	6	9	12	15
温度/℃	10	16	22	28	34	40

如果温度变化是均匀的，10 min 时的温度是（　　）

A. 28 ℃　　　　B. 29 ℃　　　　C. 30 ℃　　　　D. 32 ℃

701110102 某商场 2023 年 1～4 月份的月销售总额如图 1 所示，其中 A 商品的销售额占当月销售总额的百分比如图 2 所示.

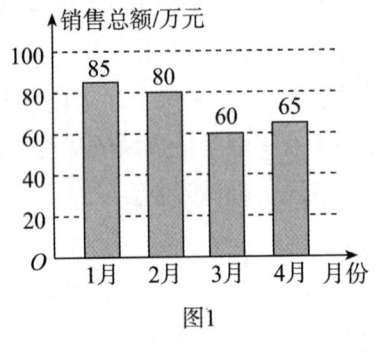

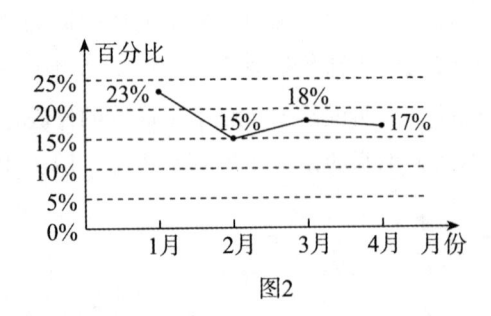

根据图中信息，以下关于该商场 2023 年销售额的结论中，正确的是（　　）

A. 2 月份 A 商品的销售额为 80 万元

B. 1～4 月份 A 商品销售额最低的是 2 月份

C. A 商品 2 月份的销售额比 3 月份的销售额高

D. 1～4 月 A 商品的销售额占销售总额的百分比为 73%

701110201 每年的 7 月是维苏威火山所在地的夏天，当地的 2023 年的气候资料如图所示，根据图中信息推断，下列说法正确的有_____.

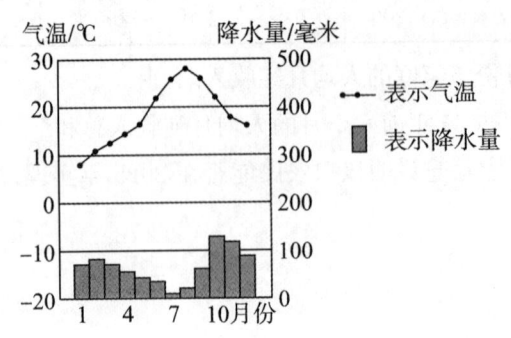

①夏季高温多雨，冬季寒冷干燥；②夏季炎热干燥，冬季温和多雨；
③冬暖夏凉，降水集中在春季；④冬冷夏热，降水集中在冬季.

701110202 根据国家统计局统一部署，某市统计局对 2022 年某市人口变动情况进行了抽样调查，抽样比例为 5‰．根据抽样结果推算，某市 2022 年的出生率为 5.5‰，死亡率为 8‰，人口自然增长率为 -2.5‰，常住人口数为 a 人（‰表示千分号）．

【数据分析】

(1) 请根据信息推测人口自然增长率与出生率、死亡率的关系；

(2) 已知本次调查的样本容量为 11450，请推算 a 的值；

(3) 将我市及全国近五年的人口自然增长率情况绘制成如下统计图．根据统计图分析：

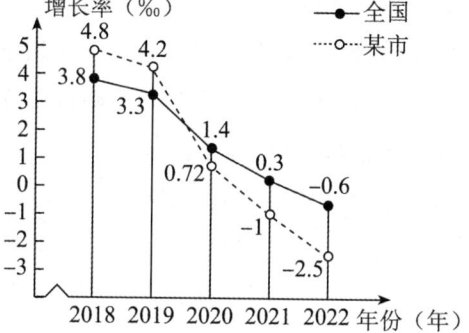

①对图中信息作出评判（写出两条）；

②为扭转目前人口自然增长率的趋势，请给出一条合理化建议．

702010101 有 4 张扑克牌如图所示，将其背面朝上，打乱顺序后放在桌面上．若从中随机抽取两张，则抽到的花色均为♠（黑桃）的概率为（　　）

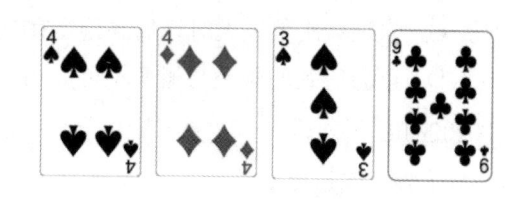

A. $\dfrac{1}{12}$　　B. $\dfrac{1}{6}$　　C. $\dfrac{1}{3}$　　D. $\dfrac{1}{2}$

702010102 一天晚上，小伟帮助妈妈清洗两个只有颜色不同的有盖茶杯，突然停电了，小伟只好把杯盖和茶杯随机搭配在一起，则颜色搭配正确的概率是（　　）

A. $\dfrac{1}{4}$ B. $\dfrac{1}{3}$ C. $\dfrac{1}{2}$ D. $\dfrac{3}{4}$

702010201 杭州亚运会吉祥物是一组承载深厚底蕴和充满时代活力的机器人，组合名为"江南忆"，出自唐朝诗人白居易的名句"江南忆，最忆是杭州"。

宸宸　　琮琮　　莲莲

现有三张杭州亚运会吉祥物卡片，正面图案如图所示，背面完全相同，把这三张卡片背面朝上洗匀，从中随机抽取一张，不放回，再抽取一张，则抽取的这两张卡片的正面图案恰好是"琮琮"和"莲莲"的概率是_____。

702010202 某旅游团从甲、乙、丙、丁4个景点中随机选取景点游览．

(1) 选取2个景点，求恰好是甲、乙的概率；

(2) 选取3个景点，求甲、乙在其中的概率．

702020101 下列说法正确的是（　　）

A. 某彩票的中奖概率是5%，那么买100张彩票一定有5张中奖

B. 某次试验投掷次数是500，计算机记录"钉尖向上"的次数是308，则该次试验"钉尖向上"的频率是0.616

C. 当试验次数很大时，概率稳定在频率附近

D. 试验得到的频率与概率不可能相等

702020102 下列语句中，关于频率与概率的关系表示正确的有_____．

①频率就是概率

②频率是客观存在的，与试验次数无关

③随着试验次数的增加，频率一般会越来越接近概率

④概率是随机的，在实验前不能确定

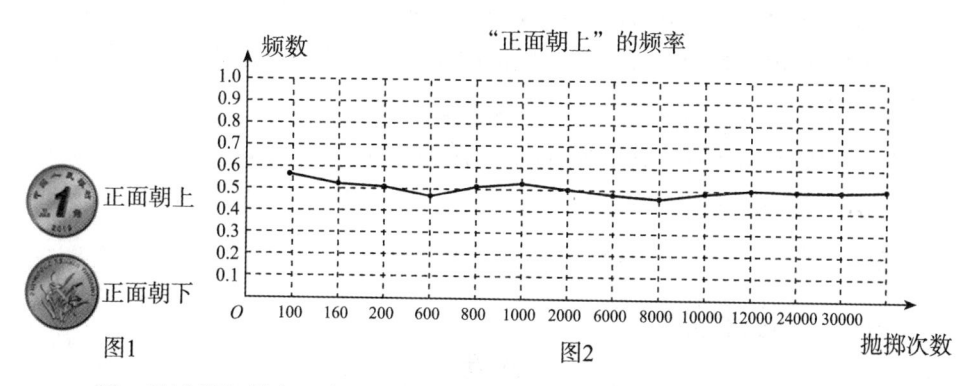

702020201 掷一枚质地均匀的硬币，硬币落地后，会出现如图1的两种情况.

图2是计算机模拟抛掷一枚硬币试验的折线图. 下面判断正确的是（　　）

A. 当抛掷的次数为300次时，正面朝上的次数大于200次

B. 当抛掷的次数为500次时，记录数据为0.48，所以随机掷一枚硬币"正面朝上"的概率为0.48

C. 当抛掷的次数在2000次以上时，"正面朝上"的频率总在0.5附近摆动，显示出频率的稳定性，由此可估计随机掷一枚硬币"正面朝上"的概率为0.5

D. 当抛掷次数大于3000次时，随机掷一枚硬币"正面朝上"的频率一定为0.5

702020202 小张承包了一片荒山，他想把这片荒山改造成一个果园，现在有一种果树树苗，它的成活率如下表所示，则下面推断中，其中合理的是（　　）

移植棵数 (n)	成活数 (m)	成活率 $\left(\dfrac{m}{n}\right)$	移植棵数 (p)	成活数 (q)	成活率 $\left(\dfrac{q}{p}\right)$
50	47	0.940	1500	1335	0.890
270	235	0.870	3500	3203	0.915
400	369	0.923	7000	6335	0.905
750	662	0.883	14000	12628	0.902

下面有四个推断：

①小张移植 3500 棵这种树苗，成活率肯定高于 0.890；

②随着移植棵数的增加，树苗成活的频率总在 0.900 附近摆动，显示出一定的稳定性，可以估计树苗成活的概率是 0.900；

③若小张移植 10000 棵这种树苗，则可能成活 9000 棵；

④若小张移植 20000 棵这种树苗，则一定成活 18000 棵.

A. ①②　　　B. ①④　　　C. ②③　　　D. ②④

五、单元评价

A 卷

一、选择题：本题共 10 小题，每小题 5 分，共 50 分.

1. 在下面的调查中，最适合用全面调查的是（　　）

   A. 了解一批节能灯管的使用寿命

   B. 了解某校某班学生的视力情况

   C. 了解某省初中生每周上网时长情况

   D. 了解闽江河中鱼的种类

2. 一组数据 2，3，5，2，4，则这组数据的众数和中位数分别为（　　）

   A. 2 和 3　　　B. 2 和 5　　　C. 3 和 5　　　D. 3 和 2

3. 为了解某市 2024 年中考数学学科各分数段成绩的分布情况，采用抽样调查方式从中随机抽取 600 名考生的中考数学成绩进行统计分析，在这一问题中，样本是指（　　）

   A. 600

   B. 被抽取的 600 名考生的中考数学成绩

   C. 被抽取的 600 名考生

   D. 某市 2024 年中考数学成绩

4. 下列诗句所描述的事件中，是不可能事件的是（　　）

   A. 大漠孤烟直　　　　　　　B. 黄河入海流

   C. 明月松间照　　　　　　　D. 白发三千丈

5. 一组数据的最大值是 100，最小值是 45，若选取的组距为 9，则这组数据可分成（　　）

   A. 6 组　　　　　　　　　　B. 7 组
   C. 8 组　　　　　　　　　　D. 9 组

6. 如图，右面是两个扇形统计图，下列说法中不正确的是（　　）

   A. 甲厂的男工占全厂总人数的 $\frac{3}{5}$

   B. 乙厂的女工占全厂总人数的 $\frac{3}{10}$

   C. 甲厂的女工一定比乙厂的女工多

   D. 甲、乙两厂男工可能一样多

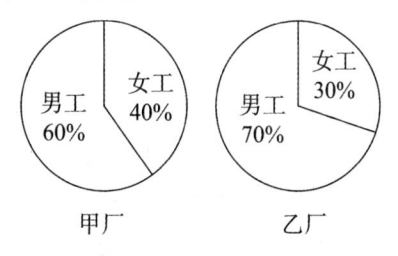

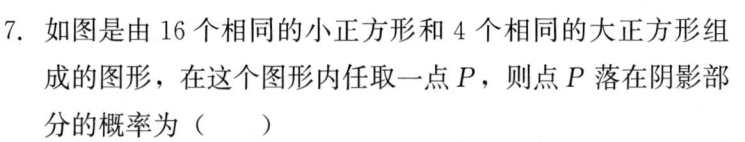

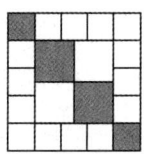

7. 如图是由 16 个相同的小正方形和 4 个相同的大正方形组成的图形，在这个图形内任取一点 P，则点 P 落在阴影部分的概率为（　　）

   A. $\frac{5}{8}$　　B. $\frac{13}{50}$　　A. $\frac{13}{32}$　　B. $\frac{5}{16}$

8. 某校为推荐一项作品参加"科技创新"比赛，对甲、乙、丙、丁四项候选作品进行量化评分，具体成绩（百分制）如下表：

项目作品	甲	乙	丙	丁
创新性	90	95	90	90
实用性	90	90	95	85

   如果按照创新性占 60%，实用性占 40% 计算总成绩，并根据总成绩择优推荐，那么应推荐的作品是（　　）

   A. 甲　　　　　　　　　　　B. 乙
   C. 丙　　　　　　　　　　　D. 丁

9. 2022 年福建省的环境空气质量达标天数位居全国前列，下图是福建省 10 个地区环境空气质量综合指数统计图．

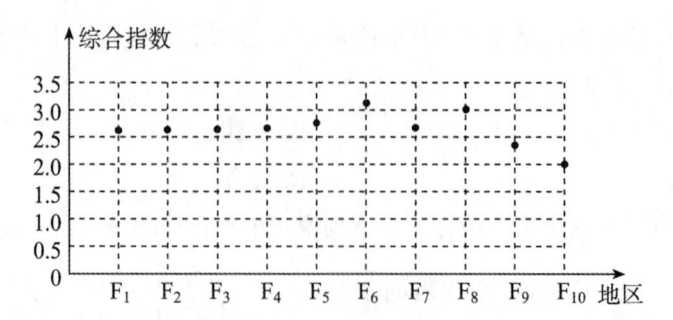

综合指数越小，表示环境空气质量越好．依据综合指数，从图中可知环境空气质量最好的地区是（　　）

A． F_1 B． F_6 C． F_7 D． F_{10}

10． 为贯彻落实教育部办公厅关于"保障学生每天校内、校外各 1 小时体育活动时间"的要求，学校要求学生每天坚持体育锻炼．小亮记录了自己一周内每天校外锻炼的时间（单位：分钟），并制作了如图所示的统计图．

根据统计图，下列关于小亮该周每天校外锻炼时间的描述，正确的是（　　）

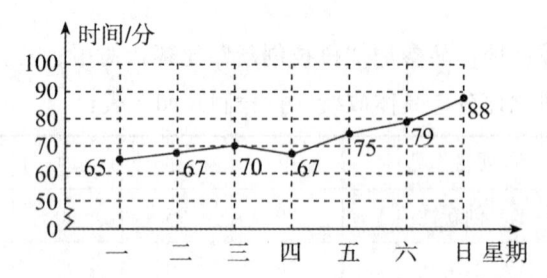

A． 平均数为 70 分钟   B． 众数为 67 分钟

C． 中位数为 67 分钟   D． 方差为 0

二、填空题：本题共 6 小题，每小题 5 分，共 30 分．

11． 一个不透明的袋中装有 3 个红球和 2 个白球，这些球除颜色外无其他差别．现随机从袋中摸出一个球，这个球是红球的概率是_____．

12． 一组数据 1，3，5，2，8，13 的中位数是_____．

13． 甲、乙两名射击运动员参加预选赛，他们每人 10 次射击成绩的平均数都是 9 环，方差分别是 $S_甲^2=1.2$，$S_乙^2=2.4$．如果从这两名运动员中选取成绩稳定的一人参赛，那么应选_____（选填"甲"或"乙"）．

14. 如图，一块飞镖游戏板由大小相等的小正方形格子构成. 向游戏板随机投掷一枚飞镖（每次飞镖均落在纸板上），击中阴影区域的概率是_____.

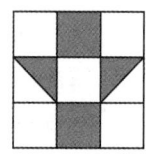

15. 在一个不透明的口袋中装有红球和白球共 12 个，这些球除颜色外都相同，将口袋中的球搅匀后，从中随机摸出 1 个球，记下它的颜色后再放回口袋中，不断重复这一过程，共摸球 200 次，发现有 50 次摸到红球，则口袋中红球约有_____个.

16. 某校学生"亚运知识"竞赛成绩的频数直方图（每一组含前一个边界值，不含后一个边界值）如图所示，其中成绩在 80 分及以上的学生有_____人.

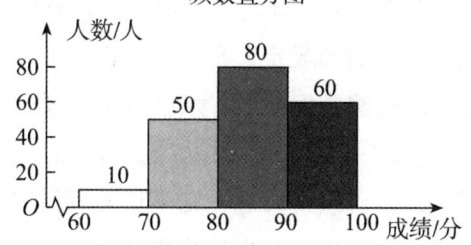

三、解答题：本题共 2 小题，共 20 分.

17. "基础学科拔尖学生培养试验计划"简称"珠峰计划"，是国家为回应"钱学森之问"而推出的一项人才培养计划，旨在培养中国自己的杰出人才. 已知 A，B，C，D，E 五所大学设有数学学科拔尖学生培养基地，并开设了暑期夏令营活动，参加活动的每名中学生只能选择其中一所大学. 某市为了解中学生的参与情况，随机抽取部分学生进行调查，并将统计数据整理后，绘制了如下不完整的条形统计图和扇形统计图.

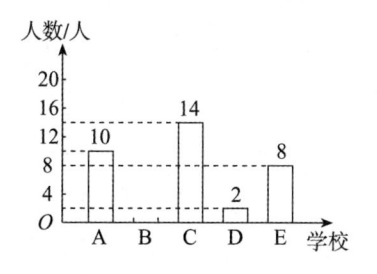

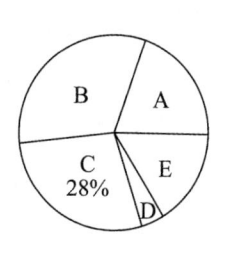

(1) 请将条形统计图补充完整;

(2) 在扇形统计图中, D 所在的扇形的圆心角的度数为_____;若该市有 1000 名中学生参加本次活动, 则选择 A 大学的大约有_____人;

(3) 甲、乙两位同学计划从 A, B, C 三所大学中任选一所学校参加夏令营活动, 请利用树状图或表格求两人恰好选取同一所大学的概率.

18. 为促进消费, 助力经济发展, 某商场决定 "让利酬宾", 于 "五一" 期间举办了抽奖促销活动. 活动规定: 凡在商场消费一定金额的顾客, 均可获得一次抽奖机会. 抽奖方案如下: 从装有大小质地完全相同的 1 个红球及编号为①②③的 3 个黄球的袋中, 随机摸出 1 个球, 若摸得红球, 则中奖, 可获得奖品; 若摸得黄球, 则不中奖. 同时, 还允许未中奖的顾客将其摸得的球放回袋中, 并再往袋中加入 1 个红球或黄球 (它们的大小质地与袋中的 4 个球完全相同), 然后从中随机摸出 1 个球, 记下颜色后不放回, 接着从中随机摸出 1 个球, 若摸得的两球的颜色相同, 则该顾客可获得精美礼品一份. 现已知某顾客获得抽奖机会.

(1) 求该顾客首次摸球中奖的概率;

(2) 假如该顾客首次摸球未中奖, 为了有更大机会获得精美礼品, 他应往袋中加入哪种颜色的球? 说明你的理由.

B 卷

一、选择题：本题共 10 小题，每小题 5 分，共 50 分．

1. 下列事件中，是必然事件的是（　　）

    A．任意画一个三角形，其内角和是 180°

    B．任意买一张电影票，座位号是单号

    C．掷一次骰子，向上一面的点数是 3

    D．射击运动员射击一次，命中靶心

2. 一家鞋店在一段时间内销售了某种女鞋 20 双，各种尺码鞋的销售量如表所示．则所销售的女鞋尺码的众数是（　　）

尺码/cm	22.5	23	23.5	24	24.5
销售量/双	1	4	6	8	1

    A．23.5　　　　B．23.6　　　　C．24　　　　D．24.5

3. 2023 年 10 月 8 日，第十九届杭州亚运会圆满结束，各国参赛代表团在激烈的比赛中展现了出色的实力．中国体育代表团在本届亚运会上，收获了 201 枚金牌，取得了亚运会参赛历史最好成绩，中国成为首个在单届亚运会上获得 200 枚以上金牌的国家．现将我国近六届亚运会的金牌数统计如下，在这组数据中，金牌数的中位数是（　　）

    第14~19届亚运会中国金牌数

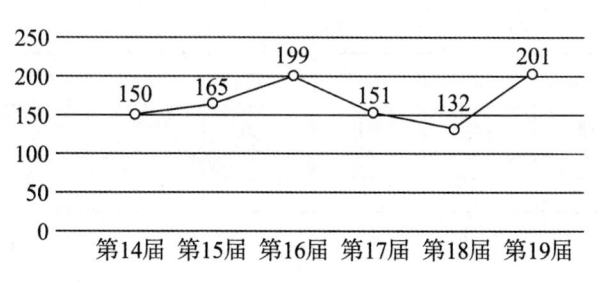

    第14届 150　第15届 165　第16届 199　第17届 151　第18届 132　第19届 201

    A．155　　　　B．158　　　　C．165　　　　D．199

4. 某次质量监测，抽取部分学生的成绩（得分为整数），整理制成如图所示的频数分布直方图，根据图示信息，描述不正确的是（　　）

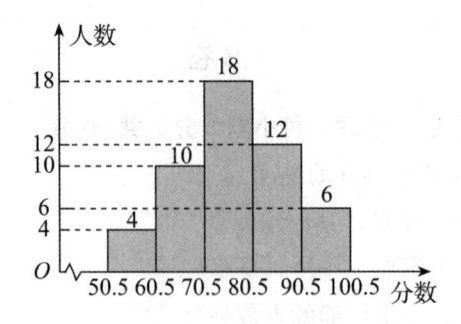

A. 本次共抽取了 60 人

B. 频数直方图中组距是 10

C. 70.5～80.5 这一分数段的频数是 18

D. 这次测试的及格（不低于 60 分）率为 92％

5. 为了了解某校学生课外阅读的情况，检查组在该校 1600 名学生中随机抽取 40 名学生，调查了解他们一周阅读课外书籍的时间，并将调查结果绘制成如图所示的频数直方图（每小组的时间包含最小值，不包含最大值）．根据图中信息，估计该校学生一周课外阅读时间不少于 4 小时的人数为（　　）

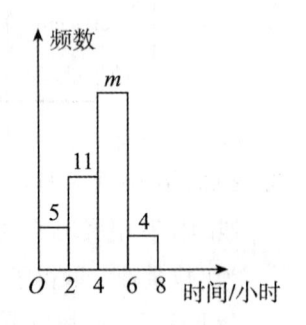

  A. 160 B. 640 C. 960 D. 1400

6. 如表是某一项实验中结果 A 出现的频率统计表，请估计在一次实验中结果 A 出现的概率为（　　）

试验次数	500	1000	1500	2000	2500	3000
频数	125	380	540	780	925	1140
频率	0.25	0.38	0.36	0.39	0.37	0.38

  A. 0.36 B. 0.37 C. 0.38 D. 0.39

7. 一组数据 a_1，a_2，a_3，…，a_n 的方差是 2，那一组新数据 $3a_1-1$，$3a_2-1$，$3a_3-1$，…，$3a_n-1$ 的方差是（　　）

  A. 17 B. 18 C. 2 D. 6

8. 长时间观看手机、电脑等电子产品对视力影响非常大. 6月6日是"全国爱眼日",为了解学生的视力情况,某学校从甲、乙两个班级各随机抽取 8 名学生进行调查,并将统计数据绘制成如图所示的折线统计图,则下列说法正确的是（   ）

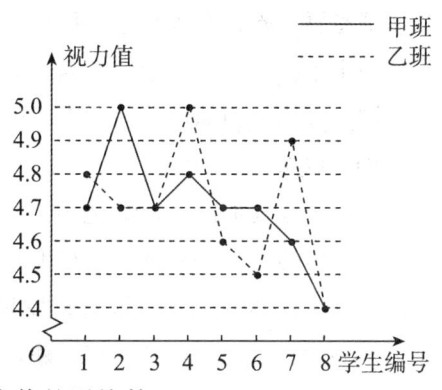

   A. 甲班视力值的平均数大于乙班视力值的平均数
   B. 甲班视力值的中位数大于乙班视力值的中位数
   C. 甲班视力值的极差小于乙班视力值的极差
   D. 甲班视力值的方差小于乙班视力值的方差

9. 为了解"睡眠管理"落实情况,某初中学校随机调查 50 名学生每天平均睡眠时间（时间均保留整数）,将样本数据绘制成统计图（如图）,其中有两个数据被遮盖. 关于睡眠时间的统计量中,与被遮盖的数据无关的是（   ）

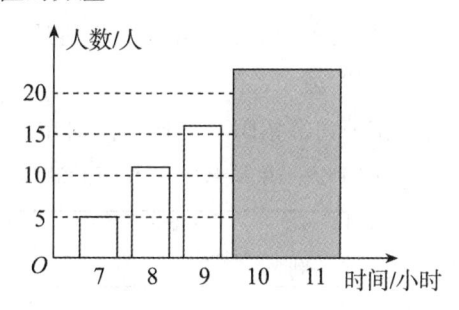

   A. 平均数　　　　　　　　B. 中位数
   C. 众数　　　　　　　　　D. 方差

10. 如图,在正方形中,阴影部分是以正方形的顶点及其对称中心为圆心,以正方形边长的一半为半径作弧形成的封闭图形. 将一个小球在该正方形内自由滚动,小球随机地停在正方形内的某一点上. 若小球停在阴影部分的概率为 P_1,停在空白部分的概率为 P_2,则 P_1 与 P_2 的大小关系为（   ）

    A. $P_1 < P_2$　　　　　　B. $P_1 = P_2$
    C. $P_1 > P_2$　　　　　　D. 无法判断

265

二、填空题：本题共 6 小题，每小题 5 分，共 30 分.

11. 一个不透明的盒子中装有若干个红球和 5 个黑球，这些球除颜色外均相同．经多次摸球试验后发现，摸到黑球的频率稳定在 0.25 左右，则盒子中红球的个数约为_____．

12. 一个小球在如图所示的地面上自由滚动，并随机地停留在某块方砖上，则小球停留在黑色区域的概率是_____．

13. 在一次数学测试中，张老师发现第一小组 6 位学生的成绩（单位：分）分别为：85，78，90，72，●，75，其中有一位同学的成绩被墨水污染，但知道该小组的平均分为 80 分，则该小组成绩的中位数是_____．

14. 为了比较甲、乙两鱼池中的鱼苗数目，小明从两鱼池中各捞出 100 条鱼苗，每条做好记号，然后放回原鱼池．一段时间后，在同样的地方，小明再从甲、乙两鱼池中各捞出 100 条鱼苗，发现其中有记号的鱼苗分别是 5 条、10 条，可以初步估计鱼苗数目较多的是_____鱼池．（选填"甲"或"乙"）

15. 某公司欲招聘一名职员．对甲、乙、丙三名应聘者进行了综合知识、工作经验、语言表达三方面的测试，他们的各项成绩如下表所示：

项目 应聘者	综合知识	工作经验	语言表达
甲	75	80	80
乙	85	80	70
丙	70	78	70

如果将每位应聘者的综合知识、工作经验、语言表达的成绩按 5：2：3 的比例计算其总成绩，并录用总成绩最高的应聘者，则被录用的是_____．

16. 某校共有 1000 名学生，为了了解学生中长跑成绩分布情况，随机抽取 100 名学生的中长跑成绩，画出条形统计图，如图，根据所学的统计知识可估计该校中长跑成绩优秀的人数是_____人．

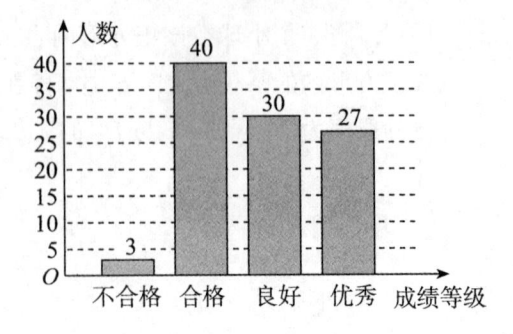

三、解答题：本题共 2 小题，共 20 分.

17. 学校开展以"劳动创造美好生活"为主题的系列活动，同学们积极参与主题活动的规划、实施、组织和管理，组成调查组、采购组、规划组等多个研究小组．调查组设计了一份问卷，并实施两次调查．活动前，调查组随机抽取 50 名同学，调查他们一周的课外劳动时间 t（单位：h），并分组整理，制成如下条形统计图．活动结束一个月后，调查组再次随机抽取 50 名同学，调查他们一周的课外劳动时间 t（单位：h），按同样的分组方法制成如下扇形统计图，其中 A 组为 $0 \leqslant t < 1$，B 组为 $1 \leqslant t < 2$，C 组为 $2 \leqslant t < 3$，D 组为 $3 \leqslant t < 4$，E 组为 $4 \leqslant t < 5$，F 组为 $t \geqslant 5$.

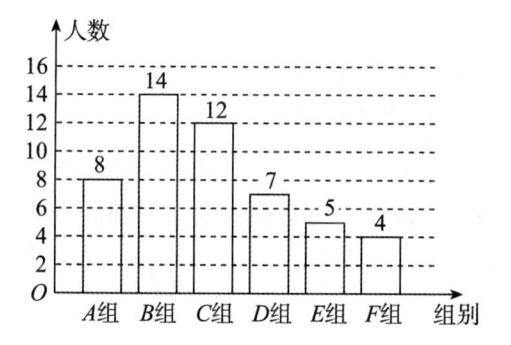

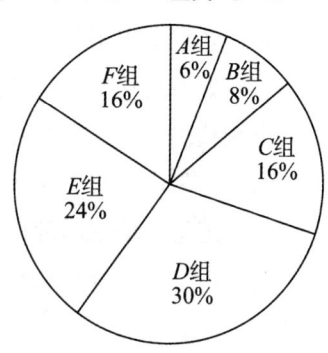

（1）判断活动前、后两次调查数据的中位数分别落在哪一组；

（2）该校共有 2000 名学生，请根据活动后的调查结果，估计该校学生一周的课外劳动时间不小于 3 h 的人数.

18. "田忌赛马"的故事闪烁着我国古代先贤的智慧光芒. 该故事的大意是：齐王有上，中，下三匹马 A_1，B_1，C_1；田忌也有上，中，下三匹马 A_2，B_2，C_2，且这六匹马在比赛中的胜负可用不等式表示如下：$A_1 > A_2 > B_1 > B_2 > C_1 > C_2$（注：$A > B$ 表示 A 马与 B 马比赛，A 马获胜）. 一天，齐王找田忌赛马，约定：每匹马都出场比赛一局，共赛三局，胜两局者获得整场比赛的胜利. 面对劣势，田忌事先了解到齐王三局比赛的"出马"顺序为上马、中马、下马，并采用孙膑的策略：分别用下马、上马、中马与齐王的上马、中马、下马比赛，即借助对阵（C_2A_1，A_2B_1，B_2C_1），获得了整场比赛的胜利，创造了以弱胜强的经典案例.

假设齐王事先不打探田忌的"出马"情况，试回答以下问题：

(1) 如果田忌事先只打探到齐王首局将出"上马"，他首局应出哪种马才可能获得整场比赛的胜利？并求其获胜的概率；

(2) 如果田忌事先无法打探到齐王各局的"出马"情况，他是否必败无疑？若是，请说明理由；若不是，请列出田忌获得整场比赛胜利的所有对阵情况，并求其获胜的概率.

参考答案

附件：测评示例

701010101 ①③④

701010102 C

701010201 略

701010202 四

701020101 B

701020102 25

701020201 B

701020202 收集数据：C；整理、描述数据：4，4；分析数据：91；得出结论：a. 乙，甲；b. 50

701030101 60

701030102 略

701030201 D

701030202 D

701040101 6

701040102 B

701040201 D

701040202 略

701050101 2

701050102 $\dfrac{2}{5}$

701050201 D

701050202 甲

701060101 算术平均数

701060102 1号、2号、5号

701060201 假设1，抛物线解析式为 $y=-\dfrac{1}{16}x^2+4$.

假设2，圆弧的半径为10米．

分析判断，填表如下，

	水面宽12 m	水面宽8 m
水位上涨的实际观测值（m）	1.90	3.10
假设1的预测值（m）	1.75	3.00
假设2的预测值（m）	2.00	3.16

拱桥更接近圆弧．

701060202 分出的两组是：{省份2，省份3，省份4，省份7，省份8，省份9，省份10}，{省份1，省份5，省份6}．

701070101 150

701070102 略

701070201 C

701070202 D

701080101 D

701080102 D

701080201 B

701080202 B

701090101 B

701090102 甲班

701090201 D

701090202 （1）这组数据的四分位数分别为 8.15，8.5，8.75.

(2) 产品质量较小的前 15% 的产品有 2 个，它们的质量分别为 7.8 g，7.9 g．

(3) 质量小于等于 8.15 g 的珍珠为次品，质量大于 8.15 g 且小于等于 8.5 g 的珍珠为合格品，质量大于 8.5 g 且小于等于 9.9 g 的珍珠为优等品，质量大于 9.9 g 的珍珠为特优品．

701100101 A   701100102 A

701100201 我认为小明的说法错误，理由略．

701100202 (1) 2550 元．(2) 12100 元．(3) 该户农民能在 2025 年实现人均年纯收入达到 2500 元．

701110101 C   701110102 C

701110201 ②④

701110202 (1) 人口自然增长率＝出生率－死亡率；(2) $a = 2290000$；(3) 略．

702010101 B   702010102 C

702010201 $\dfrac{1}{3}$ 702010202 (1) $\dfrac{1}{6}$；(2) $\dfrac{1}{2}$．

702020101 B   702020102 ③

702020201 C   702020202 C

A 卷

一、选择题：本题共 10 小题，每小题 5 分，共 50 分．

1. B 2. A 3. B 4. D 5. B 6. C 7. B 8. B 9. D 10. B

二、填空题：本题共 6 小题，每小题 5 分，共 30 分．

11. $\dfrac{3}{5}$ 12. 4 13. 甲 14. $\dfrac{1}{3}$ 15. 3 16. 140

三、解答题：本题共 2 小题，共 20 分．

17. (1) 略；(2) 14.4°，200；(3) $\dfrac{1}{3}$．

18. （1）$\dfrac{1}{4}$；（2）他应往袋中加入黄球. 理由略.

B 卷

一、选择题：本题共 10 小题，每小题 5 分，共 50 分.

1. A 2. C 3. B 4. A 5. C 6. C 7. B 8. D 9. B 10. B

二、填空题：本题共 6 小题，每小题 5 分，共 30 分.

11. 15   12. $\dfrac{1}{4}$ 13. 79   14. 甲   15. 乙   16. 270

三、解答题：本题共 2 小题，共 20 分.

17. （1）活动前调查数据的中位数落在 C 组；活动后中位数落在 D 组.

    （2）1400 人.

18. （1）田忌首局应出"下马"才可能获胜；田忌获胜的概率为 $\dfrac{1}{2}$；

    （2）不是. 田忌获胜的概率为 $\dfrac{1}{6}$.